우리말 우리 문화 ⬤ 상

우리말 우리 문화 (상)

초판1쇄 인쇄 2014년 12월 23일 | 초판1쇄 발행 2014년 12월 30일
저자 박갑수
펴낸이 이대현 | 책임편집 이소희 | 편집 권분옥 박선주
디자인 이홍주 | 마케팅 박태훈 안현진 | 관리 구본준
펴낸곳 도서출판 역락 | 등록 제303-2002-000014호(등록일 1999년 4월 19일)
주소 서울시 서초구 동광로 46길 6-6 문창빌딩 2층
전화 02-3409-2058(영업부), 2060(편집부) | 팩시밀리 02-3409-2059
전자우편 youkrack@hanmail.net
역락 블로그 http://blog.naver.com/youkrack3888

ISBN 979-11-5686-136-2 04710
     979-11-5686-135-5 (전2권)
정가 20,000원

이 도서의 국립중앙도서관 출판예정도서목록(CIP)은 서지정보유통지원시스템 홈페이지(http://seoji.nl.go.kr)와
국가자료공동목록시스템(http://www.nl.go.kr/kolisnet)에서 이용하실 수 있습니다.(CIP제어번호 : CIP2014037769)

우리말 우리 문화

박갑수

역락

서문

언어는 문화의 색인(索引)이라 한다. 이는 문화(文化)를 반영한다.

언어와 문화는 표리관계(表裏關係)를 지닌다. 따라서 언어를 알려면 문화를 알아야 한다. 문화를 알지 않고는 언어를 제대로 이해할 수 없다. 특히 외국인의 경우 더욱 그러하다. 그래서 외국어교육에서는 그 첫째시간부터 문화교육이 필요하다고 한다.

화자(話者)가 표준어를 쓰느냐 아니냐에 따라 교양인이냐, 아니냐를 가름하고, 그 국민이 어느 정도 표준어(標準語)를 구사하느냐에 따라 그 나라의 문화 정도를 평가한다. 그리고 개인적으로는 그가 얼마나 많은 어휘를 알고 사용하느냐에 따라 지식인의 단계가 평정된다.

『우리말 우리 문화』라는 책을 세상에 내어 놓는다. 이는 한 마디로 앞에서 말한 언어·문화의 속성을 전제로 한 것이다. 우리 언중(言衆)이 우리말에 반영된 우리의 문화를 이해하여 훌륭한 교양인이 되고, 우리말에 대한 풍부한 식견을 갖춤으로 보다 훌륭한 지식인으로 대접 받고, 성장할 수 있었으면 하는 바람에서 이들 글을 쓰고, 책을 간행하는 것이다.

그런데 우리는 우리말에 대한 관심이 지나치게 소홀한 편이며, 바른말에 대한 인식이 부족한 편이다. 그래서 우리말에는 좋은 말들이 많이 있음에도 불구하고 활용을 하지 않아 사어(死語)가 되었거나, 되어 가는 말이 많은가 하면, 어휘·문법·화용(話用)의 면에서 잘못 쓰는 경우도 많다. 우리말에 활력을 불어넣어야 하겠다.

이 책에서는 특히 우리말의 고유어(固有語), 그 가운데도 많은 단어 가족을 거느린 어휘 150개 내외를 골라, 166개 꼭지에서 논의를 하였다. '가슴'에서 '힘'에 이르는 150개 내외의 표제어(標題語)를 중심으로, 이와 의미 및 형태면에서 관련을 갖는 4, 5000의 어휘·관용어·속담에 이르는 넓은 의미의 어휘(語彙)를 대상으로 한 것이다. 따라서 이는 '언어'라는 주제가 있는 에세이집(集)이라 하여 좋을 것이다. 여기서는 어원(語源) 및 발상(發想)에 대한 문제도 아울러 다루어 언어와 문화의 관계를 구체적으로 논의하였다. 따라서 독자의 흥미도 유발하고, 재미도 느끼도록 할 것이다. 특히 우리말에만 한정하지 아니하고 영어·일어·중국어와도 비교·대조하여 우리말의 특성을 보다 잘 이해하게 하고, 흥미를 느끼게 할 것으로 기대한다.

이 책에 수록된 166개 꼭지의 글들은 세 가지 부류로 이루어졌다. 그 하나는 월간 『독서평설』(지학사)에, 다른 하나는 월간 『한글+漢字 문화』(전국한자교육연합회)에 발표한 「우리말 우리 문화」의 원고이고, 나머지는 발표하지 않은 「우리말 우리 문화」 원고다. 『독서평설』에는 2000년 8월부터 2002년 2월에 걸쳐 발표한 것이고, 『한글+漢字문화』에는 2001년 5월부터 2012년 12월에 걸쳐 발표한 것이다. 여기에는 시사성도 반영된다.

이 책에는 독자의 편의를 위해 부록으로 '어휘 색인'을 붙여 사전처럼 이용하게 하였다. 쉽게 궁금한 것을 해결할 수 있게 하기 위해서다. 그러나 지면 관계로 모든 어휘를 색인에 수용하지 못하고, 해설이 붙여진 어휘, 그것도 주요 단어만을 제시한 아쉬움이 있다. 나머지 어휘는 표제어 항을 통해 검색하기 바란다. 그러면 덤으로 얻는 수확도 있을 것이다.

우리는 우리말에 대한 관심과 사랑이 부족하다. 일본에서는 일본어 사용에 관한 교양서가 베스트셀러가 되기도 하고 있다. 우리말에 대한 관심과 애정을 쏟아 모두가 훌륭한 교양인, 지식인이 되길 바란다. 우리말 겨루기와 같은 실전에서는 영광의 지름길도 되게 할 것이다.

2014년 12월 10일
沙平書室에서 南川

차례

처녀 젖가슴 만지듯
가슴

깃이 밭은 원피스는 단정해 보였지만 가슴을 지나치게 강조하고 있었다. 〈박완서, 『오만과 몽상』〉

'가슴'이란 말은 신체의 한 부위인 '배와 목 사이의 앞 부분'을 가리키는 말이다. 그런데 이 말은 그 의미가 확장되어 여러 가지 다른 뜻을 나타낸다. 위의 박완서 소설의 예만 하더라도 그렇다. 여기 쓰인 '가슴'은 단순한 흉곽부위가 아닌, '젖가슴'을 의미하고 있다. '젖가슴'이란 '젖이 있는 가슴의 부위'를 뜻하는 말이다. 우리 속담에 '처녀 젖가슴 만지듯'이 그 예다. 이는 '주물럭거리고 놓지 않음'을 비유적으로 이르는 말이다.

사전에 의하면 우리말 '가슴'은 '①[의] 배와 목 사이의 앞 부분, ②[의] 심장 또는 폐, ③마음이나 생각, ④＝옷가슴, ⑤＝젖가슴'과 같은 의미를 지닌다.

이러한 '가슴'의 의미는 일본어와 비슷하다. 일본어의 '무네(胸)'는 '① 목과 배의 사이 부분, ② 심장, ③ 폐(肺), ④ 위(胃), ⑤ 마음, ⑥ 의복의 가슴에 해당한 부분'과 같은 뜻을 나타낸다. 따라서 우리와는 '위(胃), 젖가슴'을 의미하느냐, 않느냐만이 다르다. 영어의 경우는 우리와 사뭇 다르다. '가슴'이라면 쉽게 'chest'를 생각할 텐데, 이는 '① 흉곽, ② 큰 궤, ③ (대학·병원·군대·정당 등의) 금고, 자금, 모금, ④ 옷장, 화장대'를 의미한다. 영어 'chest'는 '상자'의 이미지를 강하게 드러낸다. 'chest'와 함께 'heart'도 '가슴'의 의미를 많이 드러낸다. 'heart'는 '① 심장, ② 가슴·마음, ③ 흉부, ④ 애정……'과 같이 다양한 의미를 나타낸다. 이 가운데 '가슴·마음, 흉부'가 우리의 '가슴'과 관련된다. heart to heart(흉금을 터 놓고, 숨김없이), lay to heart(마음 속에 깊이 새기다), one's heart sinks in one's boots(heels)(가슴이 철렁 내려앉다), take to heart(명심하다), cross one's heart(가슴에 십자를 긋다)는 우리의 '가슴'과 연관되는 영어의 관용어이다. 같은 신체 부위를 나타내는 말도 이렇게 그 말을 사용하는 민족과 문화에 따라 차이가 난다.

'가슴'은 여러 개의 복합어를 이룬다. '가슴'이 앞에 오는 말로 주의를 끄는 것에는 '가슴골, 가슴놀이, 가슴바대, 가슴소리, 가슴속, 가슴앓이, 가슴통' 같은 말이 있다. '가슴골'은 '등골'의 대가 되는 말로, 가슴 한 가운데 오목하고 길게 팬 부분을 가리킨다. 젖가슴의 골이다. '가슴'과 '등'에 '골(谷)'이란 말이 붙은 것이 흥미룹다. '가슴놀이'는 가슴의 맥박이 뛰는 곳을 가리킨다. '놀이'는 '움직이다'의 뜻인 '놀다'의 파생명사다. '가슴놀이가 팔딱팔딱한다'와 같이 쓰이는 것이 그것이다. '관자놀이'의 '놀이'도 이 '놀이'이다. '가슴바대'는 '윗옷의 앞가슴 부분에 안으로 덧대어 목이나 가슴을 가리는 천'을 의미한다. 이는 구조적으로 '가슴받이'와 비슷한 말이다. '가슴받이'는 바지와 멜빵 사이의 앞가슴 부분을 가려 덮은 천을 의미한다.

'가슴소리'는 가슴속에서 울려 나오는, 비교적 낮은 음역(音域)의 소리를 말한다. 이는 한자어로 흉성(胸聲), 영어로 chest voice라 하는 것이다. '가슴앓이'는 '식도와 위의 윗 부분이 쓰리고 아픈 증상'을 가리킨다. 이는 그 조어를 직역하면 '폐병'이라 번역될 말이나, 비유적으로 '안타까워 마음 속으로만 애달파하는 일'을 뜻한다. '가슴통'은 가슴을 입체적으로 본 말이다. 이는 가슴의 앞부분 전부, 또는 가슴 둘레의 크기를 뜻한다. 흔히 미인의 기준으로 버스트, 웨이스트, 히프의 수치를 들거니와, 버스트는 바로 이 '가슴통'을 의미하는 말이라 하겠다.

'가슴'이 뒤에 오는 합성어에도 재미있는 말이 있다. '냉가슴, 놀란가슴, 덴가슴, 새가슴, 생가슴, 앙가슴, 앞가슴, 옷가슴' 같은 것이 그것이다. '냉가슴'은 '벙어리 냉가슴 앓듯'이란 속담으로 익숙한 말이다. 이는 본래 몸을 차게 하여 생기는 가슴앓이를 뜻한다. 그러나 우리가 흔히 알고 있는 말은 '겉으로 드러나지 않고 속으로 혼자만 끙끙거리고 걱정하는 것'이라는 확장된 의미이다. "벙어리 냉가슴 앓듯"이란 속담은 이러한 남에게 말못할 사정이 있어 마음 속으로 혼자 애태우는 답답한 사정을 이르는 말이다. '놀란가슴'은 전에 놀란 적이 있어 툭하면 두근거리는 가슴이다. "자라보고 놀란 가슴 솥뚜껑보고 놀란다"는 심정이 이러한 것일 게다. '덴가슴'도 비슷한 의미의 말이다.

'새가슴'은 대부분의 일반인과는 달리 가슴뼈가 불거져 있어 새의 가슴처럼 불룩하게 내민 가슴을 뜻한다. 한자어로는 '계흉(鷄胸)'이라 하여 고유어와 차이를 보인다. '생가슴'은 공연한 근심 걱정 때문에 상하는 마음을 이른다. '앙가슴'은 두 젖 사이의 가슴을 뜻하는 말로, 이는 '안(內)-가슴'이 변한 말이다. "성호씨의 맨살 앙가슴에 진홍 입술 자국을 남겨 영원히 지워지지 않게 하고 싶다"(김원일, 『불의 제전』)가 그 예다. '앞가슴'은 '뒷등'의 대가 되는 말로, '가슴'의 힘줌말이다. 곤충의 경우는 앞과, 가운데, 그리고 뒤에 '가슴'이 있어 사람과 차이를 보인다. '전흉, 중흉, 후흉'이 그것이다.

메마른 정서, 각박한 현실에 가슴이 따뜻한 사람과 만나고 싶다.

가을바람은 총각 바람, 봄바람은 처녀 바람

가을

가을이 왔다. C. 로제티(Rossetti)는 그의 「사계(Seasons)」에서 가을을 이렇게 노래 부르고 있다.

가을이 오면 매일 황량해지고
이 해는 조락(凋落)한다.
황금빛 수확의 다발(束)보다
바람과 낙엽에 마음이 쓰인다.

다감한 시인이라 가을의 성숙이나, 수확보다 오히려 가을의 조락과 감상을 노래하고 있다. 가을은 확실히 감상의 계절이다. 쓸쓸하고 허전함을 느끼게 한다. 떠나간 옛님을 더욱 그리게도 한다.

'가을'은 '성숙, 난숙, 수확, 초로(初老), 황량(荒凉)' 등의 이미지를 나타낸다. 서양에서는 이 '가을'이 포도송이나, 과실 바구니를 안고 있는 여인이나 어린이, 그리고 토끼(hare)를 상징하고, 동양에서는 단풍, 특히 국화꽃을 상징한다.

우리말에 '가을'이란 말은 물론 한 해의 네 계절 가운데 셋째 계절이다. 한자말로 '금추(金秋)'라 하기도 한다. 중국어로는 'qiutian(秋天)', 'qiuji(秋季)'라 한다.

그런데 우리말 '가을'은 의미가 바뀌어 색다른 의미를 나타내기도 한다. '벼나 보리 따위의 농작물을 거두어들임. 또는 그런 일'을 나타내는 것이다. 곧 '가을'이 '추수(秋收)'를 의미한다. 이는 가을의 상징성을 잘 나타내는 것이다. 농사란 봄에 씨를 뿌리고, 여름에 길러, 가을에 거두어들이는 것이기 때문이다. 이러한 추수를 하는 것을 '가을하다'라 한다.

농촌에서 가을할 때는 바쁘기 이를 데 없다. 그래서 우리 속담에는 "가을 판에는 대부인(大夫人) 마님이 나막신짝 들고 나선다"는 말까지 있다. '가을'이 추수의 의미를 지니는 것은 영어에도 보인다. 영어 'Autumn'이 '① 가을, ② 성숙기, 조락기(凋落期), (인생의)초로기(初老期), ③ 가을의 수확'을 의미하는 것이 그것이다. 우리와 발상이 같다. 그리고 여기 덧붙일 것은 '여름(夏)'을 의미하는 우리의 옛말 '녀름/녀롬'이 농사와 직접 연결된다는 것이다 '녀름짓다'가 '농사하다/농사짓다'란 말이요, '녀름/녀롬지싀', '녀름/녀롬지이'가 '농사짓기', '녀름지스리/녀름지으리'가 농부를 의미하는 것이 그것이다. '녀름 됴타'는 한걸음 더 나아가 '풍년되다'를 의미하기까지 한다. '녀름됴홀 풍(豊)'(『訓蒙字會』)이 그 예이다. 이렇게 농경민족이었던 우리 한민족의 계절은 농사와 밀접한 관련을 갖는다.

'가을마당, 가을일, 볏가을' 같은 말도 '추수'와 관련된 말이다. '가을마당'은 '추수를 하는 마당', '가을일'은 '가을에 곡식을 거두어들이는 일', 그리고 '볏가을'은 '벼를 거두어 타작하는 일'을 뜻하기 때문이다. '가을줄이'는 '가을이 되어 예상보다 수확량이 줄어드는 일'을 뜻한다. '가을내림'이라고도 하며, 한자어로는 '추락(秋落)'이라고 한다. 일본에서는 '아키오치(秋落)'라 한다. 이와 반대되는 현상을 일본에서는 '아키다카(秋高)'라 한다. 우리 사전에는 이에 해당한 말이 실려 있지 않다.

'가을하다'는 일상생활 가운데 그리 흔히 쓰이는 말은 못 되는 것 같다. 오히려 많이 쓰이는 말은 '가을걷이하다'이다. 이는 '가을걷이'에서 파생된 동사로, '가을걷이'란 '가을(秋)-걷이(收)', 곧 '추수'를 의미하는 명사이다. '가을걷이하다'는 황석영의 『장길산(張吉山)』에 다소 외설적인 용례가 보인다.

"까짓거 흔 계집이라, 애 하나만 낳아 달라는데, 가을걷이 끝난 뒤에 무우밭이나 진배없겠지. 뭐 흠이 가나 자리가 나나. 응낙을 했수."

'가을걷이'에 해당한 말은 일본어에도 있다. '아키오사메(秋收め)'

가 그것이다.

'가을바람'은 물론 가을에 부는 신선하고 서늘한 바람이다. 그런데 이는 흔히 봄철에 부는 따뜻한 바람을 의미하는 '봄바람'과 대조적으로 쓰인다. "가을바람은 총각 바람, 봄바람은 처녀 바람"이란 속담의 '가을바람'이 이러한 것이다. 가을에는 남자가 바람이 나기 쉽고, 봄에는 여자가 바람이 나기 쉬움을 비유적으로 이르는 말이다. '남비추 여희춘(男悲秋 女喜春)'이라고, 가을에는 남자가, 봄에는 여자가 더 다감해짐을 의미하는 것이라 하겠다.

이러한 대조적인 말의 문화적 차이는 '가을볕'에도 보인다. "가을볕에는 딸을 쬐이고, 봄볕에는 며느리를 쬐인다"는 것이 그것이다. 이는 선선한 가을볕에는 딸을 쬐이고, 살갗이 잘 타는 봄볕에는 며느리를 쬐인다는 것이니, 딸과 며느리에 대한 현격한 애정의 차이를 엿보게 한다. "가을 아욱국은 계집 내쫓고 먹는다"는 우리 음식문화의 일면을 엿보게 하는 속담으로, 가을 아욱국은 귀하고 맛이 있다는 말이다. 이에 대해 일본 속담은 "가을 가지는 며느리를 먹이지 말라"고 한다. 아욱이 가지로, 계집이 며느리로 바뀌었다. 이는 며느리가 미워서 맛이 있는 가지를 먹이지 말라는 것이다. 이를 보면 며느리를 미워하는 심정은 우리나 일본이나 같은 모양이다. 일본의 이 속담은 가을 가지의 씨가 많지 않은 데서 자손을 못 볼까 하여 먹이지 말라는 의미를 나타내는 것으로 보기도 한다.

여기 덧붙일 것은 '가을 하늘'의 상징성이다. '가을 하늘'이 우리는 맑은 하늘 '청전(晴天)'을 의미한다. 그런데 일본의 경우는 '아키노 소라(秋の空)'가 변하기 쉬운 날씨를 의미한다. 그리하여 "여자의 마음과 가을 하늘"이란 속담까지 있다. 여자의 마음이 가을 날씨처럼 변하기 쉽다는 비유로 쓰이는 말이다. 그러니 '가을 하늘 같은 여인의 마음'이라고 하게 되면 한국 여성은 미소를 짓고, 일본 여인은 눈을 흘길 것이다. 이러한 것이 언어문화(言語文化)의 차이이다.

감이 재간이다
감(資)

"깜도 안 되는 것이……"
"감도 되지 않는 것들이 당선됐다고 날뛰는 꼴이란……"

동경(憧憬)의 민주화가 이루어지며 도처에서 선거가 행해지고 있다. 그런데 선거가 빚어내는 후유증이 만만치 않다. 입후보 한 사람이나, 피선된 사람 가운데는 자질이 부족한 사람이 많아 그게 문제다. '깜도 안 되는 것이' 입후보해서는 표(票)풀리즘에 호소해 나라를 시끄럽게 하는가 하면, 당선됐다고 목불인견(目不忍見) 고만(高慢)하게 굴어 국민들을 정신적으로 피로하게 만든다. 우리 속담에 "감이 재간이다"라는 말이 있다. 재료가 좋으면 일도 잘 된다는 말이다. 민주화를 제대로 하고 나라를 발전시키려면 우선 '좋은 감', 좋은 인재부터 골라야 한다. 이런 의미에서 겸양의 덕을 지닌 현자를 추대하던 옛날이 오히려 그리워지는 작금(昨今)이다.

우리말에 '재료, 재질, 자격'을 이르는 '감'이란 말이 있다. 앞에 든 예에서 '깜', '감'이라 한 말이 이런 것이다. 국립국어원의 『표준 국어대사전』을 보면 이 '감'에 대해 다음과 같이 풀이하고 있다.

① 옷이나 이불 따위를 만드는 바탕이 되는 피륙. 주로 옷감의 뜻으로 쓴다.
② (옷을 뜻하는 명사에 붙어) '옷을 만드는 재료'의 뜻을 나타내는 말.
③ (수량을 나타내는 말 뒤에 쓰여) 옷감을 세는 단위. 한 감은 치마 한 벌을 뜰 수 있는 크기다.
④ (일부 명사 뒤에 붙어) '자격을 갖춘 사람'의 뜻을 나타내는 말.
⑤ (일부 명사 뒤에 붙어) 대상이 되는 도구, 사물, 사람, 재료의 뜻을 나타내는 말

'감'은 이렇게 의류와 관계가 깊으며, 이 밖에 사람, 도구, 사물, 재료와 밀접한 관계를 갖는다.

이 말의 어원은 분명치 않다. 혹 '끊다'를 뜻하는 'ᄀᆞᆽ다'의 어간에 명사를 만드는 접미사 'ㅁ/음'이 붙은 것으로 설명하기도 하나, 설득력이 부족하다. 이 말은 문헌 기록에 의하면 'ᄀᆞᆷ > ᄀᆞᆷ > 가음 > 감'으로 변하고 있다.

ᄀ숨 사ᄆ리오(爲具오)『금강경삼가해』

ᄀ숨 料『사성통해』, ᄀ숨 ᄌ(資)『신증유합』

즐길 ᄀᄉ몰 주ᄂ니(與娛樂之具)『법화경언해』

옷 가음 두 볼이 넉넉ᄒ니『박통사언해』

　따라서 오늘날의 '감'은 본래 두 음절로 된 말이 한 음절로 축
약된 말이라 하겠다. '감'은 '우리 민족은 흰 감의 무명옷을 즐겨
입었다'와 같이 단독으로 쓰이기도 하고 '좋은 옷감으로 호사를
했다'와 같이 복합어를 이루어 쓰이기도 한다. 우리말에 '감'이
붙는 복합어를 유형화 해 보면 다음과 같다.

　첫째, 사람과 관계된 말로, '데릴사윗감, 며느릿감, 사윗감, 신
랑감, 신붓감, 장군감, 칼감'과 같은 말이 있다. 이 가운데 '칼감'
은 성질이 표독한 사람으로, 성질이 '칼 같은' 사람이란 뜻이다.

　둘째, 의류와 관계된 말로, '겉감, 안감, 양복감, 옷감(衣資), 한복
감' 같은 말이 있다. 이는 다음의 재료와 관계된 말로 볼 수도
있다. 여기서는 '감'이 피륙을 의미하는 비중이 크기 때문에 따로
유형화하여 제시하였다.

　셋째, 재료와 관계된 말로, '겉감, 널감, 물감, 안감, 양념감, 횟
감(膾), 찻감(茶)' 따위가 있다. 여기의 '겉감'과 '안감'은 내외 부재
(部材)를 이르는 말이다. '널감'은 널을 만들 재료를 의미하는 동시

에 죽을 때가 가까워진 노인을 농조(弄調)로 이르는 말이기도 하다. '물감'은 염료를 의미하는 말이다.

넷째, 도구와 관계된 말은 많지 않아 '용짓감, 장난감' 정도가 보일 뿐이다. '용짓감'은 용지를 만드는 데 쓰는 헌 솜이나 넝마를 말한다. '용지'는 솜이나 헝겊을 나무에 감아 기름을 묻혀 초 대신 불을 켜는 물건이다.

다섯째, 사물과 관계된 말로, '구경감, 놀림감, 땔감, 맷감, 안줏감, 일감'과 같은 말이 있다. 이들은 '감' 앞에 있는 명사의 대상이 되는 것으로, '구경거리, 놀림거리'와 같이 '감'을 '거리'로 바꿀 수 있는 말이다.

이 밖에 '감'과 밀접한 관계가 있는 말이 있다. 그것은 접미사로 보는 '가마리'란 말이다. '가마리'는 '감(資)'에 접미사 '-아리'가 붙은 말이다. 이는 명사 뒤에 붙어 그 말의 대상이 되는 사람이란 뜻을 더한다. '걱정-가마리, 구경-가마리, 근심-가마리, 놀림-가마리, 욕-가마리, 웃음-가마리'가 그것이다. 이들 '가마리'가 붙은 말은 언어 현실에서는 사람 외의 대상에 쓰이기도 한다. '걱정가마리, 구경가마리'가 사람 아닌 사물에도 쓰이는 것이 그것이다.

그리고 여기 덧붙일 것은 고어의 '갓'이다. 「처용가(處容歌)」의 이런 때 처용 아비가 보시면 "熱病神이아 膾ㅅ가시로다"의 '膾ㅅ갓'이 그것이다. '갓'은 '갓 믈(物)'(『훈몽자회』)과 같이 '物'을 뜻하기도 하고 '살갗(皮膚)'을 의미하기도 한다. 처용가의 '膾ㅅ갓'은 '회육(膾肉)', 곧 '횟감'의 뜻으로 쓰인 것이라 하겠다. 이렇게 '갓'은 '감'의 유의어로 쓰인다. 그리고 이 '갓'은 명사 뒤에 붙어 그 명사를 강조하는 접미사 구실도 한다. 『석보상절(釋譜詳節)』의 "풍류가시 절로 소리ㅎ며"나, 소학언해의 "맛가슬 다 몬져 맛보고(味皆先嘗)"에서 '풍류갓'과 '맛갓'은 앞 명사의 대상이나, 각각 '풍류(風流)', '맛(味)'을 의미한다는 것이다. 그래서 그 뜻은 '풍류가 저절로 소리하며'와 '맛을 다 먼저 (맛)보고'의 뜻이 된다.

감이 재간이다. 세상을 살며 좋은 감(資具)을 골라야 하겠다. 그리고 내 스스로 좋은 감이 되어야겠다.

사람이라면 사람값을 해야 한다

값

기업들이 노사의 대립·갈등으로 심심치 않게 파업을 하더니, 이제는 의사들이 '포괄수가제'에 반대해 수술 거부에 들어가려 한다. 병·의원도 하나의 기업이니 적자가 나서는 곤란할 것이다. 그러나 의술(醫術)이 인술(仁術)이고 보면 의사들의 수술 거부를 시민들이 과연 '값진' 처사라 할는지 모르겠다.

우리의 고유어 '값'은 가격, 가치 등을 의미하는 말이다. 이는 영어의 Price, Cost ; Value, Worth 등에 대응된다.

가격을 의미하는 '값'은 두 의미 계열이 있다. 그 하나는 사고 팔기 위해 매겨진 사물의 금액이란 것이고, 다른 하나는 물건을 사고 팔 때 주고받는 돈이란 것이다. 사물의 금액을 의미하는 말로는 '땅값, 몸값, 쌀값, 옷값, 집값' 따위가 있다. '땅값'은 땅의 값이다. '몸값'은 인신매매의 값, 신대(身代)를 의미한다. 요사이는 오히려 피랍된 사람을 찾아오는 대가를 의미하고 있다.

'쌀값'은 미가(米價), '옷값'은 의가(衣價)다. 사물의 금액을 의미하는 '값'은 또 가격의 정도를 나타내는 여러 가지 말이 있다. '갯값, 금값, 똥값, 본값, 싼값, 중값, 헐값'이 그것이다. '갯값'은 '똥값'과 동의어로, 형편없이 싼 값을 말한다. 지난날 농촌에는 개가 흔했고 상품의 대상도 되지 못했다. 그래서 개의 값이 '헐값'이었다. 그런데 요사이는 개 값이 '금값'이 되었다. 황구(黃狗)가 그렇고, 애완견이 그렇다. '금값'은 금의 값과 동시에 비싼 값을 의미한다. '중값'도 '重값'으로 고가(高價)를 의미한다. '본값'이란 사들일 때의 값, 혹은 밑천으로 든 값이다. 본가(本價), 원가(原價)다. '값비싸다, 값있다, 값가다, 값나가다'는 고가라는 말이고, '값싸다, 값없다,'는 저가(低價), 헐가(歇價)라는 말이다.

가격과 관련이 있는 다른 계열의 말은 '산값, 술값, 왁대값, 판값, 품값, 해웃값'과 같이 좀 더 팔고 살 때의 주고받는 돈과 관련된다. '산값, 판값'이란 매입가(買入價)와 매출가(賣出價)다. '술값'은 본래 술을 마신 값, 주대(酒代)를 의미하던 말이다. 이것이 요사이는 '양주 한 병 값 20만원'과 같이 술에 매겨진 가격, 주가(酒價)를 의미하기도 한다. '왁댓값'은 자기 아내를 간부(姦夫)에게 빼앗기고 받는 돈이다. 이는 '왁대'라고도 한다. 김동인의 단편소설 「감자」에는 중국인 간부가 준 왁댓값을 아내로부터 전해 받고 좋아하는 오쟁이 진 녀석이 사실적으로 그려져 있다.

'품값'은 노임(勞賃)이다. 이는 '품삯'이라고도 한다. 일반적으로 일에 대한 보수나 사용료는 '값' 아닌, '삯'이라 한다. '버스 값'과 '버스 삯'은 이런 의미에서 구별된다. '해웃값'은 기생이나 창기(娼妓) 따위와 관계를 맺고 그 대가로 건네는 돈이다. '놀음차, 해웃돈'이라고도 한다. 이들은 사전에서 고유어로 다루고 있으나, 한자어 내지 혼종어(混種語)로 보는 것이 옳다. 근심을 풀어준다는 '해우(解憂)-', 또는 옷을 벗는다는 '해의(解衣)-'에 '놀음차(借)', '화채(花債)'와 같이 '빚'을 뜻하는 '借', 또는 '債'가 합성된 것으로 보는 것이다.

이 밖에 '값나다, 값을 놓다, 값이 닿다, 값을 부르다' 같은 말은 가격을 지불하는 행위와 관련된 말이다. '값나다'는 물건 값이 정해져서 팔고 살 수 있게 된 것을 뜻하는 말로, '금나다'와 같은 말이다. '금'은 '값'의 유의어로, 지금은 값에 밀려 잘 안 쓰이나, 전에는 많이 쓰던 말이다. "금도 모르고 싸다 한다"와 같이 속담에도 쓰인 것을 볼 수 있다. '값을 놓다'는 관용어로 값을 지정하여 말하는 것이고, '값을 부르다'는 사거나 팔기에 알맞다고 생각하는 값을 말하는 것이다. 이렇게 흥정을 하여 알맞은 값에 이르는 것을 '값이 닿다'고 한다. 이쯤 되면 매매가 성립되게 된다. 그런데 이런 좋은 우리말들이 모두 사어(死語)가 되다시피 버려지고 있다.

다음은 '값'이 가치를 의미하는 경우다. 앞에서 의사들의 수술 거부를 시민들이 '값진' 처사라 할는지 모르겠다고 했는데, 여기 쓰인 '값지다'가 이런 말이다. '값지다'는 가치를 지녔거나, 어떤 일에 보람이나 의의가 있음을 뜻한다. '값이 있는 죽음'의 '값'도 가치를 뜻하는 경우다. 이때의 '값'은 어떤 것에 합당한 노릇이나 구실을 뜻한다. '꼴값, 나잇값, 밥값, 사람값, 얼굴값, 킷값'이 이런 예들이다.

'나잇값'은 나이에 어울리는 말과 행동을 가리켜, '나잇값 좀 해라.'와 같이 쓰인다. '밥값'은 식대의 의미 외에 밥벌이 정도의 구실을 가리킨다. '사람값'은 사람으로서의 가치나 구실을 의미한다. '사람이면 사람값을 해야 한다.'가 그 예다. 사람다운 구실을 못할 때는 사람으로서의 가치가 없는 것이다. '얼굴값'은 얼굴이 잘 생긴 만큼의 값어치 있는 일을 가리킨다. '그 사람은 얼굴값을 톡톡히 한다'와 같이 쓰이는 것이 그것이다. 그런데 이 말은 흔히 반어적으로, 반반하게 생긴 여자가 행실이 좋지 않은 경우에 쓰인다. '얼굴값'을 속되게 이르는 말이 '꼴값'이다.

'킷값'은 키가 큰 만큼 그에 알맞게 하는 행동을 이른다. '장신의 농구선수는 킷값을 한다.'가 그 예다. '값가다, 값나가다, 값지다, 값하다'는 가치를 지녔다는 말이다. '값가다'는 '값나가다'와 같은 뜻의 말로, 값이 많은 액수에 이르는 것을 말한다. '값하다'는 조사 '-에'에 이어져 보답할 값어치가 있는 일을 하는 것을 의미한다.

이 밖에 '값'에는 '고른값, 평균값, 소릿값' 따위의 말도 있다. 이들은 평균치, 또는 음가(音價)를 의미한다. '값'의 유의어엔 '값어치'와 '빋'이 있다. '값어치'는 '값'에 접미사 '-어치'가 붙은 말로 이는 가격보다는 가치를 의미하는 말로 쓰인다. 진가(merit), 품위(dignity)를 의미하기도 한다. '빋'은 고어에서 값을 의미하던 말이다. "계집종의 비디 언매잇가"(『월인석보』)가 그것이다. 계집종의 값이 얼마냐는 말이다. '빋'은 오늘날의 '비싸다'에 남아 쓰인다. 이는 '빋(價)-쏘다(值)'가 변한 말로 '값에 해당하다'가 고가(高價)의 뜻으로 변한 말이다.

우리의 경제용어 '값'은 이렇게 진선미의 기준인 가치와 표리관계를 지닌 말이기도 하다.

개같이 벌어서 정승같이 먹는다

개1

요 몇 년 동안 구세군 자선 냄비에는 따뜻한 사랑의 손길이 뻗쳐져 화제가 되고 있다. 금년에는 허룩한 차림의 중년 남자가 거액의 돈이 든 봉투를 넣고 갔다 한다. 이런 사람이야말로 "개같이 벌어서 정승같이 먹는다"는 주인공이 아닌가 한다. 이 속담은 천하게 일해 벌어서 생광(生光) 있게 돈을 쓴다 뜻의 말이기 때문이다.

'개'는 일찍이 가축이 된 동물로, 이는 사람과 가장 가까운 동물 가운데 하나이다. 그래서 많은 상징적 의미를 지닌다. 주인에게 충실하고 순종한다든가, 은혜를 잊지 않는다든가 하는 것이 그것이다. 그러나 개는 흔히 인간과 대비하여 '쓸모 없는, 진짜가 아닌, 보잘것없는, 천한'과 같은 부정적 이미지를 드러낸다. 욕설 '개 같은 놈'의 '개'가 그러하고, 위의 속담의 '개'도 이러한 것이다. 이러한 이미지는 동양 삼국은 말할 것도 없고, 개를 '사람의 가장 친한 친구(man's best friend)'라고 하는 영어의 세계에도 마찬가지로 나타난다.

'개'의 부정적 이미지는 '개(犬)'에서 파생된 접두사 '개-'에 무엇보다 잘 나타난다. 접두사 '개'는 '개꿀, 개떡, 개살구'와 같이 '야생 상태'거나, '질이 떨어짐'을 나타낸다. 그리고 '개꿈, 개소리, 개수작'과 같이 '헛됨', '쓸데없음'도 나타낸다. 이 밖에 '개'는 또 '개고생, 개망신, 개잡놈'과 같이 '부정적으로 정도가 심함'을 나타내기도 한다.

'개'와 합성된 부정적 의미의 말에는 '개꽃, 개골, 개망나니, 개죽음'과 같은 말도 있다.

'개꽃'은 '참꽃'의 대가 되는 말이다. 우리 민족은 무척도 먹을 것이 부족했던 모양이다. 꽃도 따먹었다. 진달래꽃이 그것이다. 그래서 진달래꽃은 '참꽃'이라 했다. 이에 대해 먹지 못하는 꽃 철쭉꽃은 '개꽃'이라 한 것이다. '개골'은 까닭 없이 골을 내는 것, 곧 성을 내는 것을 속되게 이르는 말이다. '개골'은 성질이 괴팍한 사람이 잘 낸다. '개망나니'의 '망나니'는 본래 옛날 죄인의 목을 베던 사형 집행인을 가리키는 말이다. 그래서 이는 언동(言動)이 매우 막된 사람을 비유적으로 이르는 말로 그 의미가 확장되었다. 이러한 부정적 의미의 '망나니'에 '개'가 붙어 정도가 더 심함을 나타내는 말이 '개망나니'다. '개백정, 개불상놈'도 형태나 의미의 면에서 이와 같은 유형에 속할 말이다. '개죽음'은

물론 아무런 보람이나 가치가 없이 죽는 것을 비유적으로 이르는 말이다. 일본어 '이누지니(犬死に)'나, 영어 'die a dog's death, to die like a dog'도 같은 발상의 말이다.

이 밖에 '개'와 합성된 비유적인 말에도 부정적 의미를 지니는 말이 많다. '개고기, 개복, 개뿔, 개사망, 개질, 개차반, 갯값' 같은 말이 그것이다.

'개고기'는 개의 고기라는 뜻 외에, '성질이 고약하고 막된 사람'을 뜻한다. "쟤는 천하의 개고기야!" 이렇게 쓰이는 것이 그것이다. '개복'은 남의 식복(食福)을 낮잡아 이르는 말이고, 흔히 '개뿔도 모른다, 개뿔도 없다'와 같이 쓰이는 '개뿔'은 하찮은 것을 경멸하는 태도로 이를 때 쓰는 말이다. "개뿔도 모르는 게 잘난 체하기는……"과 같이 쓰인다. 이는 '개좆도 모른다, 개좆도 없다'는 용례로 보아 '개(犬)-ㅅ(사이시옷)-불(睾丸)', 곧 '개의 불알'에서 그 어원을 찾아야 할 말이다.

'개사망'은 '장사에서 이익을 많이 얻는 운수'를 뜻하는 '사망'에 '개'가 붙은 것이니, 이의 부정적 의미를 나타낸다. 그리하여 이는 남이 뜻밖에 재수 좋은 일이 생기거나 이득을 보는 것을 비난조로 이르는 말이다. '개질'은 적의 앞잡이 노릇을 속되게 이르는 말로, 주구(走狗)에 해당한 말이다. 일제시대 왜경(倭警)의 주구가 대부분 우리 민족이었다 하니 부끄러운 노릇이다.

'개차반'의 '차반'은 '음식'을 이르는 옛말이다. '개차반'은 '똥'

을 가리킨다. 지난날 토종개는 똥을 먹었다. 그래서 이 말은 언행이 몹시 더러운 사람을 이른다. '갯값'은 농으로 "이걸 죽이고 갯값을 물어 줘?"라고 하듯, 형편없이 헐한 값을 이른다. 그러나 오늘날은 개고기의 품귀 현상 때문인지, 비싼 것이 갯값이 됐다.

'개구멍'은 담이나 울타리 또는 대문 밑에 터 놓여 개가 드나들도록 한 작은 구멍을 이른다. 이에 대해서는 '개구멍'이냐, '담구멍'이냐를 두고 시비를 가리는 소화(笑話)가 있다. 조선조의 골계담(滑稽談)으로, 부인이 남편의 요구를 들어 주지 않자 남편이 부인을 관가에 고소하였다. 원님은 여러날 고심 끝에 여성의 옥문(玉門)이 비록 여인의 몸에 붙어 있는 것이긴 하나, 개구멍처럼 그것은 남편의 것이니 남편의 요구에 응해야 한다고 남성 중심의 판결을 내린 사건이다. 발상을 달리함으로 놀라운 차이가 빚어짐을 알게 한다. '개구멍'을 일본어로는 '이누쿠구리(犬潛り)'라 한다.

'개구멍'과 합성된 재미있는 말이 몇 개 있다. '개구멍바지, 개구멍받이, 개구멍서방'이 그것이다. '개구멍바지'는 오줌이나 똥을 누기에 편하도록 밑을 터서 만든 어린 아이의 바지를 이르는 말이다. 튼 구멍을 '개구멍'에 비유한 것이 재미있다. 일본어로는 '가에루마타(蛙股)'라 한다. 개구리 가랑이쯤으로 번역될 말이다. '개구멍받이'는 남이 개구멍으로 들이밀거나 대문 밖에 버리고 간 것을 받아서 기른 아이를 이른다. 흔히 사연이 있어 기를 수 없는 아이를 아이 없는 집 앞에 버리고 간다. 그러면 그 아이를 길러야 한다고 했다. 이는 우리의 특수한 문화인 것 같다. 그래서 일본어나 영어에는 이런 말이 보이지 않는다.

'개구멍서방'도 독특한 낱말이다. 이는 떳떳한 예식을 치르지 않고 남몰래 드나들면서 남편 행세를 하는 남자를 말한다. 연암 박지원의 『호질(虎叱)』에는 북곽선생(北郭先生)이라고 '개구멍서방'의 대표적인 인물이 등장한다. 그는 도학자연(道學者然)하는 사람으로 아비가 다른 여러 아들을 거느리고 수절과부 행세를 하는 동리자(東里子)의 개구멍서방이 되었다가 아이들에게 창피를 당하고, 호랑이의 호된 질책을 받는다.

'개구멍서방'의 예는 『열녀춘향수절가』에도 보인다. 도령이 첫날밤 춘향모의 술을 받고 탄식하며 이 말을 쓰고 있다.

　　"내 마음대로 할진대는 육례를 행할 터이나, 그러털 못하고 개
　　구녁서방으로 들고 보니 이 아니 원통하랴? 이애 춘향아, 그러나
　　우리 둘이 이 술을 대례 술로 알고 묵자."

육례(六禮)를 갖추지 않고, 춘향이와 인연을 맺는다고 해서 '개구녁서방'이라 한 것이다. 사람과 짐승의 차이는 예의를 갖추느냐, 그렇지 않으냐에 있기 때문이다.

'개다리참봉'도 벼슬이라고……

개2

앞에서 '개'와 관련된 우리 언어문화를 조금 맛만 보았다. 이번에는 이를 본격적으로 음미하기로 한다.

우리말에는 '개의 다리'를 이르는 '개다리'와 복합어를 이루는 낱말이 몇 개 있다. 개의 다리는 반듯하지 않다. 밖으로 구부정하게 휘어 있다. 이런 특성을 반영한 대표적인 말이 '개다리소반'이다. 이는 상다리 모양이 개의 다리처럼 휘었다 하여 붙여진 이름이다. 다른 말로는 '개상반(-床盤), 개상소반, 구족반(狗足盤)'이라 한다.

『춘향전』에서 변 사또의 생일날 이 도령이 받은 상도 이런 것이었다. 『열녀춘향수절가』에 보면 이 장면이 "모 떨어진 개상판에 닥채 저붐, 콩나물, 깍두기, 막걸리 한 사발 놓았구나"라 되어 있다. '개다리소반'을 '개상판', 곧 '개-床盤'이라 한 것이다. '개다리소반'보다 좀 더 다리가 구부러진 것은 '호족반(虎足盤)'이라 한다. 전라남도 나주반(羅州盤)에 이런 것이 많다. 이들 소반의 구족(狗足)이나 호족(虎足)은 상다리의 외모를 개다리, 호랑이 다리에 비유한 것이다.

이러한 말로는 또 '개다리헌함(軒檻)'이란 것이 있다. 이는 정자(亭子) 따위의 난간의 한 종류로, 살을 곧게 세우지 아니하고 구부정한 초엽(草葉)을 대어 윗 부분이 기둥 밖으로 뻗어 나가게 된 난간을 가리킨다. 초엽을 휘움으로써 멋을 부린 것이다.

'개다리'는 그 구부러진 특성으로 말미암아 흔히 부정적 의미를 드러내는 데 사용된다. '개다리상제, 개다리질, 개다리참봉, 개다리출신'의 '개다리'가 이런 것이다.

'개다리상제'는 예절에 어긋나는 행동을 하는, 되지 못한 상제를 낮잡아 이르는 말이다. '개다리질'은 방정맞고 얄밉게 하는 발길질이나, 채신없고 얄미운 짓을 이르는 말이다. '개다리참봉'은 돈으로 능관직(陵官職)인 참봉(參奉) 벼슬을 사서 되지 못하게 거드름을 피우는 사람을 낮잡아 이르는 말이다. 하기는 예나 이제나 이런 진짜 아닌, 가짜가 더 티를 내는 법이다.

그리고 '개다리출신'은 정식으로 무과(武科)에 급제한 것이 아니라, 총 쏘는 기술로 무과에 급제한 사람을 낮잡아 이르던 말이다. '개다리'는 '개'가 사람과 비교하여 천한 것을 의미하는데, 여기서 더 나아가 그 다리가 반듯하지 않고 구부러진 데서 더 부정적인 의미를 나타내게 되었다 할 것이다.

"개똥도 약에 쓰려면 없다"는 속담에 보이는 '개똥'도 많은 복합어를 이루는 말이다. '개똥'은 '개의 똥'이라는 일차적인 의미 외에 보잘것없거나 천하거나, 엉터리인 것을 비유적으로 나타낸다. '개똥번역, 개똥상놈, 개똥참외, 개똥철학' 같은 말이 이런 것이다. '개똥번역'이나, '개똥철학'은 엉터리 번역이나, 철학을 가리키는 말이고, '개똥상놈'은 지체가 아주 낮은 상놈, 나아가 말이나 행실이 더럽고 버릇없는 사람을 낮잡아 이르는 말이다. '개똥참외'는 일부러 재배한 것이 아니고, 길가나 들에 저절로 자라나 열린 참외를 말한다.

그러나 이와는 달리 '개똥'은 비료가 귀하던 시절 좋은 퇴비가 되었기에 이러한 사실을 반영하는 낱말도 있다. '개똥망태', '개똥삼태기'는 이러한 퇴비가 되는 '개똥'을 주워 담던 '망태'와 '삼태기'를 가리키는 말이다. 송기숙(宋基淑)의 『암태도』에는 이런 '개똥망태'의 용례가 보인다.

"자기가 엊그제까지 개똥망태를 짊어지고 개똥 주우러 다녔다
는 것도 작인들을 몰아칠 때마다 두고 쓰는 소리였으나……."

이는 식전 일찌감치 망태를 메고 개똥을 줍는 정황을 상기시켜 준다. '개똥망태'나 '개똥삼태기'는 오늘날 화학비료의 사용으로 말미암아 이를 이용하는 풍속은 고사하고, 기구 자체가 다 사라져 버리고 말았다. '개똥장마'라는 말은 '개똥'이 좋은 퇴비라는

것을 나타내는 말이다. 왜냐하면 이는 거름이 되는 개똥처럼 좋은 장마라는 뜻으로, 오뉴월 장마를 이르는 말이기 때문이다. '개똥장마'는 가물이 들어 논밭이 바짝바짝 타 들어갈 때를 생각하면 실감이 되고도 남음이 있을 말이다.

이 밖에 우리 문화와 관련이 있는 것으로 '개보름쇠기, 개사냥, 개소주, 개장국' 같은 말도 있다.

'개보름쇠기'는 "개 보름 쇠듯"이란 속담에 연유하는 말이다. 경도지(京都志)에 보면 정월 대보름날에는 집에서 기르는 개에게 일체 음식을 주지 않았다. 그 이유는 음식을 주면 파리가 승하고, 개가 마른다고 믿었기 때문이다. 따라서 이 속담은 명절이거나, 잘 먹고 지내야 할 날 오히려 먹지도 못하고 지냄을 이르거나, 굶어서 배가 고픔을 나타낸다. '개보름쇠기'는 민속 그대로 정월 대보름날 개를 굶기는 일을 뜻한다. 정월 대보름은 개에게는 아주 몹쓸 날이다.

'개사냥'은 '매사냥'과 비교되는 말로, 개를 부려서 짐승을 잡는 일을 뜻한다. 우리는 예로부터 개와 매를 이용하여 사냥을 했다. 그런데 일본의 경우 '개사냥'과 같은 구조로 된 말, '이누가리(犬狩り)'는 우리와 그 의미를 달리한다. 이는 '들개 사냥', 곧 들개를 잡는 것을 의미한다. 우리와 주체와 객체가 180도로 바뀐다.
'개소주'란 여러 한약재와 함께 개고기를 통째로 고아 낸 액즙을 가리킨다. 이는 민간에서 강장(强壯)에 좋다고 하여 한때 유행처럼

애용되기도 했다. '개장국'은 개고기를 고아 끓인 국을 이르는 말
이다. 이는 병자의 보신을 위하여 먹는 풍습이 있어 보신탕(補身湯)
이라고도 했다.

소고기국을 흔히 '육계장'이라고 하나, 이는 실은 '육개장'이
잘못 쓰인 말이다. '개장'은 '개장국'의 준말이고, '장국'은 '장갱
(醬羹)'을 의미한다. 따라서 '개장국'이란 '개고기-장국'이란 말이다.
정학유(丁學游)의 「농가월령가(農家月令歌)」에는

며느리 말미 받아
본집에 근친(覲親)갈 제
개 잡아 삶아 건져
떡 고리와 술병이라
초록 장옷 반물 치마
장속(裝束)하고 다시 보니
여름지어 지친 얼굴
소복이 되었느냐?

고 노래 불리고 있다. '개고기'는 우리 민족에게는 친숙한 음식으
로, 이바지로까지 쓰인 좋은 음식이었다.

양지 마당의 씨암탉걸음

걸음

민요시인 김소월이 이별의 정한을 노래한 대표적인 시 「진달래꽃」의 제3연은 이렇게 되어 있다.

가시는 걸음걸음
놓인 그 꽃을
사뿐히 즈려 밟고 가시옵소서.

산화(散華)를 노래한 것이다. 여기에서는 '가시는 걸음걸음'이라고 떠나가는 임의 모든 걸음이 꽃을 밟고 지나가기를 기원한다. 이별의 슬픔을 산화로 승화하고, 떠나가는 임의 안녕과 행복을 빈 것이다.

발을 옮겨 놓는 동작을 '걸음'이라 한다. 그런데 '걸음'은 꼭 보행과 관계되는 것만이 아니다. 춤 동작, 곧 춤사위도 의미한다.

'까치걸음, 게걸음, 가재걸음, 껑충걸음, 울력걸음, 새우걸음, 황새걸음' 같은 봉산탈춤 따위에 보이는 '걸음춤사위'가 그것이다.

우리말에는 '걸음'과 합성된 말이 참으로 많다. 우선 위에서 보듯 걷는 모양을 동물에 비유한 말이 많다. '가재걸음, 거북이걸음, 게걸음, 까치걸음, 명매기걸음, 새우걸음, 씨암탉걸음, 오리걸음, 황새걸음, 황소걸음' 같은 것이 그것이다. 이로 보면 우리는 꽤나 비유의 표현을 즐겨 하는 민족인 것 같다.

'가재걸음'은 뒷걸음질치는 가재의 습성에 따라 뒷걸음질을 비유적으로 나타내는 말이다. 무섭거나 싫은 것을 대하게 되면 '가재걸음이 절로 난다'고 한다. '거북이걸음'은 느린 걸음이고, '게걸음'은 '게발걸음'이라고도 하는 것으로 옆걸음질하는 것을 가리킨다. 한자어로 '해행(蟹行)'이라 한다.

'까치걸음'은 두 발을 모으고 종종걸음을 하는 것이다. 종종걸음은 까치만 하는 것이 아니다. 참새도 한다. 그러나 우리는 이것을 '까치걸음'이라 한다. 춤사위로서의 '까치걸음'은 봉산탈춤에서 투스텝을 밟듯 뛰면서 밑을 보며 팔짓, 다릿짓을 하는 것을 가리키기도 하고, 승무(僧舞)에서 빠른 걸음으로 걷는 춤사위를 가리키기도 한다. '명매기걸음'은 맵시 있게 아장거리며 걷는 걸음걸이다. '명매기'는 제비와 비슷하게 생긴 새로, '칼새'라고도 하는 것이다.

'새우걸음'은 춤사위로 오른팔을 들어 오른쪽으로 돌아가고 왼

43

팔을 들어 왼쪽으로 돌아가는 걸음걸이다. '씨암탉걸음'은 씨암탉이 걷듯, 아기작아기작 걷는 걸음이다.『춘향전』에는 이 '명매기걸음'과 '씨암탉걸음'의 용례가 다 같이 보인다. 광한루에 이 도령을 만나러 가는 춘향의 걸음걸이에 쓰이고 있다.

한단시상(邯鄲市上)의 수릉(壽陵)의 걸음으로, 백월총중(白越叢中)의 서시(西施)의 걸음으로, 백모래 밭의 금자라 걸음으로, 양지마당의 씨암탉걸음으로, 대명전(大明殿) 대들보의 명매기걸음으로, 광풍(狂風)의 나비 노듯, 물속의 잉어 노듯 가만가만 사뿐사뿐 걸어와서 광한루(廣漢樓)에 다다르니……

이렇게 묘사되어 있다.

'오리걸음'은 오리처럼 뒤뚱거리며 걷는 걸음이다. 따라서 이는 맵시 있는 걸음과는 거리가 있다. '요리 실룩 조리 실룩 멋들어졌네'라는 민요의 표현처럼 처녀가 엉덩이를 흔드는 것이라면 모를 일이다. '황새걸음'은 긴 다리로 성큼성큼 걷는 것이다. '뱁새가 황새걸음을 걸으면 가랑이가 찢어진다'는 속담의 '황새걸음'이 이것이다. '황소걸음'은 물론 뚜벅뚜벅 걷는 느린 걸음이다. 이는 느리기는 하나 착실하게 나가는 행동에 비유되기도 한다.

동물의 비유에 의한 '걸음' 외에 '걸음'을 직접 꾸며, 걷는 상태를 나타내는 말도 많다. 이러한 것들 가운데는 우선 의성·의태어를 사용한 것과, 의미가 있는 말, 실사(實辭)를 활용한 것이 있다. '가탈걸음, 동동걸음, 통통걸음, 비척걸음, 비틀걸음, 배틀걸음, 아장걸음, 종종걸음, 총총걸음' 등은 의성·의태어를 활용한 '걸음'이다. 이 가운데 '가탈걸음'은 말이 불안정하게 비틀거리며 걷는 걸음을 가리킨다.

'갈짓자걸음, 내친걸음, 뒷걸음, 모걸음질, 무릎걸음, 반걸음, 색시걸음, 선걸음, 여덟팔자걸음(팔자걸음), 우산걸음, 울력걸음, 자국걸음, 잔걸음, 잦은걸음, 제자리걸음, 차렷걸음, 팔자걸음, 헛걸음, 화장걸음, 휘장걸음'은 실사(實辭)로 '걸음'을 꾸민 말이다. 이 가운데, '모걸음질'은 모로 걷는 걸음이고, '무릎걸음'은 무릎을 꿇고 걷는 걸음이다. 홍성원의 『육이오』에는 "상혁이 철모를 더듬어 잡더니 무릎걸음으로 트럭 밑을 빠져 나온다."와 같이 '무릎걸음'의 용례가 보인다.

'색시걸음'은 색시처럼 걷는다는 말도 있듯 얌전하고 조심스럽게 걷는 걸음이고, '선걸음'은 이미 내디뎌 걷고 있는 걸음이다. '우산걸음'은 재미있는 말로, 우산이 위아래로 오르내리듯 몸을 추썩추썩 추썩거리며 걷는 걸음이다.

'울력걸음'은 춤사위로, 두 손을 들어 맞잡고 좌우로 흔들며 다리를 올려 딛고 엉덩이를 흔들면서 씩씩하게 나아가는 걸음이다. 이는 "울력걸음에 봉충다리"라고 속담에도 쓰인다. 이 속담은 여러 사람이 함께 걷는 경우에 절름발이도 걸을 수 있다는 뜻으로, 평소에 못하던 사람도 여럿이 함께 하면 할 수 있다는 것을 비유적으로 나타낸다.

'자국걸음'은 자국눈처럼 자국이 나는 것이 아니라, 오히려 자국이 안 날 정도로 한 발짝씩 조심스럽게 옮겨 디디는 걸음이다. 살얼음판을 걷는 걸음이다. '차렷걸음'은 차례대로 일을 진행하는 방식이고, '화장걸음'은 활개를 벌리고 뚜벅뚜벅 걷는 걸음이다. 이에 대해 '휘장(揮帳)걸음'은 말을 둥글게 몰아 달리게 하는 걸음, 또는 두 사람이 양쪽에서 한 사람의 허리와 팔죽지를 잡고 휘몰아 걷는 걸음이다.

이 밖에 우리말에는 '걸음'이 관형어로 쓰인 합성어가 많다. '걸음나비(步幅), 걸음낚시, 걸음사위, 걸음새, 걸음짐작(步測), 걸음짓, 걸음품' 같은 것이 그것이다. '걸음낚시'는 계곡을 따라 걸으면서 하는 낚시이고, '걸음사위'는 앞에서 보았듯 탈춤 따위에서 취하는 여러 걸음걸이 동작을 가리킨다. '걸음짓'은 걸음을 걷는 동작이다. '걸음품'은 길을 오고가는 데 드는 수고나 대가를 가리킨다. 『춘향전』에서 춘향의 편지를 가지고 서울에 가는 아이도 '걸음품'을 판 것이다.

● ● ●

출출한 겨울밤의 "겨울콩강정"

겨울

영국의 낭만파 시인 셸리의 잘 알려진 시 「서풍부(西風賦)」에 "겨울이 오면 봄도 머지 않으리"란 구절이 있다. 이제 우리 주변에도 음울하던 겨울이 가고, 봄이 문 앞에 다가왔다. 따스한 희망의 봄을 맞으며, 떠나가는 겨울을 좀 되돌아보기로 한다.

'겨울'의 이미지는 양(洋)의 동서를 가릴 것 없이 별로 좋은 것 같지 않다. 서양에서는 흔히 노령, 퇴행을 의미하는 죽음, 잠 등을 나타내는 것으로 본다. 이에 대해 동양에서는 '잎의 시듦'을 나타내는 것이 주가 되는 것 같다. 우리말의 '겨울나무'와 일본어 '후유키(冬木)'가 그런 것이다. 이는 겨울이 되어 잎이 시들어 떨어져서 가지만 앙상히 남은 나무를 가리키기 때문이다. 한자어 동목(冬木)이 그것이며, 나목(裸木)이 이러한 이미지를 상징한다. 이병주(李炳周)의 『지리산』에는 이러한 장면이 다음과 같이 그려져 있다.

겨울산의 나목이 맨몸으로 찬바람을 맞고 있었다. 남쪽 담벼락을 끼고 몇 그루의 나목이 앙상한 가지들을 뻗고 있었고, 동쪽 담을 끼곤 사철나무가 줄지어 있었다.

일본어 '후유키(冬木)'의 경우는 나목만이 아니고, '상록수'를 의미하기도 한다. 이런 점에서 위에 인용한 지리산의 '겨울나무'는 언어의 의미와 조화도 보인다. '사철나무'는 우리의 경우 월동하는 나무, 곧 '겨우살이나무'라고도 하여 일본어의 은유적 표현 '후유키(冬木)'와 달리 기술적(記述的) 명명도 하고 있다. 또한 일본어의 경우는 '후유가레(冬枯れ)'라고 하여 겨울이 되어 초목이 마르거나, 그 쓸쓸한 경치를 이르는 말이 따로 있기도 하다.

그러나 무어니 무어니해도 우리의 겨울의 대표적 이미지는 '고난'이라 할 것이다. 그러기에 독일어의 '겨울나그네(Winterweise)'나, 일본어의 '후유게쇼(冬化粧)'와 같은 말을 보여 주지 않는다. '겨울나그네'는 빌헬름 뮐러의 연작시에 슈베르트가 곡을 붙인 낭만파 가곡으로 우리에게 잘 알려진 말이다. 우리는 이 '겨울나그네'에서 '고난'보다는 쓸쓸한 나그네의 낭만적 아름다움을 머리에 그리게 된다. '후유게쇼'는 직역할 때 '겨울 화장'이란 말로, 눈이 내려 겨울다운 정감이 더함을 뜻한다. 확실히 겨울은 '눈'이 있어 죽음이나 고난의 이미지에서 벗어나 설경의 아름다움에 취하게 하고, 낭만에 젖게 한다. 그러기에 수필가 김진섭(金晋燮)도 그의

『백설부(白雪賦)』에서 "그러나 무어라 해도 겨울이 겨울다운 서정시는 백설, 이것이 정숙히 읊조리는 것이니, 겨울이 익어 가면 최초의 강설에 의해서, 멀고 먼 동경의 나라는 비로소 도회에까지 고요히 들어오는 것인데……"라고 눈을 찬탄하고 있다.

'겨우살이, 겨우살이덩굴, 겨울나기, 겨울눈, 겨울잠'은 겨울의 고난과 관계가 있는 말이다. 우리에게는 사계가 있어 계절의 변화를 즐길 수 있어 좋기도 하나, 추운 삼동(三冬)이 있어 그만큼 인생이 힘들기도 한 것이 사실이다. '겨우살이'는 '겨울(冬)-살이(生活)'가 변한 말로, 이는 월동(越冬)이란 뜻 외에, 겨울 동안 먹고 입고 지낼 옷가지나 양식 따위를 통틀어 이르는 말이다.

우리는 이 겨우살이를 위해 온돌을 개발하였고, 김장이란 우리 민족 특유의 음식 저장법을 개발하였다. '김장'이란 '침장(沈藏)'이 변한 말이며, 김장의 대표라 할, 세계적 음식 '김치'는 '침채(沈菜)'가 변한 말이다. 이는 '딤치 > 짐채 > 김치'로 변해 오늘에 이르렀다. '겨울나기'도 '겨울을 지나기'란 말로 월동을 의미하는 말이다. 북한에서는 '겨울나이'라고도 한다.

'겨우살이덩굴'은 겨우살잇과에 속하는 식물로, 인동(忍冬) 또는 인동(忍冬)덩굴을 의미한다. 월동 덩굴식물이란 말이며, 인동 곧 겨울을 참고 견뎌내는 식물이란 말이다. 한때 한 전직 대통령이 '인동초(忍冬草)'에 비유되기도 하였다. 이 인동덩굴의 뻗어 가는 형상을 도안한 무늬, 곧 인동문(忍冬紋)은 우리의 건축, 공예의 장식에 많이 쓰인다. 그런데 이는 많이 쓰이는 것과는 달리 우리 고유의 것이 아니고, 고대 이집트에서 생겨난 것으로, 그리스, 로마, 중국을 거쳐 우리에게 전래된 것이다.

'겨울눈'은 '동설(冬雪)' 아닌, 늦여름부터 가을 사이에 생겨 겨울을 넘기고 이듬해 봄에 자라는 싹을 이르는 말이다. 이는 여름에 자라는 '여름눈'의 대가 되는 말이다. '겨울의 눈(冬雪)'을 이르는 말은 따로 없다. 눈은 당연히 겨울에 오는 것이기 때문에 겨울이란 계절과 합성하여 단어를 만들 필요가 없었기 때문일 것이다. '동설'이란 말도 따로 없다. 그 대신 '봄눈'이나, '춘설(春雪)'이란 말은 따로 있다. 특성을 드러내야 할 필요가 있어서일 것이다.

'겨울잠'은 동면(冬眠)으로, 파충류 등의 동물이 생활하기 어려운 겨울 활동을 멈추고 이듬해 봄이 올 때까지 땅속이나 물 속에서 수면 상태로 있는 현상을 말한다. 고난의 시기에 휴식을 취하는 것이다.

이밖에 우리 문화와 직접 관련을 갖는 대표적인 말로 '겨울냉면, 겨울콩강정'이란 말이 있다. '겨울냉면'은 '여름냉면'에 대가 될 법한 말이나, '여름냉면'이란 말은 따로 없다. 그만큼 '겨울냉면'은 우리 문화가 반영되어 있는 말이다. 원래 냉면은 여름보다 겨울, 긴 겨울밤에 간식으로 먹는 것이라 한다. '겨울냉면'은 이러한, 겨울철에 동치밋국에 말아먹는 냉면을 이른다.

'겨울콩강정'은 불에 볶은 콩강정의 한가지이다. 이를 만들기

위해서는 우선 겨울에 콩을 물에 흠씬 불려 한데에서 얼린다. 그
리고 잘게 썬 볏짚과 함께 약한 불로 거뭇하도록 볶는다. 그 뒤
콩만 골라서 꿀에 버무리어, 계피 가루 또는 볶은 콩가루나 깨·
잣가루를 묻혀 강정을 만든다. 별반 간식거리가 없던 지난날, 출
출한 겨울밤에 이 강정은 좋은 먹을거리가 되었을 것이다. 그러나
오늘날은 이를 거의 구경할 수 없게 되었다. 사라진 전통 음식문
화의 하나다.

●●●●

중이 고기 맛을 알면……
고기(肉)

　우리 속담에는 익살스럽게도 육식을 금하고 있는 중과 '고기'를 관련시킨 것이 여럿 있다. "중이 고기 맛을 알면 절에 빈대가 안 남는다."거나, "중이 고기 맛을 보면 법당에 파리가 안 남는다.", "중이 고기 맛을 알면 법당에 오른다.", "중이 고기 맛을 안다고 촌에 내려가 외양간 널판자를 핥는다."와 같은 것이 그것이다. 이들은 모두 금지된 쾌락을 뒤늦게 맛보고 정신을 차리지 못하는 것을 비유적으로 나타내는 속담들이다.

　그러나 사실은 육식을 하는 중도 있다. 중국 소림사(少林寺)의 중들이다. 소림사의 선승들은 당(唐)태종 이세민(李世民)이 정권 잡는 것을 도와, 태종은 이에 대한 보답으로 저들에게 무술 연마에 정력이 필요하니 육식을 해도 좋다는 특별한 교서를 내린 것이다.

　우리말에서 '고기'는 짐승의 고기와 물고기를 아울러 이른다. 이는 단어의 구조로 보아 '고기'는 본래 짐승의 고기를 의미했고,

어류는 뒤에 비유적으로 이르게 된 것임을 알 수 있다. 그것은 어류를 '물고기'라고, '고기'를 '물'이 꾸미고 있는 것이 이러한 사실을 증명해 준다. 이는 물론 뭍의 짐승의 고기에 대해 물 속에 사는 어류의 살을 의미하고, 나아가 그 어류 자체를 의미하게 된 것이라 하겠다. 그런데 이렇게 '어류'를 '고기'라 이르는 것은 우리말만의 특징이다.

다른 나라말은 오히려 '고기'가 '과실 따위의 살'을 의미한다. 일본어 '니쿠(肉)'가 그렇고, 중국어 'rou(肉)', 영어의 'meat'가 그러하다. 이밖에 한자 '肉'은 '육욕(肉慾), 육감(肉感), 육교(肉交), 육정(肉情)'과 같이 '성(性)'과 관련된다. 그러나 우리말의 '고기'는 이런 의미는 갖지 않는다.

'고기'는 식용의 동물의 살을 의미한다. '고기'와 합성어를 이루는 육류로는 '닭고기, 돼지고기, 쇠고기, 푿소고기, 개고기'가 있다. '푿소고기'는 여름에 생풀만 먹고사는 소의 고기를 가리킨다. 따라서 이는 맛이 적은 것으로 알려져 있다. 고기의 요리와 관련된 말로는, '고기구이, 고기만두, 고기볶음, 고기소, 고기쌈, 고기저냐, 고기전골, 고기젓, 고깃가루, 고깃국, 불고기, 방자고기' 같은 것이 있다.

'고기구이'는 쇠고기나 돼지고기 등을 석쇠 같은 것에 구운 음식을 가리킨다. 따라서 이는 국이나 찜과 대조되는 대표적 요리의 하나이다. '구이'에는 한국 요리를 대표하는 '불고기'가 있다.

'불고기'는 쇠고기 등 살코기를 얇게 저며 양념하여 재었다가 불에 구운 것이다. 요사이 시중에서 팔고 있는 '불고기'는 이 요리의 절차가 많이 간소화된 것이다. 그리고 '불고기'라는 말도 '(고기)구이'라는 말에 비해 속된 말로, 새로 생겨난 것이다. '쇠고기구이, 갈비구이'라면 점잖을 것을 '불고기, 불갈비'라고 하여 불에 탄 고기를 씹듯, 입맛이 좋지 않다. 더구나 전통적으로는 소위 '불갈비'도 '불갈비'라 하지 않고, '가리구이'라 했다. '갈비'는 동물의 늑골을, '가리'는 식용 '갈비'를 뜻해 구별했던 것이다. 이는 "날고기보고 침 안 뱉는 이 없고, 익은 고기 보고 침 안 삼키는 이 없다"고 비위에 거슬리는 시뻘건 갈비의 인상을 피하고자 구별한 선인들의 지혜이다.(저미어 양념하여 구운 고기는 따로 '너비아니'라 한다.)

'고기쌈'은 잊힌 음식, 잊힌 말이 되었다. 이는 얇게 저며 편 쇠고기에 밥과 처녑을 곁들여 먹는 쌈을 이른다. 한자말로는 육포(肉包)라 한다.

'고기저냐'는 쇠고기로 만든 저냐다. 저냐란 생선이나 고기를 얇게 저며 둥글 납작하게 만든 다음, 밀가루와 달걀을 씌워 기름에 지진 음식이다. 이는 오늘날 거의 볼 수 없게 되었다. '고기젓'도 마찬가지다. 이는 고기로 담근 젓을 가리켜 상상의 도(度)를 넘게 되었다. '방자고기'도 색다른 음식이다. 이는 씻지도 않고 양념도 하지 않은 채로 소금만 뿌려 구운 짐승의 고기다. 담백한 고기 천연의 맛을 찾은 것일까?

고기의 종류를 나타내는 말에도 생소한 것이 있다. '맷고기, 고 삿고기, 궂은고기' 같은 것이 그것이다. '맷고기'는 가난한 서민들 과 친숙할 고기다. 이는 고기를 짝으로 사 가는 부자들과는 달리 '조금씩 떼어놓고 푼어치로 파는 쇠고기'를 의미하기 때문이다. 사실 요사이는 단군이래 가장 풍요한 때라고 빈부 격차 없이 쇠 고기를 즐겨 먹지만, 지난날에는 명절이 돼도 쇠고기 한 칼 구경 하기가 힘든 것이 서민들의 생활이었다. 그러기에 「농가월령가」 에도 보면, 근친(覲親)갈 때도 개고기를 싸 가지고 갔다.

'고삿고기'는 여러 사람의 허물을 혼자 뒤집어쓰고 희생되는 사람을 뜻한다. 이는 본래 고사(告祀)지낼 때 제물로 쓰는 고기가 이렇게 비유적 의미로 쓰이게 된 것이다. '궂은고기'는 병 따위로 죽은 짐승의 고기를 가리킨다. 지난날에는 고기가 귀하던 때라 병사(病死)한 짐승의 고기도 몹쓸 역질(疫疾)이 아니면 대체로 나누 어 먹었다.

이밖의 '고기깃, 고기밥, 고기비늘연'은 짐승의 고기 아닌, 물고 기와 관련된 말들이다. '고기깃'은 물고기가 모여들도록 물 속에 넣어 두는 나뭇가지나 풀포기를 말한다. 이는 '고기(魚)-깃(巢)'으로, 고기의 집을 가리키는 말이다. '고기밥'은 물고기에 주는 밥, 미 끼를 가리킨다. 그래서 '고기밥이 되다'란 관용어는 물에 빠져 죽 는 것을 의미한다. 중국의 단오절은 고기밥의 의미를 실감나게 설명해 준다. 그것은 이날이 춘추시대의 굴원(屈原)이 멱라수에 빠져 죽은 날이라, 그를 위해 종자(糉子)란 떡을 해 먹기 때문이다. 종자는 물에 빠져 죽은 굴원이 문자 그대로 '고기밥'이 되는 것을 막기 위해 댓잎에 밥을 싸 '고기밥'으로, 강에 던진 고사에 연유한다. '고기비늘연'은 연(鳶)의 일종으로, 전면에 고기비늘 모양을 먹으로 그리거나, 색종이로 오려 붙인 연이다. 전통문화의 한 단면을 보여 주는 말이다.

한민족은 유목생활을 통해 가축을 길렀고, 이를 식용하였다. 그러나 불교가 들어와 살생을 금하며 육식을 멀리하게 되었고, 몽고의 영향을 받으며 다시 육식을 하게 되었다. 그리고 이러한 식습관은 조선조의 유교문화를 거쳐 오늘에 이르고 있다.

●　●　●

개구멍서방으로 들고 보니……

구멍1

『춘향전』에는 이런 대문이 보인다.

"내 마음대로 할진대는 육례를 행할 터이나, 그러틸 못하고 개
구녁서방으로 들고 보니 이 아니 원통하랴? 이애 춘향아, 그러나
우리 둘이 이 술을 대례 술로 알고 묵자."

이는 『열녀춘향수절가』에서 이 도령이 결혼 승낙을 받은 뒤
춘향 모가 차린 성찬의 술상을 앞에 놓고 하는 말이다. 마음 같
아서는 대례(大禮)의 법도인 육례(六禮), 곧 납채(納采), 문명(問名), 납길
(納吉), 납징(納徵), 청기(請期), 친영(親迎)의 절차를 갖추고 싶으나 그렇
지 못하고 약식으로 결혼을 하니 안타깝다는 말이다.

그런데 여기에 '개구녁서방'이란 말이 쓰이고 있다. 이는 '개구
멍서방'이란 말의 방언으로, 떳떳한 예식을 치르지 않고 남몰래

드나들면서 여자를 만나는 짓, 또는 그런 서방을 뜻한다. '개구멍'
이란 본래 울타리 밑이나 대문짝 밑에 터놓고 개가 드나들게 한
구멍이다. 이는 개가 드나드는 구멍이지, 사람이 출입하는 문이
아니다. '개구멍서방'이란 정문 아닌, 이런 개구멍으로 출입하는
서방이란 말이니, 남몰래 숨어 출입하는 떳떳하지 못한 낭군이란
말이다.

우리말에는 '개구멍서방'과 비슷한 말이 또 하나 있다. '구메혼
인'이란 말이다. 이는 격식을 제대로 갖추지 못하고 널리 알리지
도 않고 하는 혼인이란 말이다. 따라서 이는 제대로 격식을 갖추
지 않았다는 것뿐 '개구멍서방'과 같은 부정적 의미는 지니지 않
는다. 홍명희의 『林巨正』에는 다음과 같은 용례가 보인다.

　또 대사를 지내는 주삼의 집이 외딴집일 뿐 아니라, 가근방에
사는 주삼의 겹쩨가 많지 못하던 까닭에 대사의 구경꾼도 몇 사람
이 못 되었다. 말하자면 구메혼인이나 별로 다름이 없었던 것이다.

'구메혼인'이란 '구멍혼인'이란 말로, '구메'는 구멍을 뜻한 '구
무'의 곡용형(曲用形) '굼(穴)'에 관형격 조사 '-의'가 결합된 말이다.
'구메밥, 구메도적질, 구메농사'도 이러한 형태의 말들이다. '구메
밥'은 '구멍-의-밥'으로, 옥에 갇힌 죄수에게 벽 구멍으로 들여보
내는 밥을, '구메도적질'은 '구멍-의-도적질'로 자질구레한 물건

을 훔치는 좀도둑질을 의미한다. '구메농사'는 '굼-의-농사'로 혈
농(穴農), 곧 농사 형편이 고르지 아니하여 고장에 따라 풍흉(豊凶)
이 같지 않은 농사나, 작은 규모로 짓는 농사를 의미한다. '구메
농사'의 경우 '구멍'은 작다는 의미를 나타낸다.

'개구멍'과 합성된 말에는 '개구멍오입, 개구멍받이, 개구멍바
지'와 같은 말이 있다. '개구멍오입'은 남몰래 뒷문으로 드나들면
서 아내 아닌 여자와 정을 통하는 일을 가리킨다. 『표준국어대사
전』에서는 이를 북한에서만 쓰는 한자어로 보았지만 이는 홍명희
의 『林巨正』에도 보이는 말이다. "그는 어머니가 죽은 뒤에 쌀
축 내는 입 하나 더 늘이기 싫다구 숱한 개구멍오입을 하면서도
지금까지 홀아비로 늙었다"가 그 예이다. '개구멍서방'이나 '개구
멍오입'은 사실은 아마도 개구멍으로 출입한다기보다 월장(越牆)을
많이 할 것이다.

'개구멍'은 정상적 출입을 하지 않는다는 상징적 의미를 나타
낼 뿐이다. 그런데 '개구멍'이 실제로 이런 통로가 되는 경우도
있다. '개구멍받이'의 경우가 그것이다. '개구멍받이'란 남이 개구
멍으로 들이밀어 버리고 간 것을 기른 아이를 가리킨다. 우리 전
래의 풍속에는 사정이 있어 아이를 기를 수 없는 경우 남의 집
개구멍으로 아이를 포대기에 싸서 밀어 넣었다. 그러면 그 집에
서는 그 아이를 거두어 키우는 것이 관례였다. 대체로 아이가 없
는 집에 밀어 넣기도 했지만 생명을 소중히 여겨 그 집에서는 받

아 키웠을 것이다.

'개구멍바지'는 발상을 좀 달리 하는 말이다. 이는 밑을 터서 오줌똥을 누기 편하게 만든 어린 사내아이의 바지를 가리킨다. 따라서 이는 개의 출입이나, 정상이 아니라는 것과는 관계가 없는 말이다. 오히려 바지 밑을 튼 것이 개가 들락거리는 개구멍 같다하여 붙여진 이름이다. '개구멍바지'는 종전에 아동복의 전형이라 할 것이었다. 그러나 요사이는 거의 볼 수 없게 되었다. 그런데 놀랍게도 이것이 오늘날 중국에서는 어린이들의 상용복이 되어 있다.

'구멍'은 공구(孔口)나 혈구(穴口)와 같이 파냈거나 뚫어진 자리라는 구체적 사상(事象)을 나타낸다. 그러나 이와는 달리 비유적으로 쓰이는 경우도 있다. 이 경우에는 어려움을 헤쳐 나갈 길, 허점이나 약점, 논리가 맞지 않는 부분 등을 의미한다.

비유적 의미를 나타내는 합성어로는 '잇구멍, 돈구멍, 뒷구멍, 청구멍, 글구멍, 구메활터' 따위가 있다. 이들은 앞에서 든 비유적 의미와는 다른 뜻을 나타낸다. '잇구멍, 돈구멍, 뒷구멍'은 길, 방법을 의미한다. '잇구멍'은 재물이 생길 만한 길을 의미한다. 맹자가 양혜왕(梁惠王)을 찾았을 때 양혜왕이 이 나라에 이로움이 있겠느냐는 "亦將有利吾國乎"는 이런 '잇구멍'과 관련이 있을 것이다. 그래서 맹자는 왜 인의(仁義)가 아니고 하필 '이(利)'냐고 했다. '돈구멍'은 돈이 생겨나올 길을 의미한다. 현대인은 이 '돈구멍'을 못 찾아 야단이다. '뒷구멍'은 드러내지 아니하고 넌지시 행동하는 길이다. "뒷구멍으로 호박씨 깐다"는 '뒷구멍'이 이런 것이다.

'청구멍'이란 청탁을 할 만한 자리를 의미한다. 힘 있는 로비스트의 신세를 져야 한다. 그래서 오늘날 로비스트들로 말미암아 세상이 시끄럽다. '글구멍'은 글을 잘하는 지혜나 소질의 주머니를 의미한다. 대학입시에서 논술이 문제가 되어 옛날 과거처럼 '글구멍'이 큰 자식 낳기를 소원해야 할 판이다. '구메활터'는 작은 규모로 꾸민 활터로 '구멍'이 작은 것을 의미한다. '구멍가게'도 이런 경우이다.

목구멍이 포도청이라
구멍2

　우리의 고전에 『토끼전』 또는 『별주부전』 등으로 일러지는 우화소설(寓話小說)이 있다. 이는 이본에 따라 다르나 자라의 충성을 주제로 한 작품이다. 큰 줄거리는 자라가 용왕의 병을 고치기 위해 토끼의 간을 얻으려고 인간 세상에 나와 토끼를 꾀어 용궁으로 데려갔으나 토끼가 간을 빼어 고봉준령(高峰峻嶺) 깊은 곳에 감추어 두었으니 가지고 와야 한다고 속여 탈출한다는 이야기다. 이 때 간을 출입하는 구멍 이야기가 나온다.

　　"세상의 날짐승 길짐승 가운데 소토(小兎)는 홀로 하체(下體)에 굵이 셋이 있사오니 하나는 대변을 통하옵고, 하나는 소변을 통하옵고, 하나는 특별히 간을 출입하는 곳이오니이다."

　위의 토끼의 말 가운데 보이는 '굵'은 '구멍(孔)'으로, 이는 고어

로 '구무'가 '구무/굼-'으로 곡용(曲用)을 해 '굼-'이 된 것이다. 춘
향전에도 "콧굼이 발씬발씬"이란 표현이 보인다.

사람의 몸에는 아홉 개의 구멍이 있다. 눈, 코, 귀의 구멍이 각
각 둘씩이요, 여기에 입 하나, 배설구 둘이 있다. 이들 가운데
'구멍'과 결합되어 합성어를 이루는 말로는 '귓구멍, 눈구멍, 뒷구
멍, 똥구멍, 밑구멍, 씹구멍, 콧구멍' 같은 것이 있다.

'귓구멍, 눈구멍' 등은 구체적인 신체 부위 이름과 관련이 있는
데 대해 '뒷구멍, 밑구멍'은 완곡법에 의해 돌려 표현한 말이다.
'뒷구멍'이 항문을, '밑구멍'이 항문이나, 하문(下門)을 간접적으로
이르는 것이 그것이다. 이는 관련되는 사물이 정의적(情意的)으로
바람직한 것이 못되어 돌려 표현한 것이다. 그런데 이런 완곡한
표현을 놀랍게도 비속하고 외설적인 장면과 함께 쓰고 있는 경우
도 있다. 이명선본 『춘향전』에서 춘향모 월매가 하고 있는 말이
그것이다.

> 방자놈 나오면서, "요새 기운이 어떠시오?"
> "기운이 무엇이지? 밑좀 씻겨 다고"
> 방자놈 새끼 도막을 들고, "궁둥이를 조금 들으시오" 한참 둘
> 러보다가, "여보, 할머니 구녁이 둘이니 어늬 구녁을 씻으릿가?"
> "압다, 요녀석아, 도끼 자욱 같은 구녁은 말고, 초상 상제 포망
> 옷(布網衣) 당줄 바싹 조인 듯한 구녁을 씻어다고"

이는 퇴기(退妓) 월매의 인품 됨을 드러내기 위한 것이라 할 것이다. 그런데 여기에는 전통적인 화장실 문화의 일면이 잘 드러나 있다. '새끼'로 '밑을 씻는다'는 것이다.

그러나 사람의 몸에는 이러한 '구멍'만이 있는 것이 아니다. '땀구멍, 목구멍, 숨구멍, 숫구멍, 털구멍' 같은 것도 있다. 이 가운데 '숫구멍'이란 말은 갓난아이의 정수리가 아직 굳지 아니하여 숨 쉴 때마다 발딱 발딱 뛰는 곳을 이르는 말이다. 한자어로는 신문(囟門), 정문(頂門)이라 한다. '숨구멍'에도 이런 뜻이 있다. '목구멍'은 인후(咽喉), 후문(喉門)을 말한다. 그러나 이는 식도와 연결되어 있어 "목구멍이 포도청"이란 속담도 있듯, 먹는 것과 관련이 깊다. 이 속담은 먹는 일 때문에 하지 않을 일까지 하게 된다는 의미를 나타낸다.

그리고 여기서 주의할 것이 언어 사이의 차이이다. 그것은 우리가 '구멍'이라 하는 것을 한자어로는 '門'자를 써서 나타내는 경우가 많다는 것이다. 항문(肛門), 하문(下門), 음문(陰門), 신문(囟門), 경문(頂門), 후문(喉門) 따위가 그런 것이다. 이들은 언어문화의 차이를 구체적으로 보여 주는 것이다.

다음에는 사물과 관련된 '구멍'이란 말을 보기로 한다. 첫째, 연장과 관련된 말에 '군둣구멍, 놀구멍, 좀생이구멍, 게재비구멍, 구멍돌도끼'와 같은 것이 있다. '군둣구멍'이란 가래의 날을 끼우는 넓적한 판인 군두 양족에 있는 구멍을 가리킨다. 이 구멍에 가랫줄을 얽어 맨다. '군둣구멍'은 또 소나 말의 고삐를 매기 위하여 구유에 뚫어 놓은 구멍을 의미하기도 한다. '놀구멍'은 낫의 자루 속에 들어가는 부분, 곧 슴베의 끝을 꼬부려 둥글게 한 구멍을 가리킨다. 자루에서 낫이 빠지지 않게 하기 위해 이 구멍에 낫놀, 곧 못을 박게 된다.

'좀생이구멍'은 쟁기의 좀생이막대를 끼게 된 구멍이다. '게재비구멍'은 가래나 보습 따위의 날 위쪽으로 벌어진 틈을 말한다. 봉투 위쪽을 짜른 것 같은 모습의 구멍이다. 여기에 나무 바탕을 끼게 되어 있다. '구멍돌도끼'는 유공석부(有孔石斧)로, 이는 신석기 및 청동기 시대에, 이름과는 달리 농구(農具) 끝에 잡아매어 땅을 파는 데 사용하던 연장이다.

둘째, 도자기와 관련된 말로, '구멍무늬, 구멍무늬토기, 도수리구멍'이 있다. '구멍무늬'란 공문(孔文), 공렬문(孔列文)이다. 그릇 아가리 밑에 한 줄로 돌아가며 작은 구멍을 같은 간격으로 낸 것을 말한다. 이는 청동기 시대에 흔하던 것이다. 이러한 민무늬 토기를 '구멍무늬토기'라 한다. 한자어 공렬토기(孔列土器)가 그것이다. '도수리구멍'은 불을 때는 구멍으로, 질그릇이나 사기그릇 따위의 도자기를 굽는 가마의 옆으로 난 구멍이다. 이 구멍은 골고루 열을 가하기 위해 고안한 것이다.

셋째, 생활주변의 말로, '구멍탄, 구멍돌, 구멍치기, 창구멍'과 같은 말이 있다. '구멍탄'은 말할 것도 없이 구멍이 뚫린 원기둥 꼴의 연탄이다. 이는 구멍의 수에 따라 구공탄, 19공탄 등으로 일러진다. '구멍돌'은 구멍이 뚫린 돌로, 벽의 윗부분에 끼워 난로의 연통을 꽂아 화재를 방지하게 되어 있는 것이다. '구멍치기'는 어름에 구멍을 내고 낚싯줄을 드리워 물고기를 잡는 일로, 구멍을 내고 후려친다는 의미를 지닌 말이다. '창구멍'은 물론 창에 뚫린 구멍도 의미하나, 이불·솜옷·버선 따위를 뒤집는 구멍을 의미한다. 그러니 여기서의 '창구멍'은 창공(窓孔)이 아닌, 겉과 속을 뒤집는 창구(窓口)의 의미를 지닌다 하겠다.

이 밖에 '방구멍, 꽁숫구멍' 같은 말이 있는데, 이는 연(鳶)과 관련된 말이다. '방구멍'은 연의 한복판에 뚫린 구멍을, '꽁숫구멍'은 방구멍 아래 양쪽에 뚫은 작은 구멍을 말한다. '꽁숫구멍'이란 말은 연의 가운데에 길이로 붙이는 작은 대, 곧 꽁숫달 양쪽에 바싹 붙여서 뚫는다 하여 붙여진 이름이다.

떡국이 농간한다

국

  우리가 언제부터 '국'을 먹기 시작했는지는 확실치 않다. 『고려사』에 임금이 국과 밥을 내렸다는 기록이 있는 것으로 보아 적어도 고려 시대에는 우리 조상들이 이미 국과 밥을 먹었음이 분명하다. 국은 우리 반상에 반드시 오르는 부식이다. 그래서 동양 삼국에서도 유독 우리만이 국물을 떠먹기 위해 숟가락 문화가 발달되었다.

  '국'은 나물·고기·생선 등에 물을 부어 끓인 음식이다. 이는 한자어로는 '탕(湯)', 또는 '갱(羹)'이라 하며, '羹湯', 또는 '湯국'이라고도 한다. '국'의 높임말은 '메탕'이다. '국'의 종류로는 맑은장국과 토장국, 곰국, 냉국 등이 있는데, 우리의 음식문화는 국이 발달돼 그 가짓수가 실로 많다. '맑은장국'은 쇠고기를 잘게 썰어 양념하여 맑은 장에 끓인 국으로, 쑥국, 뭇국(蘿蔔湯), 고깃국, 갈빗국, 닭국(鷄湯), 북엇국, 겟국(蟹湯), 조갯국, 미역국, 떡국 등 많은 것이 있다. 이 가운데 '쑥국, 겟국'은 약간의 설명을 필요로 한다.

'쑥국'은 흔히 토장국으로 끓여 먹는다. 그러나 전통적인 '쑥국', 애탕(艾湯)은 그런 것이 아니다. 어린 쑥을 끓는 물에 데쳐 곱게 이긴 뒤에, 고기 이긴 것과 섞어 달걀을 씌워서 맑은 장국에 넣어 끓이는 것이다. '겟국'은 두 가지가 있다. 그 하나는 게딱지를 떼어 속을 긁어낸 뒤 양념을 하여 다시 담아, 맑은 장국이 끓을 때 함께 넣어 끓이는 국이고, 다른 하나는 게포(蟹脯)를 두드려 물에 담갔다가 건져내어 달걀에 버무려 쇠고기와 함께 끓이는 국이다. 생각하기보다 이들은 운치가 있는 고급 음식이다.

'토장국'은 '된장국'과 같은 말로, 된장으로 간을 맞추는 장국이다. 이러한 장국으로는 아욱국, 배추속댓국(속댓국), 솎음배춧국(솎음국·穊菘湯), 시래깃국, 복국(河豚湯), 생선국(生鮮湯) 등이 있다. '아욱국'은 "가을 아욱국은 계집 내어 쫓고 먹는다"는 속담이 있을 정도로 우리 조상들이 매우 맛있는 음식으로 치던 국이다.

'곰국'은 고기를 푹 고아 만든 것으로, 흔히는 쇠고기를 진하게 고아서 끓인 국을 말한다. 곰국에는 갈빗국, 개장국, 설렁탕, 육개장 등이 있다. '냉국'은 '찬국'이라고도 하며, 한자어로는 냉탕(冷湯)이라 한다. 여름에 국물을 차게 하여 시원하게 마시는 것으로, 오이찬국(오이냉국), 미역찬국, 북어냉국, 깻국, 콩국 등이 있다. 이들 가운데 오이찬국, 미역찬국, 콩국 등은 요사이도 흔히 해 먹는 음식이나, 깻국, 북어냉국은 좀체 보기 힘든 음식이다. '깻국'은 물에 불리거나, 삶은 참깨를 맷돌에 물을 치며 갈아 체에 밭친 국물에 밀국수를 넣고 양념하여 먹는 것이다. '북어냉국'은 북어를 잘게 뜯어 넣어 만든 찬국으로, 한자어로는 북어냉탕(北魚冷湯)이라 한다.

국거리는 주로 제철의 식재를 사용해 실속 있는 음식을 만들어 먹었다. 봄에는 쑥국(艾湯), 냉잇국(薺湯), 시금치국과 같은 나물국(菜羹)을, 여름에는 닭국(鷄湯), 개장국, 장국과 같은 보양식과, 오이냉국, 미역냉국과 같은 냉국을, 가을에는 배춧국, 뭇국, 토란국, 박국 등을, 겨울에는 곰국, 김칫국, 우거짓국, 떡국, 만둣국 같은 것을 끓여 먹었다. '개장국'은 개고기를 고아 끓인 보신탕으로, 장국의 대표적인 것이다. 그래서 쇠고기를 개장국 끓이듯 끓인 음식을 '육개장'이라 한다.

'박국'은 덜 익은 박이나 박속을 썰어 넣고 끓인 맑은장국이다. 『흥부전』에는 놀부가 11개의 박을 타며 수난을 당한 뒤, 열두째 박을 타 박속으로 국을 끓여 먹고 '당동당동' 하는 희극적 연출 장면을 보여 준다.

'떡국'은 가래떡을 얇게 썰어 맑은 장국에 넣고 끓인 음식으로, 정초에 많이 먹는 것이다. 그래서 '떡국을 먹는다'는 말은 나이를 먹는다는 비유적 의미를 지닌다. 우리 속담에 "떡국이 농간한다"는 말이 있거니와 이는 재간이 없더라도 나이가 들면 오랜 경험으로 제법 능숙한 솜씨를 보이게 된다는 말이다. 중국의 문화혁

명이나, 386세대의 정권의 전횡은 떡국을 덜 먹은 애송이의 난동으로 실정을 빚은 것이라 하겠다. 새해에는 노련한 정치를 기대해 본다.

떡국에는 이 밖에 생떡국과 무리떡국이 있다. '생떡국'은 쌀가루를 반죽하여 새알만하게 만들어 끓는 장국에 넣어 익힌 음식으로, 한자어로는 생병탕(生餅湯)이라 한다. 이에 대해 '무리떡국'은 무리(水米粉)로 지은 반대기를 썰어서 장국에 넣고 끓인 음식이다.

이 밖에 조금 생소한 국으로 '간막국, 동앗국, 묵국, 삼탯국, 솟국' 같은 것이 있다. '간막국'은 소의 머리·꼬리·가슴·등·볼기·뼈 등 여러 부위를 한 토막씩 넣어 소금물에 끓인 국이다. '묵국'은 청포탕(淸泡湯)이고, '삼탯국(三太-)'은 삼태, 곧 콩나물, 두부, 명태를 넣고 고추장을 풀어서 끓인 것으로, 일종의 해장국이다. '솟국'은 소(素)국으로 고기를 넣지 않고 끓인 국을 말한다.

'국'은 갱탕(羹湯)의 의미 외에 음식에 건더기가 들어 있는 물을 의미하기도 한다. '꽃국, 웃국, 후줏국, 촛국, 젓국, 초젓국, 전국'의 '국'이 그것이다. '꽃국'은 술독에 지른 용수 안에 괸 술의 웃국을 가리킨다. '웃국'은 간장이나 술을 담근 뒤 맨 처음 떠내는 진국을 말하며, '후줏국'은 '後酒국'으로 술·간장 따위의 진국을 퍼낸 뒤에 다시 물을 부어 떠낸 묽은 액체를 말한다. '초젓국'은 새우젓국에 초를 치고 고춧가루를 뿌려서 만든 젓국이다. 이제 김장철이 돌아오니 새우젓국이 제철을 만나게 되었다. '전국(全-)'

은 간장·술 따위에 물을 타지 아니한 진한 국물을 가리킨다. '땟국'은 갱탕(羹湯) 아닌, 때가 섞인 물기를 뜻하는 말로 '땟국이 줄줄 흐르는 추한 얼굴'과 같이 쓰인다.

　'숫국'과, 진국은 사람을 비유하는 데 쓰이는 말이다. '숫국'은 숫보기로 있는 사람이거나, 진솔대로 있는 물건을 가리키며, '진국(眞-)'은 참되어 거짓이 없는 사람을 가리킨다. '진국'은 물론 '전국(全-)'의 의미도 지닌다. 거짓이 횡행하는 세상이기에 '진국'과 '전국'이 더욱 그리워진다.

언제 국수 먹여 줄래?

국수

농담부터 하자.

"국수와 국시의 차이는?"
"국수는 밀가루로 만든 것이고, 국시는 밀가리로 만든 것이다."

이는 경상도 지역에서 면을 이르는 방언 '국시'를 그 지역의 맥분(麥粉)을 이르는 방언 '밀가리'를 들어 익살스럽게 농담을 한 것이다.

'국수'는 우리의 대표적 음식 가운데 하나다. 이는 기원전 6,000~5,000년 전부터 아시아 지역에서 만들어 먹었던 것으로 보인다. 우리나라에서도 일찍부터 만들어 먹었겠으나, 기록에 보이는 것은 고려 때부터다. 『고려도경(高麗圖經)』 권33 궤식조(饋食條) 등에 보이는 것이 그것이다. 이에 의하면 중국 사신의 상차림에 제일 먼저 국수를 차려 낸 것으로 되어 있다. 그리고 『고려사』에 의하면 제례에 국수를 썼고, 절에서는 국수를 만들어 팔기도 하였다 한다.

이로 보면 고려시대에는 국수가 꽤 일반화하였던 것으로 보인다. 그러나 그리 흔한 것은 아니었던 듯하다. 그것은 한어 학습서인 『노걸대언해(老乞大諺解)』에는 "우리 고렷사ᄅᆞ믄 즌 국슈 먹기 닉디 못ᄒᆞ얘라"라고 우리나라 사람들이 국수를 잘 먹지 못한다는 기록이 보이기 때문이다.

조선시대에는 국수가 더욱 널리 퍼졌다. 그러나 밀 생산량이 많지 않아 주식으로는 되지 못했고, 생일, 혼례 등의 경사스러운 날이나, 점심에 별식으로 만들어 먹었다. 그래서 『춘향전』의 변사또 생일잔치에 참여한 이 도령의 상에도 면이 올라 있다.

"모조라진 상소반(床小盤)에 뜯어먹던 갈비 한 대, 대추 세 개, 생률(生栗) 두 낫, 소금 한 줌, 장 한 종자에, 저린 김치 한 보사기, 모주(母酒) 한 사발, 면(麵) 한 그릇 덩그렇게 놓았거늘, 남의 상 보고 내 상 보니 없던 심정(心情)이 절로 난다." 「南原古詞」

잔치 때 국수를 대접하는 풍습은 지금도 여전하다. 그래서 결혼식 때에 하객에게 국수를 대접했기 때문에 '국수 먹다'라는 말은 오늘날 결혼식을 빗대어 이르는 관용어가 되기까지 하였다.

지난날에는 결혼식을 추수 뒤에 많이 하였다. 근자에는 따뜻한 봄에 많이 하더니, 요사이는 국수 먹는 계절이 따로 없는 것 같다.

'국수'는 재료와 모양, 만드는 방법 등에 따라 여러 가지로 구분한다. 국수의 대표적인 재료는 물론 밀가루요, 밀국수가 그 대표적인 것이다. 이 밖에 메밀가루, 칡가루 등으로 만든 '갈분국수, 감분국수, 감자국수, 강냉이국수, 기장국수, 농마국수, 메밀국수' 등이 있다.

갈분(葛粉)국수는 칡 국수이고, 감분(甘粉)국수·농마국수는 감자 녹말로 만든 국수이며, 기장국수는 기장(黃米)으로 만든 국수다. 요사이는 쌀을 재료로 하는 동남아의 쌀국수도 들어와 팔리고 있다. 이 밖에 '도미국수, 생선국수, 조기국수'가 있는데 이들은 재료인 동시에 조리의 방법과 관련된 국수의 종류다. '도미국수'와 '조기국수'는 각각 도미와 조기를 국수와 함께 넣어 끓인 음식이다. '생선 국수'는 생선을 재료로 하여 만든 국수다. 이 말은 사전에는 아직 표제어로 올라 있지 않다.

국수의 모양, 제조 및 요리 방법 등에 따른 종류로는 '가락국수, 냉국국수, 마른국수, 막국수, 비빔국수(국수비빔), 실국수, 칼국수, 틀국수, 국수장국, 국수장국밥' 등이 있다.

'가락국수'라면 흔히 일본 우동, 그 가운데도 '가케우동'을 떠올린다. 흔히 이를 가리키기 때문이다. 물론 '가케우동'도 가락국수임에 틀림없다. 그러나 '가락국수'란 본래 '실국수'의 대가 되는 말로, '발이 굵은 밀국수'를 이르는 말이다. 이는 발이 가는 국수, 곧 사면(絲麵), 세면(細麵)을 뜻하는 말이다. '실국수'는 다른 뜻으로, 녹말을 냉수에 반죽하되 세 가지 빛깔로 만들어 각기 묽은 풀과 같이 만들어 여러 개의 구멍이 뚫린 바가지에 부어서 실처럼 내려 삶은 국수다. 이는 서울의 명물로, 오미잣국을 탄 꿀물에 넣어서 먹었다.

'냉국국수'는 주로 여름철에 먹는 것으로, 끓여서 식힌 맑은 장국에 국수를 말고 갖은 고명을 얹은 음식이다. '마른국수'는 문자 그대로 건면(乾麵)을 의미하는 동시에, 말거나 비비지 않은, 삶아 놓은 그대로의 국수를 말하기도 한다. '막국수'는 '춘천막국수'로 유명한 음식으로, 메밀가루로 가락을 굵게 뽑아 육수에 만 것이다. 이름 그대로 서민의 음식이다.

'칼국수'는 수제(手製) 국수이고, 이에 대해 '틀국수'는 기계국수로, 기계에 넣어 눌러서 뺀 것이다. 시중의 마른국수는 모두가 이 틀국수임은 말할 것도 없다. '국수장국'과 '국수장국밥'은 요리의 이름으로, '국수장국'은 온면을, '국수장국밥'은 국수를 넣은 장국밥으로, 면장탕면(麵醬湯麵)을 이른다. 이 밖에 색다른 것으로 북한에 '명길이국수'라는 것이 있는데, 이는 먹고 오래 살라는 뜻에서 보통 정월 열나흘 날 해 먹는다고 한다.

다음에는 '국수'와 관련이 있는 몇 개의 단어를 보기로 한다. '국수맨드라미, 국수방망이, 국수버섯, 국숫분통, 국수원밥숭이, 국수발, 국수판, 국숫상' 등이 그것이다. '국수맨드라미'와 '국수버섯'은 식물명으로, '국수맨드라미'는 꽃이 국수 가닥처럼 여러 갈래로 갈라지며, '국수버섯'은 버섯이 국수를 썰어 놓은 것 같이 족생(簇生)하는 데서 '국수'라는 말이 붙은 식물이다. '국수방망이', '국수판'은 칼국수를 할 때의 기구 이름이고, '국수분통(粉桶)'은 국수틀의 일부로, 가루의 반죽을 넣는 통을 말한다. 이는 구멍이 송송 뚫려 있어 이리로 국숫발이 빠져 나오게 된 것이다. '국수분'은 이의 준말이다.

'국수원밥숭이'는 흰밥과 국수를 넣고 끓인 떡국을 말한다. 비슷한 형태의 '원밥수기'란 말이 있는데, 이는 떡국에 밥을 넣어 끓인 음식을 가리킨다. '국수발'은 삶은 국수를 건져 놓는 발로, 면발을 의미하는 '국숫발'과는 구별된다. '국숫상'은 국수나 만둣국을 주식으로 차린 상, 면상(麵床)을 의미한다.

총선(總選)의 달 4월이 축제의 장이 되어, 국수를 먹는 경사스런 달이 되었으면 좋겠다.

굿 들은 무당, 재 들은 중

굿

연말연시가 되면 사람들은 많은 기원을 한다. 송구영신하기 위해서다. 우리의 이런 기원의 대표적 의식은 '굿'이다.

'굿'은 민간신앙(folk belief)의 한 행사로, 무당이 인간의 운명, 길흉화복 등에 관해 신에게 소원을 빌어 이루어지도록 하려는 일종의 제례다. 굿은 신을 청하고(請陪), 즐겁게 하고(娛神), 공수(信託)를 하는 3단계로 이루어진다. 그래서 굿은 제의(祭儀)면서 춤과 노래를 곁들인 하나의 종합예술의 성격을 지닌다.

굿은 일찍이 신석기 시대에 행해졌던 것으로 보이며, 고대에는 국가적인 행사로도 거행되었다. 제정일치 시대에 왕은 곧 무당이었다고 할 수 있다. 신라의 '남해차자웅(南解次次雄)'의 '차차웅'은 왕을 의미하는 말이며, 이는 '자충(慈充)', 곧 '스승'으로 무당을 의미하는 말이기도 하다. '스승(巫)'은 귀신을 섬기고 제사를 받들어 외경의 대상이었으며, 존장자(尊長者)를 가리키는 말로 쓰였다. 오늘날은 샤머니즘을 미신이라 하여, 신을 섬기는 대표적인 제의 '굿'도 신성시하거나, 주의를 끌지 못해 현대인은 이에 대해 거의 모르게 되었다. 그러나 이는 잊혀 좋을 것이 아니다. '굿'은 우리 민속이요, 관련 어휘는 우리 전통문화를 반영하는 말이기 때문이다.

'굿'은 그 종류와 목적에 따라 무신제(巫神祭), 가제(家祭), 동제(洞祭)로 나눌 수 있다. 무속 신을 제사 지내는 무신제는 강신제(降神祭)와 축신제(祝神祭)로 나뉜다. 가제(家祭)는 집안의 평안과 번영을 축원하기 위한 제의다. 아들 낳기, 병 다스리기를 비는 것은 생전(生前)의 제의, 저승길 닦기, 원혼의 천도를 기원하는 것은 사후 제의에 해당한다. 동제는 마을을 지켜 주는 동신(洞神)에게 봄가을에 풍어, 풍농을 비는 것과 같은 제의가 있다. '굿'은 지역에 따라 특성이 나타나기도 하는데, 서울 지역은 공수(神託)가, 전라도 지역은 무가(巫歌)가, 경상도 지역은 춤이 중심을 이룬다. 그리고 굿은 반드시 그런 것은 아니나, 대체로 12거리(祭次)로 되어 있다.

'굿'에는 우선 강신과 관련된 것에 '내림굿, 몸굿, 신굿, 허줏굿' 등이 있다. '내림굿'은 입무제(入巫祭)라고도 하는 것으로, 무당이 되려고 할 때 신이 내리기를 비는 것이다. '몸굿, 신굿, 허줏굿'도 다 무당이 되려고 할 때에 처음으로 신을 맞아들이기 위하여 하는 굿이다.

'배뱅이굿, 액막이굿, 살풀이굿, 씻김굿'은 가제의 굿으로 개인과 관련된 것이다. '배뱅이굿'은 비교적 잘 알려진 굿이다. 이는 관서지방의 민속 창극의 하나로 우연히 득병하여 죽은 처녀 배뱅이의 혼령을 위로한다는 내용의 굿이다. '액막이굿'은 그 해의 재액을 막기 위해 하는 굿으로, 흔히 정월 보름 전에 한다. '살풀이굿'은 살(煞)을 푸는, 곧 인간관계를 해치는 눈에 보이지 않는 작은 악령을 쫓는 굿이다. '씻김굿'은 전라도의 대표적인 무의(巫儀)로서, 죽은 영혼을 깨끗이 씻어 이승에서 맺힌 한을 풀고, 극락왕생(極樂往生)하라고 비는 굿이다. 이는 조왕굿, 성주굿, 삼신(三神)굿, 혼(魂)마중, 영(靈)돌이, 오구(惡鬼)물림, 손굿, 큰넋, 고풀이, 씻금, 길닦음, 오방(五方)치기, 거리굿의 13제차(祭次)로 이루어진다. '여탐굿, 조상굿, 실력굿'도 가제에 해당한 것이나 이들은 가족 내지 가정과 관련된 것이다. '여탐(豫探-)굿'은 집안에 경사가 있을 때 미리 조상에 알리는 굿이고, '조상굿'은 조상을 위하여 하는 굿이다. '실력굿'은 집안의 평안을 기원하여 3년에 한 번씩 치성을 드리는 것이다.

동제에 해당한 것으로는 '도당굿, 당산굿, 별신굿' 따위가 있다. '도당(都堂)굿'은 흔히 줄여 '당굿'이라 하는데 도당에 모여 마을의 복을 비는 굿이다. '도당'은 시골 사람들이 고장의 수호신을 모셔 놓고 제사 지내는 단을 말한다. '당산(堂山)굿'은 토지나 마을의 수호신이 있다는 마을 근처의 산이나 언덕에서 마을을 위하여 제사 지낼 때 농악을 치며 노는 굿이다. '별신(別神)굿'은 경상도 지방의 어민들이 하던 동제다. 이는 부정(不淨)굿, 골매기 청좌(請座)굿, 당

(堂)맞이, 화해(和解)굿, 세존(世尊)굿(중굿), 조상(祖上)굿, 성왕(成主)굿, 대왕(大王)굿, 심청(沈淸)굿, 놋동이굿, 손님굿, 계면(界面)굿, 용왕굿, 거리굿의 순으로 진행된다. 따라서 이는 어민들의 종교 신앙인 동시에 연극, 문학, 곡예(曲藝), 가무, 만담이 종합된 하나의 종합예술이다.

이 밖에 '멧굿, 선굿, 앉은굿, 큰굿'과 같은 것도 있다. '멧굿'은 농악으로 하는 굿이고, '선굿'은 무당이 서서 뛰면서 하는 굿이다. 이에 대해 '앉은굿'은 장구와 춤이 없는 굿의 한 가지로 좌경(座經)을 주로 하기 때문에 붙여진 이름이다. '큰굿'은 3일 이상, 모든 신령을 초치하여 하는 큰 제의다.

이상 여러 종류의 '굿'을 살펴보았다. 다음에는 '굿'이 어두(語頭)에 오는 '굿'과 관련된 말을 보기로 한다. 이러한 것에는 '굿거리, 굿거리굿, 굿거리시조(時調), 굿거리장단, 굿당(堂), 굿북(巫鼓), 굿상(床), 굿자리, 굿중, 굿중놀이, 굿중패(牌), 굿청(廳), 굿춤(巫舞), 굿터, 굿판, 굿패(牌)' 따위가 있다. '굿거리'는 무당이 굿할 때 치는 9박자의 장단이고, '굿거리장단'은 농악에서 쓰는 느린 4박자의 장단이다. 그리고 '굿거리시조'는 굿거리장단에 맞춘 시조다. '굿거리굿'은 농악 열두 가락 가운데 아홉째 가락을 말한다. '굿당'은 무당이 신을 모시고 굿을 하는 당집이고, '굿청'은 굿을 할 때의 총본부가 되는 곳이다. '굿중'은 절의 경비를 마련하기 위하여 집집으로 꽹과리를 치고 다니며 시주를 청하는 중이고, 이들의 무리가 '굿중패'다. '굿중놀이'는 굿중패가 꽹과리를 치며 요란스럽게 염불하는 것을 가리킨다. 이는 또 아이들이 시끄럽고 수선스럽게 몰려다니는 일을 비유적으로 이르기도 한다. '굿패'는 걸립패(乞粒牌)나 굿중패를 통틀어 이르는 말이다.

굿과 관련된 속담은 "굿도 볼 겸 떡도 먹을 겸", "굿 보고 떡 먹기", "굿들은 무당, 재 들은 중"과 같이 좋은 뜻의 말이 많다. 새해에는 우리 국민 모두가 일거양득을 하는 행운을 누리거나, "굿 들은 무당, 재 들은 중"과 같이 신나는 일들만이 많기를 기원하는 마음 간절하다.

귀동냥이라도 많이 해야 한다

귀1

'귀'란 사람이나 동물의 청각기관(聽覺器官)이다. 그래서 이 말이 붙은 낱말은 주로 청각기능과 관련된 뜻을 나타낸다. 가령 '귀먹다'는 '그 사람이 귀가 먹었다'에서 알 수 있듯, '귀'와 '먹다'가 합성된 말로 귀가 잘 들리지 않는 것을 나타낸다. 우리 조상들은 귀가 어두워져 소리가 잘 들리지 않게 되는 것을 '귀가 막히는 것'으로 보았다. '귀먹다'의 '먹다'는 '밥을 먹다', 곧 식사(食事)하다의 '먹다'의 뜻이 아니다. '막다(塞), 막히다(塞)'의 뜻을 나타내는 '먹다'다. 이는 귀가 '먹먹하다'고 할 때의 '먹먹하다'와 같은 계통의 말이다. '먹먹하다'는 소리가 귀에 잘 들리지 않는다를 뜻하는 말로, 여기에 쓰인 '먹-'이 바로 '귀가 먹다'란 말의 '먹다'의 어근(語根) '먹'이다. '귀먹은 중 마 캐듯'이란 속담에 쓰인 '귀먹은'이 이러한 용례다. 이는 남이 무슨 말을 하거나 말거나 알아듣지 못하는 체하고 저 할 일만 그대로 하는 것을 나타낸다. 비

82

숫한 뜻의 말로, '귀멀다'라는 말이 있다. 이때의 '멀다'는 '거리가 멀다(遠)'의 비유적 표현이다. '귀가 어둡다'고도 한다.

'귀먹다'는 '귀먹은 욕', '귀먹은 푸념'처럼 관용어를 이루기도 한다. 이때의 '귀먹은'은 '당사자(當事者)가 듣지 못하는'이란 뜻이다. 그래서 '귀먹은 욕'이란 말은 당사자가 듣지 못하는 데서 하는 욕이다. '귀먹은 푸념'은 당사자가 듣지 못하는 데서 늘어놓는 불평이다. 욕이나 푸념을 당사자 앞에서 하기란 쉽지 않다. 특히 욕이 그렇다. 그래서 흔히 본인이 듣지 않는 데서 하게 마련이다. '귀머거리 푸념'은 채만식의 『태평천하』에 다음과 같은 용례가 보인다.

'사내가 오죽 못나믄 첩 하날 못 얻어 살구서⋯⋯' 조씨는 혼자 말하듯 구그름을 내다가 바늘귀를 뀌느라고 고개를 쳐듭니다. 새초옴한 게 벌써 새서방 종학이한테 귀먹은 푸념깨나 쏟아져 나올 상입니다.

작은 소리도 잘 구별하여 듣는 것을 뜻하는 '귀밝다'는 사전에 따라 단어 또는 관용어로 보고 있다. 이는 청각(聽覺)을 시각(視覺)으로 바꾸어 나타내는 공감각적(共感覺的) 표현으로, '귀가 어둡다'의 상대적인 말이다. '귀밝이술'은 '귀밝다'와 관련된 말로, '귀-밝음-술'이란 뜻의 말이다. 전통적으로 정월 대보름날 아침에 찬 술을 마시면 귀가 밝아지고, 귓병이 생기지 않는다고 해서 술을 마셨는데, 이를 '귀밝이술', 혹은 '이명주(耳明酒)라 하였다.

'귀넘어듣다', '귀담아듣다'라는 말은 듣는 태도를 나타내는 말이다. '귀넘어듣다'는 귀 너머로 듣는다는 말이니, 주의하지 아니하고 흘려듣는다는 말이다. 이에 대해 '귀담아듣다'는 주의하여 잘 듣는 것이다. 흘리지 아니하고 귀에 잘 담아 듣는다는 말이다.

'귀동냥'이란 말은 재미있게 조어(造語)된 말이다. 이는 '남들이 하는 말 따위를 얻어들음'이란 뜻의 말로, '귀'와 '동냥'이 합성된 것이다. '동냥'은 한자어 '동령(動鈴)'이 변한 말로, '거지가 돌아다니며 구걸하는 것, 또는 그렇게 구걸한 돈이나 물건'을 나타낸다. '동령(動鈴)'은 구걸하며 요령(搖鈴)을 흔든 데서 조어된 것이다. '귀동냥'은 따라서 '귀로 구걸하는 것', 곧 귀로 얻어듣는 것을 의미한다. '귀동냥'은 배우거나, 노력하여 얻는 지식이 아니기에 이를 하찮거나 부끄럽게 생각한 것이리라. 그래서 이를 '동냥'이라 하였다. 그러나 값진 인생을 경영하기 위해서는 '귀동냥'이라도 많이 해야 한다. 현대 사회는 정보사회이고, '귀가 보배'라 하지 않던가? 박완서의 『미망(未忘)』에는 다음과 같은 '귀동냥'의 예가 보인다.

애비가 그것을 알 수 있었던 건 샛골을 떠나 동학군(東學軍), 노가다 판, 예수당을 두루 거치면서 귀동냥으로 얻어들은 것도 있지만 그 동안 언문(諺文)을 깨쳐 글을 읽게 된 덕이 더 컸다.

귀동냥을 잘 하자면 상대방의 말소리가 커야 한다. 그렇지 않으면 귀에 대고 말해 주어야 한다. '귓속말, 귀엣말'이 이런 것이다. '귀엣말'이란 '귀에의 말'로 귀에 대고 소곤소곤 말하는 것이다. '귓속말'은 '귓속에 하는 말'로 '귀엣말'에 비해 좀 더 은밀한 말이다. 우리말에 '베갯머리송사(訟事)'라는 말이 있거니와, 이때의 '송사(訟事)'도 이런 '귀엣말'이거나 '귓속말'이라 하겠다. '베갯머리송사'란 엄청난 소송 사건이 아니다. 이는 부부가 같이 잠을 자면서 아내가 남편에게 여러 가지로 소곤소곤 속삭여, 남편을 자기 뜻대로 움직이게 하는 것이다. 심훈의 『영원의 미소』에는 다음과 같은 용례가 보인다.

시골 아버지가 야속하였다. 젊은 첩의 베갯머리송사에 넘어가서 허덕허덕 하는 것이 가엾은 생각이 들기도 하나, 그래도 자기네는 먹고 입고 살면서 일 년이나 되도록 딸자식 하나를 모르는 체하는 생각을 하니 눈물이 핑 돌았다.

목탁귀가 밝아야 한다

귀2

내 귀는 소라껍질
바닷소리를 그리워하오

사람들이 애송하는 시 가운데 하나인 장 콕토의 「귀」다. 소라
가 사람의 귀처럼 생기기는 하였지만 바닷소리를 그리워한다는
발상(發想)이 기발하다.

귀는 많은 복합어를 이루고 있다. 이들 복합어 가운데 귀가 뒤
에 오는 말에 '논귀, 밭귀, 들은귀, 말귀, 목탁귀, 잠귀, 바늘귀,
햇귀' 따위가 있다. 이들 가운데 '논귀, 밭귀'의 '귀'는 '귀퉁이'를
나타내는 말이다. 귀는 코처럼 얼굴의 중앙에 있는 것이 아니라,
머리 양옆에 붙어 있다. 그래서 '귀'는 흔히 귀퉁이를 의미한다.
'귀기둥, 귀돌, 귀살이, 귀울다' 등의 '귀'도 이런 것이다. '귀기둥'
은 건물의 모퉁이에 세운 기둥을, '귀돌'은 돌로 쌓아 만든 건물

이나, 벽의 모퉁잇돌을 말한다. '귀살이'는 바둑 용어로, 바둑판의 모퉁이 부분인 귀에서 사는 것을, '귀울다'는 붙이거나 박은 물건의 귀나 구석에 주름이 잡힌 것을 말한다.

'들은귀, 말귀, 목탁귀, 잠귀'의 '귀'는 청각 능력, 또는 청각의 결과를 나타낸다. '들은귀'는 들은 경험을 뜻한다. '말귀'는 남의 말뜻을 알아듣는 귀, 곧 슬기다. '말귀가 어둡다', '말귀가 밝다'와 같이 쓰이는 것이다. '목탁(木鐸)귀'의 '귀'도 소리를 듣는 감각을 나타내는 말이나, 의미구조(意味構造)가 조금 독특하다. 이는 모이라는 신호로 치는 목탁 소리를 듣는 귀를 가리킨다. "목탁귀가 밝아야 한다"는 속담은 밥을 먹으러 오라는, 곧 식사 시각을 알리는 목탁 소리를 듣지 못하면, 밥을 얻어먹지 못하게 됨을 비유적으로 나타내는 말이다. '잠귀'의 '귀'도 잠결에 소리를 듣는 감각을 나타낸다. '잠귀'도 어둡다, 밝다라 한다. '잠귀가 질기다'는 조금 색다른 말로, 잠귀가 어두워 웬만해서는 깨지 않는 것을 나타낸다. "쟤는 잠이 들면 누가 업어 가도 모른다."고 핀잔을 듣는 사람이 잠귀가 질긴 것이다. '귀맛'도 청각과 관련이 있다. 이것은 소리나 이야기를 듣고 느끼는 재미나 맛을 가리킨다. 같은 말을 하여도 재미있게 말하는 사람과 그렇지 않은 사람이 있다. '귀맛'이 나게 말 하는 사람은 사람들로부터 사랑을 받는다.

한번 보고서 그대로 흉내 내기를 잘 하는 재주를 '눈썰미'라고 한다. '귀썰미'는 이 '눈썰미'와 같은 구조의 말이다. 이는 한번 들고서도 잊지 아니하는 재주를 뜻하는 말로, 자주 쓰이지 않아 좀 생소한 말이다. '썰미'는 '설믜'가 변한 말로, 이는 지혜(智慧)를 뜻한다. '눈썰미', '귀썰미'가 있는 사람은 복 받은 사람이다.

'바늘귀, 햇귀'는 생김새 때문에 붙여진 이름이다. '바늘귀'란 바늘의 구멍으로, 그 모양이 바늘의 귀 같다 하여 붙여진 이름이다. 영어에서는 'a needle's eye'라고 하여 우리와 발상을 달리 한다. '햇귀'는 해가 처음 솟아오를 때의 빛이다. 해가 산이나 바다 위로 떠오를 때, 벌겋게 비치는 것이 귀처럼 생겼다하여 '햇귀'라 한 것이다. 개성적으로 표현하는 경우에는 '혀', 그것도 '붉은 혀'라고 한 것을 볼 수 있다.

귀의 신체적 부위와 관련된 말에는 '귀뿌리, 귀청, 귓가, 귓구멍, 귓등, 귓문, 귓바퀴, 귓밥, 귓불, 귓속, 귓전' 등이 있다. '귀뿌리'라는 말은 잘 쓰이지 않는다. 그래서 생소하다. 이는 귀가 뺨에 붙은 부분을 가리킨다. '귀청'은 고막을 이르는 말로, '청'은 어떤 물건의 얇은 막으로 된 부분을 의미한다. 흔히 누가 큰 소리를 지를 때 '귀창 떨어지겠다'고 하는 '귀창'은 이 '귀청'이 잘못 쓰인 경우다. '귀청'을 이르는 영어 'a ear-drum'은 한자어 고막(鼓膜)과 맥이 잇닿는 말이다. '귓문'은 귓구멍의 밖으로 열려 있는 쪽을 가리킨다. 귓속의 반대 방향이다.

'귓바퀴'는 이각(耳殼), 곧 겉귀의 드러난 부분이다. 이 귓바퀴의 바깥쪽이 '귓등'이며, 귓바퀴의 가장자리가 '귓전'이다. '귓등으로 듣다'는 듣고도 들은 체 만 체 하다, '귓전으로 듣다'는 관심을 기울이지 않고 대강 듣다의 뜻으로 쓰인다. 남의 말을 '귓등으로 듣'거나, '귓전으로 듣'게 되면 말하는 사람은 힘 빠지고, 속이 상한다. '귓밥'은 '귓불'의 두께를 뜻한다. '귓불'은 귓바퀴의 아래쪽으로 늘어진 살로, 한자말로는 이수(耳垂), 또는 이타(耳朶)라 한다. '귓불'은 '귀(耳)-ㅅ-불(陰囊)'이 합성된 말이다. 귓바퀴의 아래쪽으로 늘어진 살이 마치 음낭처럼 생겼다 하여 붙여진 이름이다. '귓불'은 부처의 그것이 볼 만하다. 우리 속담에 "귓불만 만진다"라는 것이 있는데, 이는 더 이상 어떻게 할 수 없을 때 운명만 기다린다는 뜻을 비유적으로 나타내는 말이다. '귓불'은 영어로는 'ear-lobe', 또는 'ear-lap'이라 한다. 귀의 돌출부, 귀의 늘어진 자락이란 말이다. 사전에 따라서는 '귓밥'을 '귓불'과 동의어로 보기도 하는데, 이는 동의어가 아닌, 앞에서 보듯 귓불, 및 귓바퀴의 두께를 뜻하는 말로 보아야 한다. 아래의 한무숙(韓戊淑)의 소설에 보이는 '귓밥'도 '귓불'이 아닌, '귓불' 내지 '귓바퀴'의 두께를 가리키는 것으로 보는 것이 옳을 것이다.

높은 툇마루에 술이 많은 눈썹, 그린 듯한 입술, 귓밥이 두툼한
보기 좋은 귀, 빠질 데 없이 잘 생긴 얼굴이다.「어둠에 갇힌 불꽃들」

밥그릇 싸움

그릇

　　요즘은 어디를 가나 밥그릇 싸움이다. 개인이건 단체건 기득권을 잃지 않겠다고 난리다. 정치권도 나라와 국민을 위한다는 가면을 쓰고 '밥그릇 싸움', 지역 이기주의에 이성을 잃고 있다. 선량한 시민만이 불쌍하다.

　　'그릇'은 물건을 담는 도구의 총칭으로, 이는 사물명사로 나타내기도 하고, 사물명사에 '그릇'이란 말을 덧붙여 나타내기도 한다. 이러한 '그릇'들은 용도와 자재, 모양, 크기 등에 따라 여러 가지로 구분된다.

　　먼저 사물명사에 의해 나타내지는 그릇부터 보자. '목판(木板), 사발(沙鉢)'은 나무나 사기(沙器)를 재료로 한 것이다. '목판'은 음식을 담아 나르는 그릇이고, '사발'은 사기로 된 밥그릇이다. '밥자배기, 찬합(饌盒), 탕기(湯器)'는 밥, 찬, 탕을 담는 그릇이란 용도를 드러내고 있는 이름이다. '밥자배기'는 밥을 담아 두는 자배기로,

90

'자배기'는 둥글넓적하고 아가리가 벌어진 질그릇이다.

이에 대해 '뚝배기, 모반(角盤), 실굽달이(絲蹄), 옴파리(凹鉢), 옹자배기(凹甕盆), 종발(鐘鉢), 종지(鐘子)'는 생긴 모양을, '대접(大蝶子), 왕기, 중두리, 중발(中鉢)'은 크기를 나타내는 말과 합성된 말이다. '뚝배기'는 뚝뚝한 질그릇이고, '실굽달이'는 실 같은 굽이 달려 있다 해서 붙여진 이름이다. '옹자배기'는 작고 오목한 자배기(甕盆)로, '옹배기'는 이의 준말이다. 흔히 물동이로 쓰인다. '옴파리'는 오목한 바리다. '종발, 종자'는 종 모양의 작은 그릇이다. '대접(大楪)'은 큰 접시이고, '왕기'는 사기로 된 큰 대접이다.

'중두리'는 독보다 조금 작으나 배가 부른 오지그릇이고, '중발'은 글자 그대로 중간 정도 크기의 주발(周鉢)이다. '주발'은 놋쇠로 된 밥그릇으로, 위가 약간 벌어지고 뚜껑이 있는 것이다. 이 밖에 '공기, 갱지미, 바라기, 바리, 바리때, 보시기, 접시, 주발, 합'은 그릇의 자질이나, 모양, 용도 등을 드러내지 않는 말이다. '갱지미'는 놋쇠로 만든 반찬 그릇으로, 모양은 반병두리 같이 생긴 것이다. 홍명희의 『林巨正』에는 다음과 같은 용례가 보인다.

뒤바뀐 순이 다시 차례대로 도는데 다른 사람 앞에는 갱지미로 돌리고, 꺽정이와 오주 앞에는 사발로 돌렸다.

'바라기'는 사발을 뜻하는 '발(鉢)'에 작은 것을 나타내는 접미사 '-아기'가 붙은 말이다. '바리, 바리때'도 발(鉢)이 변한 말이다. '바리'는 놋쇠로 만든 오목한 여성용 밥그릇인데, 주발보다 배가 나오고 뚜껑에 꼭지가 있다. '바리때'는 중들의 공양 그릇으로, 나무로 대접처럼 만들어 안팎에 칠을 한 것이다. 중들의 배낭을 '바랑'이라 하는 것은 발을 넣는 주머니란 의미의 '발낭(鉢囊)'이 변한 말이다.

'보시기'는 김치 깍두기 같은 반찬을 담는 작은 사발이고, '접시'는 접자(楪子)가 변한 말이다. '합(盒)'은 찬합과 같이 음식을 담는 그릇이나, 유기 합은 주로 양반집 사랑어른의 식기로 사용되던 그릇이다.

다음에는 '그릇'과 합성된 말을 보자. '그릇'을 꾸미는 대부분의 말은 용도와 자재를 나타낸다. '계그릇(戒器), 국그릇, 모삿그릇(茅沙器), 모잇그릇, 물그릇, 밥그릇, 약그릇(藥器), 채료그릇, 퇴줏그릇' 따위는 용도와 관련된 이름이다. 이들은 모두 그릇 안에 담는 내용물과 그릇을 합성한 말이다. '계그릇'은 계를 담는 그릇, 곧 계명(戒命)을 능히 감당하여 받을 수 있는 사람, 계기(戒器)를 말한다.

중국 선종(禪宗)의 오조(五祖) 홍인(弘忍)은 혜능(慧能)에게 "방아는 다 찧었느냐?"고 물었다. 이에 혜능은 "방아는 찧었으나 키질은 못하였습니다."라 선답을 했다. 그날밤 삼경에 홍인은 의발(衣鉢)을 전수했고, 혜능은 육조(六祖)가 되었다. 홍인은 혜능이 큰그릇이란 것을 알고 '의발'을 넘긴 것이다.

'채료(彩料)그릇'은 그림 그리는 데 쓰는 물감, 채료를 풀어 쓰는 도구다. 오늘날의 팔레트다. '퇴줏그릇'은 제사 때 퇴주(退酒)를 담는 그릇 퇴주기다. 초헌관, 아헌관, 삼헌관(三獻官)이 올린 술을 제사상에서 내려 비우는 데 쓰는 그릇이다. '모샷그릇'이란 모사(茅沙)를 담은 그릇으로, 바로 제사 때의 퇴줏그릇을 가리킨다.

'나무그릇(木器), 놋그릇(鍮器), 대그릇(竹器), 돌그릇(石器), 사기그릇(沙器), 양은(洋銀)그릇, 오지그릇(烏瓷器), 옹기그릇(甕器), 유리그릇, 은그릇(銀器), 자개그릇, 질그릇, 채그릇(策器)'은 그릇의 자재와 '그릇'이란 말이 합성된 말이다. 이 가운데 '오지그릇'은 붉은 진흙으로 만들어 볕에 말리거나 약간 구운 다음 오짓물을 입혀 다시 구운 질그릇이다. '자개그릇'은 자개를 박아 만든 그릇이다. 자개란 금조개 껍데기를 썬 조각으로, 빛깔이 아름다워 장식용으로 많이 쓰이는 것이다.

'채그릇'은 껍질을 벗긴 싸릿개비나 가는 나무오리로 결어 만든 그릇이다. '채'는 '책(策)'이 변한 말로, 이는 바구니나, 광주리 따위를 만드는 원료가 되는, 싸릿개비나 나무오리를 가리킨다. '채찍'의 '채'도 이것이며, '채롱'의 어원도 '초롱(楚籠)' 아닌, 채로 만든 농이란 '채롱(策籠)'이 변한 말이라 하겠다.

이 밖에 '그릇'과 합성된 말에는 '갈이그릇, 귀때그릇, 도깨그

93

릇, 손그릇' 같은 말이 있다. '갈이그릇'은 전통식 갈이기계로 갈아 만든 나무그릇을 가리킨다. '갈이'는 갈이틀이나 갈이기계로 나무그릇을 만드는 것을 의미한다. '귀때그릇'은 주전자의 부리와 같이 겉으로 내민 구멍, 귀때가 붙은 그릇이다. '귀때항아리, 귀때동이'가 그 예다. '도깨그릇'은 독·항아리·중두리·바탱이 따위를 총칭하는 말이며, '손그릇'은 가까이 두고 늘 사용하는 작은 세간을 말한다. 벼룻집, 반짇고리가 이런 것이다.

끝으로 덧붙일 것은 '그릇'이 어떤 일을 해 나갈만한 도량이나 능력, 또는 그것을 가진 사람을 뜻하기도 한다는 것이다. 흔히 어떤 사람을 '큰 그릇'이라 할 때의 '그릇'이 이것이다. 육조 혜능 같은 사람이 이런 인물이다. '밥그릇' 싸움을 하는 사람이 아니라, 진정 나라를 걱정하는 '큰 그릇'이 애타게 기다려지는 오늘이다.

길에 돌도 연분이 있어야 찬다
길1

내를 건너서 숲으로/ 고개를 넘어서 마을로//

어제도 가고 오늘도 갈/ 나의 길 새로운 길//

문들레가 피고 까치가 날고/ 아가씨가 지나가고 바람이 일고//

나의 길은 언제나 새로운 길/ 오늘도…… 내일도……//

내를 건너서 숲으로/ 고개를 넘어서 마을로

윤동주 시인의 「새로운 길」이란 시다.

'길'은 "길에 돌도 연분이 있어야 찬다"는 속담의 길처럼 도로를 의미한다. 그러나 '길'에는 이런 도로의 의미만 있는 것이 아니다. '길'이 의미가 확대되어 '방법이나 수단'을 의미하기도 하고, '행위의 규범'을 의미하기도 한다. "무슨 좋은 길이 없을까?"라는 '길'이 수단 방법을, "길이 아니면 가지 말라"는 '길'이 정도(正道)를 의미하는 것이 그것이다.

우리말 가운데 대부분의 '길'은 땅 위에 낸 일정한 너비의 공간, 도로를 의미하는 말이다. 그렇지 않으면 이의 비유적 표현으로, 추상적인 길을 의미한다. 방법이나 수단을 의미하거나, 행위의 규범을 의미하는 말은 별로 보이지 않는다.

'길군악, 길나장, 길놀이, 길닦음, 길목버선, 길봇짐' 같은 말은 구체적인 길, 도로와 관계가 있는 말로, 우리 문화를 직접 반영하는 것이다. '길군악'은 임금님의 거둥 때나 군대의 행진 때 연주되던 취타곡(吹打曲)인 동시에, 조선 중기에 널리 불리던 12가사(歌詞)의 하나이다. 이는 본래 군가이었으나, 어느 결엔지 군가로서의 면모는 사라지고 일반 민요가 되고 말았다. 『청구영언』에는 이 '길군악' 가사가 보인다. 이 노래는 "오늘도 하 심심하니/ 길군악이나 하여 보세"라고 시작한다. 그리고 "노오나너니나로"로 시작되는 긴 여음의 타령을 한 다음 "로나 가소소소소소 자내 가소/ 자내 가면 내 못살까"라고 이어진다. 그리고 다음과 같은 노랫말이 뒤를 잇는다.

> 정방산성 북문 밖에
> 해 도라지고 달 돋아온다
> 눈비 찬비 이슬 맞고
> 홀로 섰던 노송 낭기
> 짝을 잃고서 홀로 섰네

내 신세가 이러하다니
　　그래도 살아야지
　　아무렴 내 말을 들어 보아라

　이렇게 노래한 뒤 다시 앞의 여음이 반복되고 두 번째 사설로 넘어간다. 이렇듯 '길군악'은 군악과는 거리가 먼 노래가 되었다. 이 '길군악'은 절화(折花)라고도 한다.

　'길나장'은 '길라잡이'와 관계가 있는 말이다. '길라잡이'는 '길잡이'와 같은 말로, 길을 인도하는 사람을 가리킨다. 밀짚으로 허수아비의 형상을 만들어 "질라래비 훨훨"하며 손을 놀리며 노는 장난감으로, 방언의 '질라래비'라 하는 것도 바로 이것이다. 이는 '길라아비'가 변한 말이겠다.

　이에 대해 '길나장'은 '길-나장(羅將)'으로, 같은 길잡이이나, 수령의 길을 인도하던 사령(使令)이란 차이가 있다. 현재는 이런 제도가 없어져 '길나장'에는 이러한 뜻은 없어졌고, 오히려 '볼일도 없이 돌아다니는 사람의 별명'으로 쓰이게 되었다.

　'길놀이'는 탈춤을 추는 탈꾼들이 탈판까지 가면서 벌이는 거리굿을 가리킨다. 흥행에 인원을 동원하기 위함이다. 그러나 이 말도 이런 제도가 없어지며 거의 들을 수 없게 되었다. 따라서 역사소설에서나 보게 된다. 황석영의 『장길산』에는 다음과 같은 용례가 보인다.

그들은 일단 석근이네 주막에 들렀다가 계에다 놀이를 트도록
하고 나서 길놀이를 돌았다.

　'길닦음'은 씻김굿의 한 대목으로, 죽은 사람의 영혼이 이승에
맺힌 원한을 풀고 편안히 저승에 가도록 저승길을 닦아 주는 굿
을 가리킨다.

　'길목버선'은 먼 길을 갈 때 신는 허름한 버선을 의미한다. 채
만식의 『탁류』에는 이 '길목버선'이 비유적 표현으로 쓰이고 있
다. "그게 수월찮이 맹랑하여, 길목버선에 비단 스타킹격의 무서
운 아베크를 창조해 놓았던 것이요"가 그 예다.

　'길봇짐'은 먼 길을 떠날 때 꾸리는 봇짐이다. 오늘날과 같이
가방을 들고 여행을 떠나는 것이 아니라, 옛날에는 보에 짐을 싸
가지고 등에 메고 출입했기 때문이다.

　이 밖에 도로와 관계가 있는 말로, 우리 문화가 직접 반영되어
있는 것에 '길요강, 길이불, 길제사, 길짐, 길타령, 길품, 길호사'
같은 것도 있다. '길요강'은 말이나 가마를 타고 여행할 때에 가
지고 다니는 놋요강을 말한다. 이런 요강은 흔히 작은 것으로, 바
지 속에 집어넣고 소변을 본다. 따라서 길거리에서 바지를 내리
고 용변을 보아야 하는 결례를 구해 주는 이점이 있어 사랑을 받
아온 것이다.

　'길이불'은 가지고 다니기 편하도록 얇고 가볍게 만든 여행용

이불이다. 오늘날의 슬리핑 백 구실을 하던 것이다.

'길제사'는 노제(路祭)를 의미하는 말이 아니다. 이는 포수가 사냥을 떠날 때에 산신에게 제사를 지냈는데, 그 제사를 가리키는 말이다. 자연을 경외하는 심성에서 발로된 의식이라 하겠다.

'길짐'이란 역사적인 사실로, 큰 길 근처에 사는 백성이 강제로 동원되어 번갈아 나르던 관가의 짐이다. 이는 힘없는 백성의 고초를 알게 하는 말이다. '길품'은 남이 갈 길을 대신 가 주고 삯을 받는 일을 가리킨다. 춘향의 편지를 가지고 한양의 이 도령을 찾아가던 방자가 바로 이런 '길품'을 판 사람이다.

'길호사(豪奢)'는 장가나 시집을 갈 때에 겉치레로 호사스럽게 차려 입고 가는 것이거나, 그런 차림을 뜻한다. 신부의 신행 가마에 호피(虎皮)를 덮던 것은 이의 대표적인 예라 하겠다. 이런 풍습은 오늘날도 여전히 남아 있는 것을 볼 수 있다. '길타령'은 일승월항지곡(一昇月恒之曲)을 이르는 말로, 궁중연례악에서 절화의 뒤를 이어 연주되던 관악곡을 가리킨다.

우리 문화가 직접 반영된, 길 관계 말을 살펴보았거니와 이들 문물제도의 존폐에 따라 이를 반영하는 언어도 사라지거나 건재하거나, 기력이 쇠한 것을 볼 수 있다. 확실히 언어는 문화의 색인이다.

누구 혼삿길 막으려고 그래?

길2

서양의 '길(road)'은 인생, 순례, 매춘부의 이미지를 나타낸다. '인생 여정(the road of life), 여행을 떠나다(take the road), 거리의 여인 (maid on the street)'과 같은 것이 이러한 예다. 특히 '길'이 매춘부를 나타내는 것은 길거리의 여자이기 때문이기보다 길처럼 사람의 왕래가 많다는 데 초점이 놓이는 것 같다.

셰익스피어의 「헨리 4세」에서 매춘부는 "길처럼 사람이 많이 다닌다(as common as highway)"거나 "이 돌 티어시트는 사람이 많이 다니는 어떤 길과 같은 여자임에 틀림없다.(This Doll Tearsheet should be some road.)"고 한 것이 이의 증거이다. 이러한 이미지는 정도의 차이는 있으나 동서양이 다 같이 나타낸다. 우리나라의 경우도 마찬가지다. '길'은 인생의 역정을 나타내고, 여행을 나타내며, "홍등가(紅燈街)"로서 매춘을 나타낸다.

'고생길, 망종길, 벼슬길, 신행길, 장삿길, 첫길, 혼삿길, 혼행길'

과 같은 말은 인생과 관련이 있는 말이다. 우리는 언필칭(言必稱) 인생을 고해(苦海)라 한다. 인생은 순탄치 아니하고 고난의 연속이기 때문이다. 그래서 부모의 슬하에서 벗어나 성장하게 되면 "고생길에 들어섰다"고 한다. 고난의 인생생활을 하게 되었다는 말이다. 이 과정에서 우리는 혼사(婚事)도 하고, 장사도 하고, 관직에도 나아가 살다가는 마침내 삶을 마감하게 된다. 이러한 과정을 나타내는 말이 혼삿길이요, 혼행길이며, 장삿길, 벼슬길이고, 망종길(亡終-)이다.

'혼삿길(婚事-)'은 '혼인길'과 같은 말로, 혼인할 기회나 자리를 뜻하는 말이다. 혼인은 무엇보다 인연이 있어야 성사가 되는 것이겠지만 우선 그럴 기회나 자리가 있어야 한다. 혼삿길이 막히는 것이 아니요, 열려야 한다. 연예인의 X파일과 같은 파일이 나와 혼삿길을 막아서는 안 된다. 향가 「서동요」는 백제 무왕(武王)이 선화공주(善花公主)와 결혼하기 위해 그녀의 혼삿길을 막은 노래다. "선화 공주님은 남몰래 서동이를 얼러 두고, 밤마다 안고 간다"고 장안에 소문이 파다한데, 어느 귀인이 부정한(?) 그녀를 아내로 맞이하려 하겠는가? 이러한 '혼삿길'의 용례는 최명희의 『혼불』에도 보인다.

"지금 누구 혼삿길 막으려고 그래? / 이 횃불 싸움에서 이기면 그 해에 풍년이 들고, 동네 청년들의 혼삿길이 트인다고 해서"

이에 대해 '혼행길(婚行–)'은 시집가거나 장가들러 가는 길을 뜻하는 말이다. 이는 신랑 신부가 다 각각 처음 가는 길이어 다른 말로는 '첫길', 또는 '신행길(新行–)'이라고도 하는 것이다. 따라서 '혼행길'은 신랑의 경우는 혼사를 치르기 전이고, 신부의 경우는 치른 후가 된다.

'벼슬길'이나 '장삿길'은 삶의 방법을 보이는 말이다. '벼슬길'은 입신출세를 위한 환로(宦路), 사도(仕途)로, 벼슬살이를 하는 길을 가리키는 말이며, '장삿길'은 재산 증식을 하기 위한 상로(商路)로, 장사하려고 나선 길을 의미하기 때문이다. 백제의 노래인 『정읍사』는 이러한 장삿길에 나선 남편의 안위를 걱정하는 아내의 간곡한 사랑의 노래이다.

'망종길(亡終–)'은 사람이 죽어서 가는 길, 저승길을 의미한다. '망종'이 사람의 목숨이 끊어지는 때를 의미하기 때문이다.

이 밖에 '갈림길, 나뭇길, 돈길, 손길, 우물길, 입길' 같은 것도 인생과 관련이 있는 길이다. '갈림길'은 기로를 뜻하는 말로, 미래의 향방이 상반되게 갈라지는 지점을 비유적으로 이르기도 한다. 갈림길에서 어느 길을 택하느냐는 운명을 바꾸어 놓는다.

'나뭇길'과 '우물길'은 인생의 단면을 보여 주는 말이다. '나뭇길'은 초경(樵經), 초로(樵路)로, 나무꾼들이 다녀서 난 산길을 가리키는 말이다. 이는 우리의 온돌 문화와 밀접한 관련을 갖는, 남자의 길이다. 이에 대해 '우물길'은 급로(汲路)로, 우물에 물을 길러

다니는 여인의 길이다. 한수산의 『유민』에는 매우 서정적인 이 '우물길'의 용례가 보인다.

> 하얗게 눈 덮인 마을은 우물길만이 겨우 뚫렸을 뿐, 나루터로 향하는 길에는 인적이 없었다.

'돈길'은 현대사회의 혈맥인 돈이 유통되는 길을 뜻하는 말로, 돈길이 막히면 그 사회는 질식하게 마련이다. '손길'은 손바닥을 펴서 내민 손이거나, 상대방을 위해 주려는 마음으로 내민 손을 의미한다. 사회적으로 어려운 일이 있을 때 곧잘 펼쳐지는 '사랑의 손길'이 바로 이런 것이다.

'입길'은 남의 흉을 보는 입의 놀림을 가리킨다. "사촌이 땅을 사면 배가 아프다"는 사람의 입놀림은 바로 이런 '입길'이다. 이런 것을 보면 사람의 성품은 반드시 착한 것만은 아닌 것 같다.

'매춘'을 뜻하는 '길'은 우리말에 따로 보이지 않는다.

다음에는 '길'과 관련된 몇 개의 색다른 말, '벼룻길, 길꾼, 길속, 길처'를 보기로 한다. '벼룻길'은 '벼랑길'과 관련이 있는 말이다. '벼랑길'은 물론 낭떠러지의 길이다. '벼룻길'은 '벼랑길'의 일종으로, 아래가 강가나 바닷가로 통하는 길을 이른다. 산속 낭떠러지의 길이 아니라, 강이나 바다로 이어지는 벼랑길인 것이다. 그런데 사람들은 이런 낭떠러지의 길을 구분할 줄 모른다.

'길꾼'은 노름 따위에 길이 익어 잘 하는 사람을 가리키는 말이다. 이는 줄여 '꾼'이라 한다. 예를 들어 '투전꾼'이 투전에 길이 익은 '길꾼'이다.

'길속'은 전문적으로 익숙해진 일의 속내를 가리킨다. 요새는 첨단 기술이 너무 급속도로 발달해 쫓아가기도 바쁜 세상이다. 이런 시대에 일의 속내를 전문적으로 잘 파악하고 있는 사람은 추앙을 받아 마땅하다.

'길처'는 가는 길의 근처 지방을 의미한다. 최종 목적지에 대한 주변 지역을 이른다. 한 기관이 그 지역사회를 파악해야 하듯, 나들이할 때는 종착지만이 아니라 그 주변에도 유의해야 한다. 나무만 보고 숲을 보지 못하는 우를 범할 수야 없지 않겠는가?

김칫국부터 마신다

김치

김치는 우리 식단에서 빼어놓을 수 없는 한국 고유의 음식이다. 이는 역사적으로 볼 때 고대부터 있었던 것으로, 채소를 오래 보관해 두고 먹기 위해 개발된 것이다. 그러기에 김장을 담그는 것은 장 담그는 것과 함께 사람의 집에 일년지대계(一年之大計)에 속하는 일이었다. 이러한 우리의 김치가 오늘날 세계적인 건강식품이 되었다.

'김치'는 본래 이의 어원 '침채(沈菜)'가 말해 주듯 채소를 소금물에 담가 우린 것으로, 오늘날과 같은 발효식품이 아니었다. 오히려 한자어 '저(菹)'로 나타내지듯 '소금절이 채소'였다.

'김치'는 '침채'에서 비롯된 말이나 중국어가 아니다. 이는 한자를 빌린 우리말이다. 이것이 '딤치' 또는 '팀치'로 변하고, 다시 '짐치', '짐칙'를 거쳐 '김칙'가 되고, 오늘의 '김치'가 된 것이다. 김치를 가리키는 말에는 이 밖에 '디히'가 있다. 이는 '딯다(落)'에서 파생된 말로, '지이'를 거쳐 '지'가 되었다. '디히'도 『두시언해』에 '겨슰 디히(冬菹)'라 보이듯, '담근 채소, 소금 절이 채소'를 의미한다.

'지'는 경상방언에서 김치를 가리키나, 이는 오히려 '짠지', 또는 '장아찌'와 밀접한 관련을 갖는다. '짠지'는 '짠-디히'가 변한 말로, 표준어로는 '무를 통째로 소금에 짜게 절여서 묵혀두고 먹는 김치'를 가리킨다. '장아찌'는 '장앳디히(醬瓜兒)'가 변한 말로, '장에 둔 지', 곧 '장지(醬漬)'를 의미한다. 그런데 충청방언 등에서는 '짠지'가 '김치'에 대가 되는 말로 쓰이기도 한다. 동침이 나박김치 같은 물김치는 '김치'라 하고, 국물이 없는 '배추김치'는 '짠지'라 하는 것이 그것이다. 이로 보면 우리의 '김치'문화는 '침채'문화만이 아닌, '디히'문화가 있음을 알 수 있다.

'김치'는 그 종류가 다양하다. 우선 재료가 가지가지고, 담그는 방법이 다양하다. '갓김치, 고수김치, 나박김치, 돌나물김치, 동아김치, 무김치, 무순김치, 박김치, 배추김치, 부들김치, 부추김치, 얼갈이김치, 열무김치, 오이김치, 중갈이김치, 총각김치, 파김치, 풋김치, 한련김치'는 재료에 따른 이름이다. 이 가운데, '고수김치'는 고수풀(胡荽)을, '동아김치'는 동과(冬瓜)를, '부들김치'는 부들(香蒲)을, '얼갈이김치'는 겨울에 심는 푸성귀(凍播)를, '중갈이김치'는 철 아닌 때에 가꾼 채소(中播)를, '한련김치'는 국화과의 한련(旱

蓮)을 재료로 한 것으로 조금은 낯선 것이다. '나박김치'는 '나박 나박' 썬 김치라는 말이 아니고, '나박'이 무를 의미하는 중국어 '나복(蘿蔔)'으로, '무김치'란 말이다. 총각김치는 굵기가 손가락만 한 어린 무를 무청째 여러 가지 양념을 하여 버무려 담근 김치를 말한다. 이는 어린 무를 총각에 비유하여 다소 야하게 이름을 붙인 것이다.

'국물김치, 굴김치, 꿩김치, 닭김치, 둥둥이김치, 보쌈김치, 벼락김치, 비늘김치, 소박이김치, 숙김치, 싱건김치, 오이소박이김치, 장김치, 짜개김치, 쪽김치, 초김치, 통김치, 홀아비김치'는 담그는 방법과 관련이 있는 것이다.

이 가운데 '굴김치, 꿩김치, 닭김치, 장김치, 초김치'는 물론 재료와도 관련된다. 그러나 방법과 좀 더 관련이 깊다 할 것이다. '꿩김치'와 '닭김치'는 꿩과 닭으로 김치를 담근 것이 아니다. 오히려 요리라 할 음식이다. '꿩김치'는 꿩을 삶은 물과 동치미 국물을 똑같이 타고, 삶은 꿩고기를 넣은 음식이다. 한자어로는 치저(雉菹)라 한다. 이는 '김칫소에 꿩고기를 넣고 담근 김치'라고 풀이한 사전도 있다. 이에 대해 '닭김치'는 닭 내장을 빼고 그 안에 쇠고기와 버섯, 두부를 양념하여 넣고 삶아 낸 다음, 속에 든 것을 헤뜨려 햇김치국을 섞은 닭 국물에 넣어 얼음을 띄운 음식, 계저(鷄菹)를 가리킨다. '장김치'는 소금 대신 간장으로 절여 담근 김치다. 장저(醬菹)가 그것이다.

이 밖에 '둥둥이김치'는 국물이 많아서 건더기가 둥둥 뜨게 담근 김치이고, '벼락김치'는 무나 배추를 간장에 절여 당장 먹게 벼락치기로 만든 김치다. '겉절이'같은 것이라 하겠다. '비늘김치'는 오이소박이김치처럼 오이의 허리를 네 갈래로 내는 것이 아니라, 통무를 비늘같이 저미어 그 틈에 소를 넣어서 통배추와 함께 담근 김치를 말한다.

'숙김치'는 '익은 김치'가 아니다. 이는 노인이 먹을 수 있게 무를 삶아서 담근 색다른 김치다. '싱건김치'는 김장 때 삼삼하게 담근 무김치로 '싱건지'라고도 하는 것이다. '짜개김치'는 오이를 알맞게 썰어 소를 박지 않은 김치이고, '쪽김치'는 조각조각 썰어서 담근 김치다. '홀아비김치'는 무나 배추 한 가지만으로 담근 김치라 하여 익살스런 이름이 붙은 김치다. 총각김치도 일종의 홀아비김치다.

이 밖에 '김치'와 관계가 있는 색다른 문화어로는 '김치말이, 김치밥, 김치움, 김칫소' 같은 것이 있다. '김치말이'는 김칫국에만 음식을 통칭하는 말이다. '김치밥'은 김치를 잘게 썰어 쌀 밑에 두고 지은 밥이다. 이는 양념한 생굴을 섞어 가며 먹는다. '김치움'은 김장독을 넣어 두는 움(穴)이고, '김칫소'는 김치를 담글 때 파·무채·젓갈 따위 고명을 고춧가루에 버무려 절인 배추나 무에 넣는 소를 가리킨다. '오이소박이'의 '소'가 이런 것이다.

우리는 이렇게 남들이 하나도 갖고 있지 않은 많은 김치를 만들어 먹고 있다. 김치는 물론 주식에 대한 부식으로, 반찬에 해당한다. 그러나 이는 전채요, 후식으로도 그 몫을 잘 해 낸다. '떡줄 놈은 생각도 않는데 김칫국부터 마신다'는 속담은 김치의 전채 구실을 웅변으로 말해 준다. 그리고 느끼한 것을 먹고 입이 텁텁하거나, 속이 메스꺼울 때 마지막으로 한 입 먹는 김치는 속을 개운하게 해 준다. 이는 후식으로서의 기능을 보이는 것이다.

여기서 떠오르는 『대동야승(大東野乘)』의 소화 한 토막—

강씨 대상(大相)이 매일 밤 부인 몰래 계집종의 처소를 찾았다. 하루는 공이 옷을 벗고 나가기에 부인이 뒤따라 가 보니 계집종의 방으로 들어갔다. 계집종이 "절병(節餠) 같은 부인은 어디 두고 더러운 종을 찾습니까?"하며 나무랐다. 이에 공이 "너로 나도냉이 김치(山芥沈菜)를 담그면 어떻겠느냐?"하였다. 이에 공은 쫓겨났고, 돌계단에 앉았다가 얼어 배탈이 났다.

떡과 김칫국, 떼어놓을 수 없는 궁합이다. 그러나 경우에 따라서는 이것이 화근이 되기도 한다. 떡 줄 놈을 생각지 않고, 김칫국부터 마셔서는 곤란하다.

까치 뱃바닥 같다

까치

　이 세상에는 많은 비금조수(飛禽鳥獸)가 있다. 이들 새와 짐승은 사랑을 받기도 하고 혐오의 대상이 되기도 한다. 까치가 사랑을 받고, 까마귀가 기피를 당하는 것이 이러한 경우이다.

　신라 석탈해왕(昔脫解王)의 탄생설화에는 까치가 등장한다. 『삼국유사』에 의하면 계림의 동쪽 아진포에 이상한 배 한 척이 와 닿았다. 갯가에서 조개를 채취하던 아진의선(阿珍義先)이라는 할멈이 까치 소리를 듣고, 그 곳에 가 보았다. 까치들이 배 위를 맴돌고, 배에는 궤가 하나 놓여 있었다. 배를 끌어다 나무에 매고, 궤를 열어보니 잘 생긴 사내아이가 칠보와 노비들에 둘러 쌓여 있었다. 그가 훗날 왕이 된 석탈해(昔脫解)다. 탈해왕의 성이 석(昔)씨가 된 것은 바로 까치로 말미암아 궤를 열어 보게 되었기에 까치 작(鵲)자에서 새 조(鳥)자를 떼어낸 옛 석(昔)자로 성을 삼았기 때문이다.

　동양 삼국에서 까치는 길조로 취급된다. 그래서 희작(喜鵲), 서작

(瑞鵲)이라 한다. 아침에 까치가 와서 울면 반가운 손님이 온다고 하는 것은 이러한 이미지와 관련된 것이다. 이에 대해 서양에서는 대체로 부정적 이미지를 나타낸다. 위선자, 떠버리로 인식되는 것이 그것이다. 'chatter like a magpie'란 관용어가 '재잘재잘 지껄이다'를 뜻하는 것이 이러한 예이다.

'까치'의 어원은 까치의 울음소리 '갖갖'에 연유하는 것으로 보인다. 의성어 '갖'에 접미사 '이'가 연결된 것이다. '까치'는 머리에서 등까지는 검고 윤이 나며, 어깨와 배가 흰 새이다. '까치 뱃바닥 같다'는 관용어는 이러한 까치의 모습에서 유래하는 것이다. 이는 실속 없이 흰소리하는 것을 조롱하는 말이다. '까치'는 이러한 색조(色調)로 말미암아 색깔과 관련된 표현을 한다. '까치놀, 까치돔, 까치두루마기, 까치복, 까치선, 까치옷, 까치저고리, 까치허리띠' 같은 것이 이런 유의 낱말들이다.

'까치놀'은 석양을 받은 먼바다의 수평선에서 번득거리는 노을, 또는 울긋불긋한 노을을 가리킨다. 따라서 전자는 흑백의 노을, 후자는 다채의 노을을 뜻한다 하겠다. 다음 사설시조의 「까치놀」이 이런 것이다.

> 나무도 바윗돌도 없는 뫼에 매에 쫓긴 까투리 안과
> 大川 바다 한 가운데 一千石 실은 배에 노도 잃고 닻도 잃고
> 용총도 끊고 돛대도 걷고 키도 빠지고 바람 불어 물결치고 안개

뒤섞여 잦아진 날에 갈 길은 千里萬里 남은 데 四面이 검어 어둑
저물고 天地寂寞 까치노을 떴는데 水賊 만난 都沙工의 안과
엇그제 님 여윈 내 안이야 어디다가 가를 하리오

이는 님을 여읜, 의지할 곳 없는 마음(안)을 매에 쫓기는 까투
리 마음과, 풍파 속에 수적(水賊)을 만난 도사공의 마음을 비교하
며 읊은 노래이다.

'까치두루마기, 까치옷, 까치저고리' 따위는 까치설빔으로 입는
오색의 색동옷을 이르는 말이다. '까치허리띠'는 갖가지 색으로
물들인 명주실로 짠 허리띠를 가리킨다. '까치꽃'은 은어로 색동
저고리를 이르는 말이다. 이에 대해 '까치돔, 까치복'은 물고기의
무늬가 흑백으로 되어 있어 이러한 이름이 붙은 것이다. 태극선
(太極扇)을 이르는 '까치선'은 그 빛깔이 울긋불긋함에 연유하는 것
이라 할 것이다.

이러한 색채와 달리 '까치'가 그 생긴 모양이나 동작과 관련된
것을 나타내는 경우도 있다. '까치발, 까치발신호기'가 모양을,
'까치걸음, 까치체'가 동작을 나타내는 것이 그것이다.

'까치발'은 발뒤꿈치를 든 발로 작은 키의 사람이 무엇을 보겠
다고 곧잘 이런 동작을 하는 것을 볼 수 있다. '까치발'은 또 선
반·탁자 등의 널빤지를 받치는 직각삼각형 모양의 나무나 쇠도
이른다. '까치발신호기'는 기둥에 붙인 가로대를 올렸다 내렸다

함으로써 열차의 운전 조건을 지시하는 장치를 가리키는 말이다. 이 밖에 발가락 밑의 접힌 금에 살이 터지고 갈라진 자리를 이르는 '까치눈'도 그 생긴 모양에 연유하는 말이라 하겠다.

동작을 나타내는 '까치걸음'은 두 발을 모아서 뛰는 종종걸음이거나, 발뒤꿈치를 들고 살살 걷는 걸음을 의미한다. 김주영의 『객주』에는 승무의 춤사위를 묘사하는 가운데 이 '까치걸음'의 용례를 보여 준다.

> 방정맞은 양반 걸어가듯 발을 꼬아 걷는 까치걸음 사위, 굽은 떼지 않고 무릎만 굽혔다 폈다 하며 舞進하는 게걸음 사위, 양손을 쳐들어 마주잡고 고개를 좌우로 까닥거리며 좌우로 흔들어대는 일변, 몸은 옆으로 나아가되 발을 떼지 않고 굴리며 매기는 가재걸음 사위, 그런가 하면 오른 팔을 들어 오른쪽으로 돌아가고, 왼팔을 들어 왼쪽으로 돌아가는 새우걸음 사위로 이어진다.

'까치구이, 까치볶음'은 잘 의식되지 않는 우리 문화의 단면을 보여 주는 말이다. '까치구이'는 까치의 살을 저미어 구운 음식을, '까치볶음'은 까치고기를 양념하여 볶은 음식을 의미한다. 따라서 이를 보면 오늘날과는 달리 우리는 지난날 까치고기를 먹는 문화를 가지고 있었음을 알 수 있다. 이는 오늘날 까마귀 고기를 정력제라고 하여 먹는 것과 함께 우리의 식문화를 새삼 돌아보게 한다.

이 밖에 '까치둥지, 까치박공, 까치밥, 까치집'과 같은 말도 우리의 발상이나 문화를 엿보게 하는 말이다. '까치둥지'는 부스스하게 흐트러진 머리를 비유적으로 이르는 말이며, '까치집' 또한 헝클어진 머리 모양을 비유적으로 이르는 말이기도 하다. '까치밥'은 까치 따위의 날짐승이 먹으라고 따지 않고 나무에 몇 개 남겨 두는 감을 이르는 말이니 우리 민족의 풍류를 엿보게 한다. '까치박공'은 팔작집 용마루의 양쪽 머리에 'ㅅ'자 모양으로 붙인 널빤지를 의미한다. '까치구멍'도 건축용어로, 겹집에서, 용마루 양쪽에 환기구로 뚫어 놓은 구멍을 가리킨다. 이런 말들은 우리 문화를 반영하는 특수한 낱말들이다. 설날의 전날, 곧 섣달 그믐을 이르는 '까치설날, 까치설'은 '작은설'이라고도 일러지듯, '까치'가 '작다'의 뜻을 나타내는 '아찬'이란 말이 변한 것으로 보기도 한다. 그러나 어쩌면 색동옷인 까치옷을 입는 날이라 하여 '까치설날'이라 하는지도 모른다.

● ● ●

여자여, 말하지 않는 꽃이여!

꽃

모란은 花中王(화중왕)이요, 向日花(향일화)는 충신이로다.

蓮花(연화)는 군자요, 杏花(행화)는 소인이라. 菊花(국화) 隱逸士
(은일사)요, 매화 寒士(한사)로다. 박꽃은 노인이요, 石竹花(석죽화)
는 소년이라. 葵花(규화)는 무당이요, 해당화는 娼妓(창기)로다.

이 중에 梨花(이화) 詩客(시객)이요 紅桃(홍도) 碧桃(벽도) 三色
桃(삼색도)는 風流郞(풍류랑)인가 하노라.

이는 실명氏(失名氏)의 시조이다. 여기에는 꽃의 특성에 따라 그
상징이 노래 불리고 있다. 꽃은 꽃말도 있듯, 이렇게 다양한 이미
지를 드러내고 어떤 사물을 상징한다. 그러나 위의 시조에서 노
래 불린 것은 한국적 이미지라기보다 중국적인 것이고, 동양적인
것이라 하겠다.

우리말에서 '꽃'은 우선 인기가 많거나 아름다운 여인에 비유

된다. 여인을 '해어화(解語花)'라 한 것이 그 대표적인 예이다. 여인을 말하는 꽃이라 한 것이다. 따라서 꽃은 거꾸로 '말하지 않는 여인'이 된다. 소포클레스의 "여자여 말하지 않는 꽃이여"가 이러한 것이다. 이렇게 꽃과 여인이 관련을 갖는 낱말로는 '꽃값, 꽃구경, 꽃나이, 꽃띠, 꽃뱀' 같은 것이 있다. '꽃값'은 해웃값이라고도 하는 것으로, 이는 기생·창기 등과 상관하고 주는 돈을 이르는 말이다. '놀음차, 해웃돈, 화대(花代), 화채(花債)'라고도 한다. '꽃값'은 이 가운데 한자어 '花代'에 대한 고유어라 하겠다. '꽃구경'은 물론 농화(弄花), 방화(訪花)를 의미하나, 미녀를 바라봄을 속되게 이르는 말이기도 하다. '꽃'이 여인을 상징하는 것이다.

'꽃나이'는 여자의 한창 젊은 나이를 비유적으로 이르는 말이다. 방년(芳年)이 그것이다. '꽃띠'도 '꽃나이'와 같은 뜻의 말이다. '띠'는 태어난 해를 지지(地支)의 속성으로 나타내는 말이다. "수줍음의 망울을 터뜨리고 꽃띠의 꿈을 아지랑이처럼 피워 갈 처녀가⋯⋯"(이영치, 『흐린날 황야에서』)의 '꽃띠'가 그 용례이다. '꽃뱀'은 남자에게 의도적으로 접근하여 몸을 맡기고 금품을 우려내는 여자를 속되게 이르는 말이다.

'꽃'은 여러 가지 빛을 띠어 아름다운 것을 나타낸다. '꽃구름, 꽃노을, 꽃단장, 꽃떡, 꽃무지개, 꽃비, 꽃술' 같은 것이 그것이다. '꽃단장'은 꽃이나 여러 가지 아름다운 채색으로 꾸미는 단장을 가리킨다. '꽃무지개'는 꽃과 같이 아름답다는 뜻으로 무지개를 비유적으로 이르는 말이다. '꽃비'란 빗자루의 목에 청홍색 무명실 따위를 묶어 만든 장식용 비다. '꽃술'은 장식으로 다는 여러 가지 색실을 가리킨다. "일꾼들의 머리에는 보릿짚 지푸라기가 마치 신식 결혼식장에서 나오는 신랑 신부 머리에 꽃술이 감긴 듯 하였다."(이기영, 『고향』)에 보이는 '꽃술'이 그 예이다.

'꽃'은 또 '처음 것, 진국'을 의미한다. 중요하고 소중하며 핵심적인 것을 비유적으로 이르는 것이다. '꽃국, 꽃다지, 꽃등, 꽃물, 꽃소주' 같은 말이 그것이다. '꽃국'은 술독에 지른 용수 안에 괸 술의 웃국을 가리킨다. '웃국'이란 간장이나 술 같은 것이 익은 뒤에 맨 처음에 떠내는 진한 국이다. '꽃물'도 같은 뜻의 말이다. 이는 곰국 설렁탕 따위의 고기를 삶아내고 아직 맹물을 타지 아니한 진한 국물을 뜻한다. '꽃소주'도 같은 유형의 말이다. 이는 소주를 고아서 맨 먼저 받은 진한 소주를 가리킨다. '꽃다지'는 오이, 가지, 참외, 호박 따위에서 맨 처음 열린 열매다. '꽃등'은 맨처음, 선등(先等)을 의미한다. 송기숙의 『암태도』에 "내내 잘 싸우다가 일이 꽃등으로 치달으려 하면 꼭 이렇게 번번이 물러서 버리니 무슨 일이 되겠어?"라는 '꽃등'의 예가 보인다.

민속과 관련된 단어도 여럿 있다. '꽃갖신, 꽃고무신, 꽃당혜, 꽃버선, 꽃신'은 의생활과 관련된 것이다. 이들은 모두 갖신, 고무신, 당혜, 버선을 꽃으로 곱게 꾸민 것이다. '꽃부꾸미, 꽃술, 꽃전, 꽃지짐'은 식생활과 관련된 것이다. 이들은 모두 꽃을 활용하여 부꾸미를 만들거나, 술을 빚거나, 전을 부치고, 지져 만든 음식을 뜻한다. '꽃담, 꽃방석, 꽃살문, 꽃살창, 꽃자리'는 주생활과 관련된 것들로, 모두 꽃으로 곱게 꾸민 사물을 의미한다. '꽃구경, 꽃놀이, 꽃달임, 꽃목걸이, 꽃반지, 꽃싸움, 꽃팔찌'는 놀이와 관련된 것이다. '꽃달임'은 진달래꽃이 필 때에, 그 꽃을 따서 전을 부치거나 떡에 넣어 여럿이 모여 먹고 노는 놀이를 뜻한다. '꽃목걸이', '꽃반지', '꽃팔찌'는 꽃으로 곱게 엮어 만든 목걸이, 반지, 팔찌다. '꽃싸움'은 꽃이나 꽃술을 맞걸어 당겨서 끊어지고 안 끊어지는 것으로 승부를 가리는 것과 같은 놀이를 가리킨다. 이들은 다 우리의 문화를 반영하는 고유한 말들이다.

이 밖에 꽃과 관련된 말로 관심을 끄는 것에는 '꽃바람, 꽃발, 꽃불, 꽃샘, 꽃샘바람, 꽃샘잎샘, 꽃샘추위, 꽃잠'과 같은 것이 있다. '꽃바람, 꽃샘, 꽃샘바람, 꽃샘잎샘, 꽃샘추위'는 꽃이 피는 계절과 관련된 말이다. '꽃바람'이 꽃이 필 무렵에 부는 바람이고, '꽃샘'이 이른 봄, 꽃이 필 무렵에 추워지거나, 그런 추위를 나타내는 것과 같은 것이 그것이다. '꽃발'은 사냥에서 짐승의 잠잘 곳이나, 숨은 곳을 찾아갈 때 다른 짐승이나 사람에게 들키지 않으려고 길을 빙빙 둘러서 가는 일을 뜻한다. 그리고 '꽃불'은 화염을 의미하는 '불꽃'과 구별되는 말로, '화화(花火)'를 의미한다. 그래서 이글이글 타오르는 불이나, 축하하는 뜻으로 총이나 포로 쏘아 올리는 불꽃을 가리킨다. '꽃잠'은 깊이 든 잠이나, 신랑 신부의 첫날밤의 잠을 뜻하는 말이다. 이런 단어는 세계적으로 보기 드문 우리말의 단어가 아닌가 한다. 기껏 있대야 '달콤한 잠(sweet sleeping)' 정도이겠지?

끝으로 김춘수의 시「꽃」을 덧붙이기로 한다. 그것은 우리 모두가 서로에게 잊혀지지 않는 의미가 되었으면 해서다.

> 내가 그의 이름을 불러주기 전에는
> 그는 다만 하나의 몸짓에 지나지 않았다.
>
> 내가 그의 이름을 불러 주었을 때
> 그는 나에게로 와서
> 꽃이 되었다.
>
> 내가 그의 이름을 불러준 것처럼
> 나의 이 빛깔과 香氣에 알맞은
> 누가 나의 이름을 불러다오
> 그에게로 가서 나도
> 그의 꽃이 되고 싶다.
>
> 우리들은 모두
> 무엇이 되고 싶다.
> 나는 너에게 너는 나에게 잊혀지지 않는 하나의 意味가 되고
> 싶다.

심술꾸러기 놀부
꾸러기

서울의 강남에는 '꾸러기 치과'라는 곳이 있다. 옥호(屋號) 치고는 좀 생소한 이름이다. 이를 치료하는 의원이겠는데 과연 '꾸러기'라는 말은 무엇을 나타내자는 것일까?

'꾸러기'는 독립해서 쓰일 수 있는 말이 아니다. '잠-꾸러기, 욕심-꾸러기, 말썽-꾸러기, 청승-꾸러기'와 같이 일부 명사에 붙어 그것이 많거나 심한 사람을 뜻하는 접미사다. 따라서 '꾸러기 치과'의 경우는 '꾸러기' 앞에 명사가 오지 않았으니 구조적으로 잘못 쓰인 말일 뿐더러, 그 말이 나타내고자 하는 의미 또한 분명치 않은 말이다. 사회적 문맥으로 어린이를 치료하는 의원이며, '꾸러기'는 '장난꾸러기'쯤을 나타내려는 것이 아닌가, 추측케 할 뿐이다.

'꾸러기'는 앞에서 언급한 바와 같이 접미사로, '장난, 심술'과 같이 '앞에 오는 명사(名詞)의 개념이 많거나 심한 사람'의 뜻을 나타내는 말이다. 사전에 따라서는 '그 말이 가지는 뜻의 사물이나, 버릇이 심한 사람'이라고 사물도 가리키나, '천덕-꾸러기'가 천대를 받는 사람, 또는 물건을 가리키는 것 외에는 물건에 거의 쓰이지 않는다. 따라서 이는 전의(轉意)된 의미이고, '꾸러기'는 본래 '사람'을 가리키는 말이라 하겠다. 그래서 '꾸러기'는 '-쟁이', '-꾼', '-배기', '-퉁이' 등으로 교체되어 쓰이기도 한다.

그러면 접미사 '꾸러기'는 어떻게 된 말인가? 이는 무엇을 그 속에 넣기 위해 새끼로 그물처럼 엮어 만든 물건 '구럭'이 변한 말이라 하겠다. '게도 구럭도 다 잃었다'는 속담의 '구럭'이 변한 것이다. 이 속담은 게도 잡지 못하고 가지고 있던 구럭까지 잃었다는 말이다. 따라서 이는 일도 이루지 못하고, 도리어 자기 것만 손해 보았다는 것을 비유적으로 나타내는 말이다. '구럭'이 '꾸럭'으로 바뀌고, 다시 여기에 접미사 '-이'가 붙어 '꾸러기'가 된 것이다. 그래서 이는 그 의미도 물건을 넣는 주머니(袋)에서, 비유적으로 그런 것을 많이 가진 사람을 가리키는 말로 변한 것이다.

'꾸러기'는 그 의미가 크게 두 가지로 나뉜다. 그 하나는 앞에 오는 말, 곧 선행하는 명사가 뜻하는 사물을 많이 가지고 있는 사람을 가리킨다. '걱정-꾸러기, 겁-꾸러기, 나-꾸러기, 떼-꾸러기, 말-꾸러기, 말썽-꾸러기, 매-꾸러기, 빚-꾸러기, 심술-꾸러기, 얌심꾸러기, 욕심-꾸러기, 용심꾸러기, 잔병-꾸러기, 장난-꾸러기,

지청구-꾸러기' 같은 것이 그 예다.

'걱정-꾸러기'는 상반된 두 가지 의미를 지닌다. 하나는 많은 걱정을 하는 사람이고, 다른 하나는 늘 남의 걱정의 대상이 되는 사람이다. '겁(怯)-꾸러기'는 '겁쟁이'이고, '나-꾸러기'는 '나이-배기'이며, '떼-꾸러기'는 '떼-쟁이'다. '말-꾸러기'는 잔말이 많은 사람이고, '말썽-꾸러기'는 자주 말썽을 일으키는 사람이기도 하고, 잔말이 많은 '말꾸러기'이기도 하다. '매-꾸러기'는 자주 매를 맞는 사람이고, '빚-꾸러기'는 빚을 많이 진 사람으로, '빚쟁이'의 시달림을 받는 사람이다.

'심술-꾸러기'는 물론 심술이 많은 사람 '심술쟁이', 및 '심술퉁이'로 이의 대표적인 인물은 『흥부전』의 놀부가 아닌가 한다. 『흥부전』에서는 놀부가 오장육부에 심술보 하나가 더 있어 오장칠부라 하고 있다.

"초상난 데 춤추기, 불붙는 데 부채질하기, 해산한 데 개 닭 잡기, 장에 가면 억매흥정하기, 집에서 몹쓸 노릇하기, 우는 아이 볼기 치기, 간난아이 똥 먹이기……" 등 더할 수 없는 심술을 부린다.

'얌심-꾸러기'는 좀 낯선 말이다. '얌심'은 몹시 샘바르고 시기하는 마음을 의미한다. 쉽게 말해 시기 질투가 심한 것을 말한다. 따라서 '얌심-꾸러기'는 시기 질투가 아주 심한 사람이다. 고려 말의 권신 최우(崔瑀)의 딸, 김약선(金若先)의 아내는 이런 '얌심-꾸러기'의 대표적 인물의 하나라 할 것이다. 그녀는 남편이 기생들과 노는 것을 시샘해 노복(奴僕)과 사통하는가 하면, 이 사실이 발각되자 남편을 역모로 몰아 죽이고, 노복 돌쇠와의 불륜을 거리낌 없이 자행한 여인이기 때문이다.

'욕심꾸러기'는 물론 욕심쟁이다. '용심-꾸러기'는 용심이 많은 사람, 용심쟁이를 가리킨다. '용심'이란 심술로 남을 해치려는 마음을 의미한다. '잔병-꾸러기'는 잔병을 자주 앓는 사람으로, 속언에 '잔병-꾸러기는 오래 산다'고 한다. '장난-꾸러기'는 장난이 심한 사람을 이르는 말이다. '장난-꾸러기'를 한자어로 악동(惡童)이라 하는데, 이는 함의에 차이를 보인다. 장난이 심하다 하여 반드시 악동이라 할 수는 없을 것이기 때문이다. 조선조의 문신 이항복(李恒福)은 어렸을 때 '장난-꾸러기'였는데, 그를 악동이라고는 하지 않는다.

'지청구-꾸러기'는 까닭없이 남의 지청구를 먹는 사람이다. 그런데 '지청구'란 '까닭없이 남을 탓하고 원망하는 짓'을 뜻한다. 따라서, '지청구-꾸러기'는 주객이 바뀐 말이다. '지천-꾸러기'라고도 하는데, 이는 방언이다.

'꾸러기'의 다른 의미는 선행어의 성질이나, 버릇이 심한 사람을 뜻한다는 것이다. 따라서 이는 대체로 성상(性狀)을 나타내며, 정서적 의미를 더해 표현적 가치를 드러낸다. '방정-꾸러기, 뱐덕-꾸러기, 변덕-꾸러기, 악착-꾸러기, 암상-꾸러기, 억척-꾸러기,

천덕-꾸러기, 청승-꾸러기' 같은 것이 그 예다.

'방정-꾸러기'는 걸핏하면 방정을 떠는 사람으로, '방정꾼'은 이의 유의어다. 변덕을 잘 부리는 사람은 '변덕-꾸러기'이고, 어감(語感)을 작게 나타낼 때에는 '뱐덕-꾸러기'라 한다. 변덕이 죽 끓듯 하는 사람은 물론 '변덕-꾸러기'라 해야 할 것이다. 몹시 악착스러운 사람은 '악착-꾸러기'이고, 이런 아이는 달리 '악착-빼기'라 한다. 이보다 느낌이 큰 것을 나타낼 때에는 '억척-꾸러기', '억척빼기'라 한다.

'암상-꾸러기'는 암상을 잘 부리는 사람이다. '암상'은 남을 미워하고 샘을 잘 내는 잔망스러운 심술을 말한다. '암상꾸러기'란 말은 흔히 여인에게 잘 쓰인다. '천덕-꾸러기'는 '천더기', 또는 '천덕구니'로, 앞에서 말한 바와 같이 천덕스런 대접을 받는 사람이나, 물건을 의미한다. '청승-꾸러기'는 몹시 청승스러운 사람이다.

'꾸러기'는 이렇게 선행하는 사물을 많이 가지고 있는 사람, 또는 그 명사의 성상을 많이 지니고 있는 사람을 뜻하는 말로, 우리말만의 특수한 접미사다.

꿈보다 해몽이 좋다

꿈

꿈 속에선/ 언제나 따스하고// 꿈 속에선/ 언제나 부드럽고// 꿈 속에선/ 언제나 향기 넘치고// 꿈 속에선/ 언제나 아지랑이 봄날// 꿈 속에선/ 언제나 다정하고// 꿈 속에선/ 언제나 눈물 그치고// 꿈 속에선/ 언제나 이별이 없고// 꿈 속에선/ 언제나 그대/ 내 사랑

허영자 시인의 「꿈 속에선」이란 시다. 꿈속의 님은 이렇게 아름다운 존재이기도 하고, 안타까운 존재이기도 하다.

'꿈'은 하나의 생리적 현상일 뿐이다. 그런데 우리는 여기에 두 가지 상반된 이미지를 이입(移入)한다. 그 하나는 희망이나 이상이란 것이고, 다른 하나는 공상 또는 허무란 것이다. 이러한 꿈에 대한 두 이미지는 어느 민족에게나 있는 것 같다. 다만 어느 쪽에 좀더 비중을 두느냐가 다를 뿐이다. 우리의 경우는 "꿈에 본 돈이다", "꿈에 서방 맞은 격"과 같은 속담이 보여 주듯, 꿈의 부

정적 이미지가 강한 것 같다. 현실이 아닌 것, 그래서 무의미한 것이란 이미지가 강한 것이다. 그러나 서양의 dream은 그것이 비록 '속이다'란 뜻의 말과 같은 어근(語根)에서 유래하는 것이라 하여도 긍정적 이미지가 강하다. 'American dream'은 이러한 속성을 드러내는 상징적인 말이다. 잘 자라는 인사를 "sweet dreams!"라 하는 것도 이러한 것이다.

'꿈'은 주로 감정이입이 되지 않은, 사실세계(事實世界)를 나타내는 말로 많이 쓰인다. 잠자는 동안에 생시와 마찬가지로 체험하는 여러 현상을 나타내는 것이 그것이다. "어제 밤에 사랑하는 사람의 꿈을 꾸었다"와 같은 사실세계로서의 꿈이다. 이의 대표적인 말이 '개꿈, 돼지꿈, 용꿈'이다. '개꿈'은 대중없이 어수선하게 꾸는 꿈'을 이른다. 흔히 어린애들의 꿈을 개꿈이라 한다. '돼지꿈'이나 '용꿈'은 실제로 꿈에 돼지나 용을 보는 꿈을 말한다. 이들 돼지나 용의 꿈은 재물이나 좋은 일이 생기는 꿈이라 하여 길몽이라 한다. 그래서 이는 사실 아닌 추상성, 상징성도 지닌다. 요사이 로또 복권의 대박을 터뜨린 사람은 용꿈을 꾸었다고 하는 것이 그것이다.

'꿈땜, 꿈길, 꿈결, 꿈자리, 꿈속'과 같은 말도 사실세계와 관련이 있는 말이다. '꿈땜'을 한 사전에서는 '꿈에서 본 좋거나 궂은 조짐을 현실로 겪어서 때우는 일'이라 풀이해 놓았다. 그러나 이말은 이와 달리 흔히 액땜과 같이 꿈자리가 사나웠을 때 그 꿈을 때우려고 언짢은 일을 겪는 것을 이른다. 좋은 꿈에는 쓰이지 않는다. 그것도 그럴 것이 '때우다'가 '작은 고생이나 괴로움으로 큰 액운을 대신하다'를 뜻하는 말이기 때문이다. 따라서 할아버지가 돌아가신 꿈을 꾸었는데 낙상을 했다든가 하는 따위가 '꿈땜'이다.

홍명희의 『林巨正』에서 "제가 어젯밤에 꿈을 잘못 꾸었더니 꿈땜이 너무 지독한 걸요."라 한 것도 이러한 예다. 일본어 '유메치가에(夢違え)'도 이런 것이다. '꿈길'은 '꿈에서 이루어지는 일의 과정', 몽로(夢路)를 의미한다. 일본어에도 이 몽로에 대한 고유어가 있는데 '유메지(ゆめじ)'라 한다. '꿈결'은 꿈을 꾸는 어렴풋한 동안을 의미한다. '덧없이 빠른 사이'를 뜻하는 것은 감정이입이 된 것이다. 꿈의 결이란 이렇게 몽환적이거나, 무상한 것이다. '꿈자리'는 '꿈에 나타난 일이나 내용', 몽조(夢兆)를 의미한다. 그래서 '꿈자리'는 앞으로 일어날 길흉을 판단하는 전조가 되기도 한다. '꿈자리가 좋다', '꿈자리가 사납다', '꿈자리가 뒤숭숭하다'와 같이 쓰이는 것이 그것이다.

"꿈보다 해몽이 좋다"나, "꿈을 꾸어야 임을 보지"란 속담의 꿈도 '현실과 꿈'의 꿈이 아니라, 현실 곧 실제를 의미하는 경우이다. "꿈보다 해몽이 좋다"는 실지로 일어난 일보다 둘러대어 유리하게 해석하는 것을 의미하기 때문이다. 『춘향전』에도 이런 해몽이 보인다. 춘향이 앵두꽃이 떨어지고, 체경(體鏡)이 깨어지고,

문 위에 허수아비가 달려 보이고, 태산이 무너지고 바다가 마르는 꿈을 꾸고, 나 죽을 꿈이라 탄식한다. 이것을 판수는 달리 해석한다. 꽃이 떨어지니 열매를 맺고, 거울이 깨지니 어찌 소리가 없을쏘냐? 문 위에 허수아비 걸리니 만인이 앙시(仰視)할 것이고, 바닷물이 마르니 용안(龍顏)을 능히 볼 것이요, 산이 무너지면 평지가 될 것이라며 쌍가마 탈 길몽이라 풀이하는 것이 그것이다. 정말 꿈보다 해몽이 좋은 경우다.

'꿈'은 실현 가능성이 없는 것을 뜻한다. 그래서 이는 동경의 대상이 되기도 하고 절망의 대상이 되기도 한다. '꿈밖, 꿈에도'나, '꿈도 못꾸다, 꿈도 안꾸다, 꿈밖이다, 꿈에도 생각지 못하다, 꿈에도 없다'란 관용어의 '꿈'은 이루어질 수 없는 것이라는 전제를 달고, '전혀'의 의미를 드러낸다. '꿈밖'이 전혀 생각지 못한 뜻밖의 일을, '꿈도 못 꾸다'가 전혀 생각도 하지 못 하다의 뜻을 나타내는 것이 그것이다. '꿈에도'는 '조금도', '전혀'의 뜻을 나타내는 말로 뒤에 부정어가 따라오는 말이다. '꿈같다, 꿈만하다'도 비현실, 허무와 관련되는 말이다.

이에 대해 '꿈꾸다, 꿈나라, 꿈인지 생시인지'는 다같이 실현가능성이 없는 것이기는 하나, 긍정적인 동경의 대상으로서의 '꿈'이다. '꿈꾸다'의 '꿈'은 "꿈을 잃은 소년은 이미 소년이 아니다"란 말의 꿈이다. 소년의 속성은 꿈을 꾸는 것이기 때문이다. '꿈나라'는 사실세계로서의 의미와 함께 실현되기 어려운 환상적 세계를 뜻하는 말이다. 이는 꿈이 비현실적인 것이라고는 하나 '허무한 세계'가 아닌, 동경의 세계를 의미한다. 한국을 동경하는 외국인의 소위 Korean dream은 바로 여기 연결되는 것이다. '봄꿈'은 복합적 의미를 나타낸다. 현실, 이상, 허무의 세계를 다 같이 나타내기 때문이다. '봄꿈'은 문자 그대로 어지러운 춘몽(春夢)인 모양이다.

'끝자리'와 '아랫자리'의 문화

끝(末)

우리의 민요 가운데는 어말음을 활용해 운율을 드러내고 익살을 부리는 노래가 많다. 이천(利川) 지방의 '질자 타령'도 이러한 것 가운데 하나다.

혼자 가면 도망질 / 둘이 가면 마전질
셋이 가면 가래질 / 넷이 가면 화토질
화토 끝에 싸움질 / 싸움 끝에 정장질
정장 끝에 징역질

이 노래는 사람이 모인 수에 따라 달라지는 행위, 곧 '질'을 노래하고, 이러한 행위가 마침내 싸움, 소송(呈狀), 징역으로 이어짐을 노래한 것이다. 인간사가 반드시 이렇게 되는 것만은 아니다. 그럼에도 이 민요가 실의에 빠진, 절망적인 삶을 그리고 있는 것은 당시 우리 민족은 주권을 빼앗기고 암울한 삶을 살아가야 했기 때문일 것이다.

이 노래에는 '화토 끝에', '싸움 끝에', '정장 끝에'라고 행동의 결과로서의 '끝'이 여러 번 노래 불리고 있다. '끝'은 마지막을 의미하는 말로, 한자어 '末', 영어 'end'에 대응된다. 그래서 본말(本末)로 대비되는가 하면, 선단(先端)을 의미해 '종말'이 아닌 '선두(先頭)'란 대조적인 의미를 나타내기도 한다. 일본어 '스에(末)'가 '먼 앞날, 장래'의 의미를 나타내고, 중국어 '모(末)'가 '가루, 찌꺼기'를, 영어 'end'가 '목적'을 의미하는 것은 우리말과 다른 면이다.

우리말의 '끝'은 말머리에 쓰여 많은 합성어를 만들어 낸다. 이러한 말들 가운데는 우리의 전통문화와 관련이 있는 말도 꽤 많다. '끝놀이, 끝돌이, 끝북, 끝쇠, 끝장구'는 이들 가운데 연예와 관련이 있는 말이다. '끝놀이'는 동래야유(東萊野遊)의 절차 가운데 하나다. 모든 마당의 가면극이 끝나고 난 뒤 놀이패와, 마지막까지 자리를 뜨지 않은 구경꾼들이 한데 어울려 흥겹게 노는 것이다. 이는 말하자면 연기자와 관객이 한데 어울리는 뒤풀이다.

'끝돌이'는 통영오광대놀이에 등장하는 인물, 또는 그 탈을 가리킨다. 탈은 바탕이 희고, 수염이 없으며, 검은 눈썹을 지녔다. '끝북'은 경상남도의 농악에서, 큰 북을 치는 사람 가운데 가장 아랫사람, 또는 그 사람이 치는 북을 가리킨다. 북을 치는 사람은 끝북 외에 首북, 中북이 있다. '끝쇠'는 농악에서 상쇠, 중쇠의 뒤를 따르면서 꽹과리를 치는 사람이다. 여기서 '쇠'는 금속 악기 꽹과리를 가리키는 동시에 이를 치는 사람도 가리킨다.

'끝장구'는 농악에서 가장 아래인, 셋째 장구재비, 또는 이 장구재비가 치는 장구를 말한다. 그런데 이들 연희에서 '끝'은 대체로 셋째를 가리키고 있다. 이는 한자어의 '孟·仲·季'의 발상과 같다. 맹하(孟夏), 중하(仲夏), 계하(季夏)나, 백씨(伯氏), 중씨(仲氏), 계씨(季氏)가 이런 예다. 이들에서 季는 '끝 계'자로, 셋째인 동시에 끝을 나타낸다. 이렇듯 전통 놀이에서는 '끝'이 셋째를 가리킨다. 결판을 낼 때 '삼세판'이라 하는 것도 셋이 끝을 의미하는 경우다. 이는 중국문화의 영향을 받은 것이라 하겠다.

이 밖에 전통문화와 관련이 있는 몇 개의 말을 더 보기로 한다. '끝댕기'는 전통적 머리치장의 한 도구다. 이는 땋은 머리끝이 풀리지 않도록 매는 끈으로, 헝겊을 좁게 접어 만든 것이다. 머리끝에 물려서 매는데, 대개는 붉은 천으로 만들어 멋을 부린다. '끝동부리'는 건축 자재의 한 부분을 가리킨다. 이 말은 끝부분(끝동)의 주둥이(부리)라는 의미구조로 되어 있어, 자른 통나무의 위쪽 끄트머리, 곧 상부를 가리킨다. 뿌리 아닌 가지가 끝이기 때문이다. 한자어로는 말구(末口)라 한다. '끝걷기'도 건축용어다. 이는 서까래의 끝머리를 가운데 부분보다 약간 가늘게 훑어 깎는 일을 가리킨다. 멋을 내는 것이다. '끝줄'은 '꽁지줄'이라고도 한다. 이는 줄다리기에서 줄의 끝부분이 풀어져, 수술처럼 가닥이 진 부분을 말한다. 여러 겹으로 된 줄에서 새의 꽁지처럼 줄이 풀어진 것은 흔히 보게 되는 것이다.

'끝'이 좀 색다른 의미로 쓰이거나, 오늘날은 잘 쓰이지 않아 조금 낯선 말들도 많다. 색다른 의미로 쓰이는 것은 '똥끝, 풀끝, 끝자리'같은 말이다. '똥끝'은 똥구멍으로부터 먼저 나온 똥덩이의 대가리 부분을 가리킨다. 이는 '똥끝이 타다'란 관용어로 대표되는 말로, 이 관용어는 '애가 타서 똥자루가 굳어지고, 빛이 까맣게 되다'를 의미한다. '풀끝'은 풀의 아주 적은 양을 의미한다. '끝'이 마지막이란 의미를 나타내는 것이겠다.

'끝자리'는 말석을 의미하나, 이것이 '아랫자리'와 동의어로 쓰인다는 것은 이색적이다. 일본어나 중국어에는 말석(末席)을 가리키는 말로 '아랫자리'란 말이 따로 없다. 문화적인 차이다. 그리고 사실은 자리가 아닌, 사람이 위아래가 있는 것이다. 논어의 "군자가 산다면 어찌 비루함이 있으리오?(君子居之 何陋之有)"「子罕篇」라한 발상도 이런 것이라 하겠다.

잘 쓰이지 않아 낯선 말로는 '바닥끝, 화도끝, 모태끝, 끝물, 끝반지' 같은 것이 있다. '바닥끝'은 손바닥의 가운데 금이 끝난 곳이며, '화도끝'은 '토끝'이라고도 하는 것으로, 한자어로 華頭라 하는 것이다. 이는 피륙의 양쪽 끝에 글씨나 그림이 박힌 부분으로 '화도'는 '華頭'가 변한 말이며, '화도끝'의 '끝'은 의미를 분명히 하기 위해 첨가한 말이라 하겠다. 그러나 '頭'와 '끝'이 같은 뜻을 나타내는 것이고 보면 동의반복을 한 것이다. '모태끝'은 흰 떡을 치거나 썰고 난 나머지의 떡을 가리킨다. 인절미나 흰떡 등을 안반에 놓고 한 번에 칠만한 떡의 분량을 나타내는 말이 '모태'다.

'끝물'은 탈농경시대(脫農耕時代)가 되면서 잊혀가는 말이다. 이는 과일·푸성귀·해산물 따위에서 그 해의 맨 나중에 나는 것으로, '맏물'의 대가 되는 말이다. 『林巨正』의 "그 때가 처서 전이라 참외가 끝물일망정 아직 먹을 만하였다."가 그 예다. '끝반지'는 물건을 여러 몫으로 가를 때 맨 끝판의 차례를 뜻한다. 끝이라 하여 서운해 할 것만은 아니다. 가르는 이에 따라 오히려 득이 될 수도 있기 때문이다. 세상만사는 요지경 속이다.

나무칼로 귀를 베어도 모르겠다

나무

우리 속담에 "나무칼로 귀를 베어도 모르겠다"는 말이 있다. 좀처럼 베어지지 않을 나무칼로 귀를 베려 하면, 관운장(關雲長)이 아니고서는 보통 소란이 일지 않을 것이다. 그런데 그런 상황을 겪는데도 모르겠다는 것이다. 이는 어떤 일에 골똘하여 정신이 없음을 비유적으로 나타낼 때 쓰는 말이다. 대개는 음식이나 애정에 혹한 경우를 가리키는데, 그 정도가 여간 아니라 하겠다.

'나무'는 흔히 신성함과 생산 및 풍요를 나타낸다. 단군신화에서 환인(桓因)이 천계(天界)에서 태백산 신단수 아래로 내려왔다는 것은 나무의 신성함을 단적으로 드러내는 것이다. 나무는 천계와 지상을 연결하는 통로이며, 더 나아가 나무 자체가 신성(神聖), 그 자체이다. 이는 무속의 당산나무나, 무당의 신대가 그것을 잘 말해 준다.

우리말 '나무'에는 그러나 이러한 신성성이나, 생산 풍요를 상징하는 것은 별로 보이지 않는다. 나무에 붙어 있다는 귀신을 나타내는 '나무귀신'이란 말이 있을 뿐이다. 그런데 이 '나무귀신'도 신성하다기보다는 흔히는 해를 입히고 탈이 나게 하는 귀신이다.

'나무'는 다년생 식물, 목재, 시목(柴木)이란 지시적 의미를 나타낸다. 이 가운데 시목, 시신(柴薪), 신목(薪木), 화목(火木)이란 뜻의 '땔나무'란 우리의 고유문화를 반영하는 말이라 할 수 있다. 그것은 불 때는 데 쓰는 나무붙이로, 곧 온돌 문화를 반영하기 때문이다. 여러 가지 땔나무를 총칭해서는 '나무새'라 한다. 나무새에는 '가리나무, 잎나무, 섶나무, 풋나무'와 같은 것이 있다. '가리나무'는 솔가리를 긁어모은 땔나무다. '솔가리'란 말라서 땅에 떨어져 쌓인 솔잎을 가리킨다. 가을이 되면 소나무 아래 말라 떨어진 불그스름한 솔잎을 많이 보게 된다. 이러한 솔가리는 폭신한 보료 같다. 불탄 솔가리는 새빨간 숯불 같이 된다. 그 붉은 빛깔은 선홍색으로, 그렇게 고울 수 없다. 이는 이제 거의 볼 수 없게 된 지난날의 추억의 풍경이 되었다. '가리나무'의 용례는 박태원의 『갑오농민전쟁』에 다음과 같이 보인다.

아침에 상민이는 가리나무나 해 오겠다고 지게를 지고 집을 나갔다.

'잎나무'는 잎이 붙은 땔나무 전반을 가리킨다. 따라서 '가리나무'는 '잎나무' 가운데 '솔가리'란 특수한 한 종류를 가리키는 것이 된다. '섶나무'는 "섶을 지고 불로 들어가려 한다'의 '섶'을 말한다. 땔나무를 이르는 '柴木, 薪木'의 '柴'나 '薪'은 다같이 '섶시', '섶 신'자로 '섶나무'를 가리키는 말이다. '섶'은 '섶나무'의 준말이다. 따라서 앞의 속담은 불에 잘 타는 땔나무를 지고 불로 들어간다는 것이니, 화를 자초하는 어리석은 짓을 한다는 말이다.

'섶나무'는 잎나무, 물거리, 풋나무 등을 총칭하는 말이다. 여기 '물거리'는 싸리 등 잡목의 우죽이나 잔가지로 된 땔나무를 뜻한다. '풋나무'는 갈잎나무, 새나무, 풋장 등을 총칭한다. '갈잎나무'는 떡갈나무를, '새나무'는 억새, 띠 따위의 땔감을, '풋장'은 참나무, 억새 등의 잡목이나 잡풀을 베어서 말린 땔나무를 가리킨다. 마르지 않은 '생나무'도 타는데, 마른 잎나무나 잡목, 잡풀을 아궁이에 넣으면 얼마나 잘 타겠는가? 따라서 "섶을 지고 불로 들어가려 한다"는 속담이 화를 자초하는 우행을 의미하게 되는 것이다. 염상섭의 『삼대』에는 이 속담이 예로 쓰이고 있다.

"결국에 그 회유수단이란 것도 생각하기에 따라서는 섶을 지고 불로 들어가는 것이 아닌가? 적이 주는 군량을 먹고는 못 싸우란 말이 있나?"

이 밖에 땔나무와 관계가 있는 말로는 '나무꾼, 나무말미, 나무

장수, 나뭇간, 나뭇광, 나뭇길, 나뭇단, 나뭇바리, 나뭇재' 따위가 있다. 이 가운데 '나무말미'란 재미있는 말이다. 이는 장마 중에 날이 잠깐 개어서 풋나무를 말릴 만한 짬을 뜻한다. 생나무를 때자면 눈물도 많이 흘리는 법인데, '나무말미'는 '빨래말미'와 함께 참으로 고마운 일조(日照)의 시간이라 하겠다. '나뭇길'은 나무꾼이 다녀서 난 산길로, 초로(樵路)를 의미한다.

'땔나무' 아닌 나무로는 '나무거울, 나무도시락, 나무쇠싸움, 나무시집보내기, 나무집, 나뭇가지식양식법, 나뭇결인쇄' 따위가 특히 문화를 반영하는 말이다. '나무거울'은 나무로 만든 거울이란 말이겠으나, 겉모양은 그럴 듯하나, 실제로는 아무 소용이 없는 사람이나 물건을 이르는 말이다. '허울 좋은 개살구'의 우리 식 은유라 하겠다. '나무도시락'은 도시락의 변천사(變遷史)를 보여 주는 말이다. 지난날 도시락은 대오리나 왕골, 고리버들, 싸리 등을 걸어 만들었고, 나무로도 만들었다. 그 뒤 '알루미늄'이나 '플라스틱' 도시락이 생겨났다. 그러나 이들은 복합어로는 정착되지 못하였다.

'나무쇠싸움'은 민속놀이의 하나로, 경상도, 함경도 지방에서 정월대보름이나 입춘날 행하던 농경의례적(農耕儀禮的) 행사다. 이는 나무로 소의 형상을 만들고, 편을 갈라서 격식에 따라 밀고 당기며 경기를 하여 승부를 가리는 놀이이다. 청도(淸道)의 소싸움이 있거니와 이는 소싸움을 연희화한 것으로, 지금도 경남 창녕군

영산(靈山) 지방에서 행해지고 있다. 목우전(木牛戰), 목우희(木牛戲)라고도 한다. '나무시집보내기'는 음력 정월 초하룻날이나, 보름날 행하던 민속 행사 가운데 하나다. 과일나무가 있는 집에서 그 해에 과일이 많이 열리게 하기 위해, 과일나무의 두 가지가 갈라진 틈에 돌을 끼워 시집보낸다고 한 것이다. 소박한 농민의 소망을 담은 행사나 조금은 야한 풍속이라 하겠다. 이를 한자어로는 가수(嫁樹)라 한다. '나무집'은 담배통, 물부리, 물미 따위에 설대나 나무 따위를 맞추어 끼우는 부분을 이르는 말이다. 나무가 들어가 속에 박히는 부분이기 때문에 '집'이란 표현을 한 것이다. '나뭇가지양식법'은 참굴 양식법의 오래된 하나이다. 이는 수심이 얕은 곳에 여러 종류의 나뭇가지를 설치하여 양식하는 법을 이른다. '나뭇결인쇄'는 현대문화를 반영하는 말이다. 이는 나뭇결 모양을 지면이나, 금속판, 베니어판 등에 인쇄하는 것으로, 건재나 가구 등에 사용된다. 천연의 목질이 아닌, 모조 문양을 활용하고 있는 현대의 가식(假飾) 문화다.

• • •

쓴나물 데워내어 달도록 씹어보세
나물

봄은 여인의 옷차림에서부터 온다고 한다. 그러나 이보다도 먼저 오는 것은 역시 자연의 세계다. 모진 추위 속에서도 초목은 파르스름하게, 또는 불그스름하게 예쁜 눈을 틔운다. 잎을 피우려 눈을 틔우고, 꽃망울이 눈을 틔운다. 사람들은 이 작은 봄의 눈망울을 보고 경탄하고, 쑥, 냉이, 씀바귀와 같은 봄나물을 씹으며 봄기운에 취한다.

> 신 술 걸러내어 맵도록 먹어 보세
> 쓴 나물 데워내어 달도록 씹어 보세
> 굽격지 보요 박은 잣징이 무디도록 다녀 보세.

이는 송강 정철(鄭澈)이 지은 시조다. 신 술과 봄나물의 향취에 취해 나막신의 잣징이 무디어지도록 봄 길을 걷고 싶은 춘흥(春興)

140

을 읊은 것이다.

우리 겨레는 다른 민족에 비해 '나물'을 즐겨 먹은 것 같다. 이는 자연에 순응해 살려 한 우리 민족의 생활철학을 반영하는 것인지도 모른다. 그래서 우리말에는 소채(蔬菜) 또는 채소(菜蔬)라는 한자말이 있는가 하면 특별히 '나물'이라는 말이 따로 있다. '나물'은 일본어에 '나무루'라고 외래어로까지 들어가 있다. 나물은 '남새'라고도 한다. 그래서 우리 속담에 '남새밭에 똥 싼 개는 저 개 저 개 한다'고, 채전(菜田)을 '나물밭' 아닌, '남새밭'이라 한다. '남새밭'은 '나물(菜)-새(草) → 나무새 → 남새'로 변한 말이다.

'나물'은 사전에 의하면 '사람이 먹을 수 있는 풀이나 나뭇잎· 또는 그것에 갖은 양념을 하여 만든 반찬'이라 풀이하고 있다. '나물'이 채소와 그의 요리를 의미한다는 말이다. 그러나 이는 '나물'이 초목의 草를 '풀' 아닌 '나물'로도 이른다는 중요한 사실을 놓치고 있다.

우리의 채소로서의 '나물'은 그 종류가 매우 다양하다. 우선 산나물(山菜)과 들나물(野菜)이 있고, 그 이름도 '참나물, 콩나물'과 같이 '나물'이 붙은 말과, '쑥, 냉이'와 같이 따로 '나물'이 붙지 않은 말이 있다. 이들의 예를 보면 다음과 같다.

• 들나물 : 고들빼기(苦菜), 냉이, 달래, 무릇, 물쑥, 벼룩나물,

소리장이, 순채(蓴菜), 쑥, 씀바귀, 제비꽃
- 멧나물 : 고비, 고사리, 두릅, 더덕, 도라지, 버섯, 비름, 삽주, 삿갓나물, 솜나물, 수리취(狗舌草), 얼레지, 잔대, 참취

이밖에 '나물'에는 농작물로서의 나물과 바다의 나물이라 할 해초도 있다. 농작물로서의 전통적인 나물로는 '가지, 고추, 근대, 무, 미나리, 배추, 부추, 상추, 숙주나물, 시금치, 쑥갓, 아욱, 오이, 콩나물, 파, 호박' 같은 것이 있고, 바다 나물로는 '가사리, 김, 나문재, 다시마, 매생이, 미역, 톳(鹿尾菜), 파래, 해인초(海人草)' 같은 것이 있다.

둘째, 요리로서의 '나물'을 보면 '감초나물(甘草芽菜), 고들빼기나물, 고사리나물, 고춧잎나물(苦草葉菜), 나문재나물, 넘나물(廣菜), 노각나물(黃瓜菜), 도라지나물(桔梗菜), 두릅나물(搖頭菜), 뚜깔나물, 무나물(蘿蔔菜), 박나물(匏菜), 박속나물(匏心菜), 부룻동나물(不老裳菜), 비름나물, 숙주나물, 심나물(牛筋蔕), 씀바귀나물, 오이나물(瓜菜), 외나물, 참죽나물, 청각나물(靑角菜), 청둥호박나물(老南瓜菜), 초나물(醋菜), 취나물, 파나물(蔥菜), 황각나물(黃角菜), 횟잎나물' 같은 것이 있다. 이들은 나물을 삶거나, 데쳐 양념하여 무치거나, 절인 음식이다.

셋째, 식물명으로서의 '나물'은 대체로 목본(木本)이 아닌 초본류

(草本類)에 속하는 것으로 대부분이 어린잎을 식용하는 것이다. 말을 바꾸면 봄철에 새로 나온 연한 싹을 뜯어 먹을 수 있는 풋나물, 곧 청채(靑菜)인 것이다. 이들의 예를 보면 다음과 같다.

가는대나물(석죽과), 갈퀴나물(콩과), 개발나물(미나릿과), 광대나물(꿀풀과), 구약나물(蒟蒻 : 천남성과), 기름나물(미나릿과), 대나물(석죽과), 돌나물(돌나물과), 동의나물(미나리아재빗과), 등갈퀴나물(콩과), 등골나물(국화과), 물레나물(물레나물과), 밀나물(백합과), 버드쟁이나물(국화과), 벼룩나물(석죽과), 屛風나물(防風나물 : 미나릿과), 삿갓나물(백합과), 솔나물(꼭두서닛과), 솜나물(국화과), 쇠귀나물(芒芋 : 택사과), 수뤼나물(현삼과), 옹굿나물(국화과), 외나물(오이풀 : 장미과), 우산나물(국화과), 장대나물(겨잣과), 젓가락나물(미나리아재빗과), 조름나물(睡菜 : 용담물과), 조팝나물(장미과) 짚신나물(狼牙菜 : 장미과), 참나물(미나릿과), 활나물(콩과)

넷째, 은어로서의 나물도 있다. 그것은 어육을 금하는 불교계의 용어로서 '도끼나물, 칼나물'이라 하는 것이 그것이다. '도끼나물'은 절에서 쇠고기 따위의 육류를 이르는 말이다. 이는 소를 잡을 때 도끼로 머리를 쳐서 도살하기 때문에 이런 말이 생긴 것이다. 그리고 '칼나물'은 절간에서 생선을 이르는 말인데, 이는 생선이 칼처럼 생겨 이렇게 돌려서 명명한 것이다.

이 밖에 '나물'과 합성된 말에는 '나물거리, 나물국, 나물꾼, 나물바구니, 나물밥, 나물범벅, 나물볶음, 나물죽' 같은 말이 있다. '나물거리'는 나물 반찬을 만들 자료이다. '나물국'은 나물을 넣고 끓인 국, 채갱(菜羹)을 이른다. 봄철의 대표적인 나물국에는 쑥국, 냉잇국이 있다. 우리 속담에 "가을 아욱국은 계집 내어 쫓고 먹는다"고 할 정도로 가을 아욱국은 맛이 있는 '나물국'으로 쳤다. '나물밥'과 '나물죽'은 나물을 섞어서 지은 밥과 죽이다. 이는 미식(美食)이나 영양식을 하기 위해서가 아니라, 가난하고 못살던 때 부족한 식량을 늘려 먹기 위한 자구지책으로 해 먹은 음식이었다.

김원일의 『불의 제전』의 "이 땅의 농촌은 언제쯤 춘궁기를 면하며, 저 나물밥과 나물죽을 안 먹게 되는지, 심찬수가 입속말로 중얼거렸다."는 일절은 이러한 사정을 단적으로 나타내 준다. '나물범벅'은 곡식 가루에 나물을 넣고 된 풀처럼 쑨 음식으로, 이는 한층 더 어려운 사람들의 먹을거리였다. 절량농가(絶糧農家)의 음식이었던 것이다.

얇은 사(紗) 하얀 고깔은 한 마리 나비

나비

春風에 떨어진 梅花 이리 저리 날리다가
나무에도 못 오르고 걸렸구나 거미줄에
저 거미 梅花인 줄 모르고 나비 감듯 하더라.

봄은 참으로 화사한 계절이다. 매화를 비롯하여 복숭아꽃, 살구
꽃, 벚꽃, 목련꽃 등 다양한 꽃들이 여기저기 꽃동산을 이루고 있
다. 여기에 꽃을 찾는 나비가 난다. 그리고 그것도 모자라 꽃을
시샘하는 봄바람이라도 휘몰아치면 꽃잎은 나비로 변신한다. 위
의 시조는 이런 춘경을 읊은 것이다.

'나비'는 탐화봉접(探花蜂蝶)이란 말도 있듯 꽃과 뗄 수 없는 존
재다. 그러기에 "꽃 본 나비, 물 본 기러기"란 속담이 있는가 하
면, "꽃 없는 나비"라는 속담은 아무 보람 없고 쓸 데 없이 된
처지를 이른다.

'나비'는 여인을 찾는 남성, 풍류객, 환몽 세계의 유랑객 등의 상징성을 갖는다. 이러한 '나비'가 우리말에서는 다양한 형태의 합성어를 이루고 있다. 이 때의 '나비'는 대체로 나비꼴, 곧 접형 (蝶形)이거나, 호접문(胡蝶紋)을 나타낸다. 장롱이나, 반닫이, 궤 등의 장석에 많이 나타나는 '나비경첩'은 그 대표적인 것이다. '나비경첩'이 나비 모양으로 멋을 낸 경첩임은 말할 것도 없다. 이는 행복을 상징하는 것이었다. '나비장(欌)'은 주로 날개를 편 나비 모양 무늬의 쇠 장식으로 꾸민 멋쟁이 장을 이른다. '나비잠(簪)'은 날개를 편 나비 모양으로 만든 비녀를 가리키는 말로, 이는 새색시가 예장(禮裝)할 때에 머리에 덧꽂던 것이다. 이를 한자어로는 접잠(蝶簪)이라 한다.

'나비꽃, 나비꽃부리, 나비꽃잎'은 나비처럼 생긴 콩과식물에서 볼 수 있는 나비 모양의 꽃부리와 관련된 말이다. '나비꽃'은 나비꽃부리의 꽃 접형화이고, '나비꽃부리'는 꽃부리 곧 꽃송이의 꽃잎 전체가 나비 모양인 접형화관을 말한다. '나비꽃잎'은 꽃잎이 나비 모양이란 것으로, 익판(翼瓣)을 뜻하는 말이다. 이 밖에 '나비나사, 나비매듭, 나비수염, 나비장, 나비장이음, 나비장붙임' 같은 것도 이러한 나비의 형상과 관련된 말이다.

'나비나사'는 날개를 편 나비 모양의, 두 귀가 달린 수나사를 이른다. 지난날 벽시계의 태엽을 감던 기구도 이런 것이었다. 이는 다른 나사에 비해 돌리기가 편하다는 장점을 지닌다. '나비매듭'은 매듭을 짓되 날개를 편 나비 모양으로 맺은 매듭을 이른다. '나비수염'은 콧수염의 치장으로, 수염을 나비의 수염처럼 양쪽으로 갈라 위로 꼬부라지게 한 것을 가리킨다. 요사이는 수염을 기르지 않아 이런 수염을 보기 힘들지만 왜정시대에는 이런 수염을 곧잘 볼 수 있었다. '나비장'은 재목을 서로 이어 붙일 때에 이음새 사이에 끼워 넣는 나비 모양의 나무 조각이다. 이는 '은장(隱-)'이라고도 하는데, 이음매를 숨겼다는 의미겠다. '나비장'이나, '은장'을 활용한 길이이음은 '나비장이음', 또는 '나비은장이음'이라 한다. 이는 단순한 연결 구실만 하는 것이 아니라, 이음새에 멋을 부리는 건축법이라 하겠다. '나비장붙임'과 '나비장쪽매'는 '나비장'을 사용한다는 면에서는 '나비장이음'이나, '나비은장이음'과 같은 것이다. 그러나 이들은 길이이음이 아니어 차이가 있다. '나비장붙임'은 나비 모양의 나뭇조각으로 쪽 붙임을 하거나, 쪽 붙임을 한 그 쪽을 가리킨다. 그리고, '나비장쪽매'는 널과 널을 맞대고 그 가운데에 나비장을 끼워 벌어지지 않게 하는 쪽매를 일컫는 말이다. 이는 '은장쪽매'라고도 한다. '나비너트(nut)'나 '나비넥타이'는 근대화 이후 생겨난 혼종어이다.

'나비'와 합성된 말에는 이러한 구상명사와 연결되는 것만이 있는 것은 아니다. '나비눈, 나비물, 나비상, 나비잠, 나비질, 나비춤'과 같이 성상이나 동작과 관련된 재미있는 말도 많다.

'나비눈'은 못마땅해서 눈을 굴려, 보고도 못 본 체하는 눈짓을 가리키는 말이다. '나방'도 아닌 예쁜 '나비'와는 어울릴 것도 같지 않은 의미의 말이다. '나비물'은 옆으로 쫙 퍼지게 끼얹는 물이다. 더운 여름날 마당의 열기를 식히려고 좌악 끼얹는 바가지물이 이런 것이다. '나비상(狀)'은 '나비상놀음'이라고도 하는 것이다. 이는 농악의 상모놀이에서, 버꾸잽이가 장단의 첫 박자에 버꾸의 앞면을 치고는 두 팔을 벌려 나비 모양으로 춤추는 동작을 이른다. 이때에 몸을 왼쪽으로 돌리면 좌상, 오른쪽으로 돌리면 우상이 된다. '나비잠'은 갓난아이가 두 팔을 머리 위로 벌리고 자는 잠을 이르는 말이다. 박완서의 『미망(未忘)』에는 다음과 같은 용례가 보인다.

팔을 어깨 위로 쳐들고 나비잠을 자던 갓난아기가 얼굴을 심하게 구기며 울기 시작했다.

'나비질'은 곡식에 섞인 쭉정이나 검부러기, 먼지 따위를 날리려고 키 따위로 나비가 날개 치듯 부쳐 바람을 일으키는 일을 뜻한다. 기계화되기 이전의 고달팠던 전통적 농사일의 한 가지다. '부뚜질', '풍석질'이 이와 비슷한 뜻의 말이다. '나비질'을 하여 검부러기나 먼지 따위를 날리는 것은 '나비치다'라 하여 '나비질하다'와 구별하여 쓴다. 이 말은 사어가 된 것 같다. '나비춤'은 접무(蝶舞)라는 뜻 외에 두어 가지 다른 뜻도 지닌다. 첫째, 승무(僧

舞)에서 소매가 긴 옷에 고깔을 쓰고 모란꽃을 쥐고 나비가 나는 모양으로 추는 춤을 이른다. 그래서 조지훈의 「승무」에도 그 첫 연과 마지막 연에서 "얇은 紗 하이얀 고깔은 고이 접어서 나빌네라"라고 노래하고 있다. 고깔이 한 마리 나비와 같다는 말이다. 둘째, 남사당패놀이에서 나비가 날아가면서 두 날개를 펄럭이며 앉을 듯 말 듯 하는 동작을 추는 춤사위를 이른다. '나비춤'은 이렇게 우리 전통문화를 배경으로 한다.

광명한 날빛을 덮어 무삼하리

날(日)

동창이 밝았느냐, 노고지리 우지진다.

소치는 아희놈은 상기 아니 일었느냐?

재 너머 사래 긴 밭을 언제 갈려 하느니?

이는 남구만(南九萬)의 시조다. 조선조에 영의정까지 지낸 분이나, 전연 그런 티가 보이지 않고, 농촌의 정경이 그림처럼 생생하다.

동이 트고 날이 샜다. 오늘 하루 또 새로운 일정을 시작해야 한다. 날이 샌다는 것은 개인에게나 사회에나 희망을 주는 것이다. 그런데 근자에는 '날 샜다'가 오히려 일을 이룰 시기가 지나 가망이 없다는 뜻으로 많이 쓰이고 있다. 가치관이 바뀐 것일까?

'날'이란 말도 그 뜻이 바뀌어 이리숭한 말이 되었다. '날'이라는 단어를 보면 먼저 '날 일(日)'자를 머리에 떠올리게 된다. 그리고 '日'자는 해를 본뜬 글자라고 다들 알고 있다. 그래서 파자(破

字) 수수께끼에서는 그리면 둥글고, 쓰면 길어지는 자가 무슨 자냐라고 묻는다. 그런데 국어사전을 보면 이 '날'이란 말이 '해'를 의미하는 말이라고는 나와 있지 않다. 『표준국어대사전』(어문각)에는 다음과 같이 풀이되어 있다.

① 지구가 한번 자전하는 동안,
② 하루 중 환한 동안,
③ 날씨,
④ 날짜(日字),
⑤ 어떠한 시절이나 때,
⑥ (날에는, 날이면 꼴로 쓰여) 경우의 뜻

위의 ①, ②를 쉽게 풀이하면 각각 '하루'와 '낮'의 의미가 된다. '날(日)'은 이렇게 본래의 의미를 거의 상실했다. 본래의 태양이란 의미는 '해'에 넘겨주었다. 그리고 여기서 오해가 생기지 않도록 미리 밝혀 둘 것은 '해 년(年), 해 세(歲)'의 '해'는 태양과 구별되는 동음어라는 것이다.

그러면 의미변화로 말미암아 아리송해진 '날'의 용례를 몇 가지 보기로 한다.

첫째, 특별한 시절이나 때를 많이 나타낸다. '가윗날, 개산날, 귀신날, 동짓날, 단옷날, 백날, 백중날, 복날, 영등날(靈登-), 삭발날, 삼짇날, 설날, 잔칫날, 잿날, 전춘날, 제삿날, 종날, 칠석날, 환갑

날'과 같이 이들은 대부분 전통문화와 관련된 말이다. 명절이거나 민속과 관련되거나, 종교와 관련된 날이 많다.

'가윗날'은 오늘날의 추석으로 신라시대의 가배일(嘉俳日), 또는 가배절(嘉俳節)에 소급하는 날이다. '개산날, 삭발날, 잿날'은 불교와 관련된 말이다. '개산날'은 開山日로, 절을 처음으로 세운 날이며, '삭발(削髮)날'은 중의 머리를 깎는 일정한 날이다. '잿날(齋-)'은 염불 설법 등을 하면서 정진하는 날이다. '귀신날'은 민속에서 음력 정월 16일을 이른다. 귀신단오(端午)라고도 한다. 이 날은 귀신이 따르는 날이라 하여 멀리 나들이 하는 것을 삼가고, 집에서 쉬면서 콩을 볶으며, 대문 앞에서 면화(棉花)씨나 고추씨 같은 것을 태웠다. '동짓날'은 24절기의 하나로, 12월 22-3일 경이며 밤이 가장 긴 날이다. 이날 민속에서는 액막이로 팥죽을 쑤어 먹었다.

'단옷날'은 5월 5일 단오절로 5자가 겹친다 하여 중오절(重五節)이라고도 한다. 우리는 전통적으로 이렇게 양수(陽數)가 겹치는 날을 좋은 날이라 하여 명절로 쇠었다. 1월 1일 설날, 3월 3일 삼짇날, 5월 5일 단오, 7월 7일 칠석날, 9월 9일 중앙절(重陽節)이 그것이다. '백날'은 아기가 태어난 지 백일이 되는 날로, 백일 떡을 해 먹으며 축하한다. '백중날(百中·百衆)'은 음력 7월 보름으로, 농사일을 끝내고 잠시 쉬는, 일꾼들의 명절이다.

'복날'은 더운 여름날의 초·중·말의 삼복(三伏)을 이르는 말로, 이 날 더위를 이기기 위해 우리 조상들은 보신탕이라 하여 개장국을 먹었다. '영등날(靈登-)'은 음력 2월 초하룻날로, 민속에서 이 날 영등할머니가 세상에 내려와 집집에 돌아다니며 농촌을 살핀 뒤 20일만에 하늘로 돌아가는데, 이날 비가 오면 풍년이 들고, 바람이 불면 흉년이 든다고 한다.

'삼짇날'은 음력 3월 3일로, 강남 갔던 제비가 온다는 날이다. '전춘(餞春)날'은 봄을 전송하는 날로, 음력 삼월 그믐이다. '종날' 은 음력 2월 초하루로, 종을 위한 날이다. 이날 농사일을 시작하는 마음의 준비를 하기 위해 온 집안의 먼지를 떨어내고, 송편을 빚어 하인(下人)들에게 그 나이 수대로 나누어 준다. '칠석(七夕)날' 은 견우(牽牛)와 직녀(織女)가 만난다는 전설이 전하는 낭만적 명절이다.

둘째, 날짜를 나타낸 말이 많다. 그 하나는 자일(子日), 축일(丑日), 인일(寅日) 등과 같은 간지(干支)에 의한 일진(日辰)을 '자날, 축날, 인날', 또는 '쥐날, 소날, 범날' 등과 같이 이르는 것이다. 다른 하나는 날짜의 차례를 이르는 말로, '하룻날, 이튿날, 사흗날'과 '초하룻날, 초이튿날, 초사흗날'과 같이 쓰는 것이다.

셋째, 기타 '날'과 합성된 말이 꽤 있다. '공일날, 그믐날, 뒷날 (後日), 무싯날, 바깥날, 보름날, 살날, 안날, 앞날(前日), 옛날, 요날조날, 장날, 제날, 지난날, 첫날' 등이 그것이다. '무싯날(無市-)'은 장이 서는 곳에서 '장날'이 아닌 날이다. '바깥날'의 '날'은 바깥 날씨를 의미한다. '살날'은 앞으로 세상에 살아 있을 날이고, '안날'

은 바로 그 전날, '제날'은 제 날짜의 준말이다.

넷째, '날'이 어두에 오는 말도 많다. 대표적인 예 몇 개를 보면, '날거리, 날받이, 날빛, 날삯, 날성수, 날일꾼, 날짜, 날치, 날품, 날품팔이'와 같은 것이 있다. '날거리, 날삯, 날성수, 날일꾼, 날치, 날품, 날품팔이'는 '날'이 '하루'의 의미를 지닌다. 이렇게 '날'은 '하루'의 의미로 많이 쓰인다. '날받이'는 '날짜'의 의미로 쓰이는 말이다. 이는 이사나 결혼 따위를 하기 위해 길흉을 따져 날을 가려 정하는 것이다. 여기서 특기할 것은 '날빛'이다. 이는 '햇빛을 받아서 나는 온 세상의 빛'과 '햇빛'의 잘못된 말로 본다. 그러나 조선시대에는 '날빛'이 곧 '햇빛'이었다. 조선조 성종 때의 『두시언해』에 나오는 "거츤 뫼해 낤비츤 悠揚(유양)ᄒ고(悠揚荒山日)"와, 고려말 이존오(李存吾)의 시조에 보이는 "구틱야 光明혼 날빗츨 짜라가며 덥ᄂᆞ니"의 '낤빛'과 '날빗'이 그 예이다. 이렇게 '날빛'은 오늘날 그 의미와 형태가 바뀐 말이다.

싸고 싼 향내도 난다

내(香臭)

이 세상에 영원한 비밀이 있을 수 있을까? 아무리 숨기려 해도 진실은 반드시 드러나고 만다. 이런 상황을 우리 속담은 "싸고 싼 향내도 난다"고 한다. 『문장』지에 실려 있는 『고본춘향전』에는 이 용례가 춘향의 말로 보인다.

> "여보, 도련님. 내 말을 들으시오 발 없는 말이 천리를 가고, 싸고 싼 향내도 난다 하니 이런 말이 누설되어 사도께서 아옵시고, 엄한 꾸중, 매치시고 일절 禁斷(금단)하오시면 하늘이 주는 孽(얼)은 피할 도리 있거니와, 제가 지은 孽은 어쩔 도리 없다 하니 어데가 發明하며 우리 사정 어찌할까?"

춘향이 도령과 광한루에서 백년가약을 맺고 이것이 탄로나 후환이 있을까 두려워하는 대목이다. '싸고 싼 향내'도 나게 마련이다. 향내는 싼다고 하여 쌓여 있는 것이 아니고, 풍겨 나오는 것이기 때문이다.

'향내'는 '향(香)'과, 냄새를 뜻하는 고유어 '내'가 합성된 말이다. 따라서 '향내'는 향기로운 냄새, 곧 향취를 뜻한다. '내'는 '고소한 내', '퀴퀴한 내'와 같이 단독으로 쓰이기도 하나 흔히는 다른 말 뒤에 붙어 복합어를 이룬다. 이러한 복합어는 주로 명사와 결합되나, 형용사, 관형사, 동사 등과 결합되기도 한다. 다음에는 이 '내'에 대해 살펴보기로 한다.

첫째, '내'는 냄새를 발산하는 사물, 곧 명사와 결합하여 그 향취를 나타낸다. '기름내, 냇내, 녹(綠)내, 땀내, 땅내, 문뱃내, 새물내, 쇳내, 숯내, 암내, 염(鹽)내, 인(人)내, 입내, 젖내, 탄(炭)내, 해감내, 향(香)내, 화독(火毒)내, 흙내' 따위가 그 예다.

'냇내'는 연기의 냄새를 가리킨다. 꾸밈말 '내'는 '내 마신 고양이 상'이란 속담에 쓰인 '내'로 연기를 뜻한다. 따라서 '냇내'는 연기의 냄새다. '녹내'는 쇠붙이에 슨 녹의 냄새다. '문뱃내'는 본래 문배의 냄새를 뜻하는 말이겠으나, 술 취한 사람의 입에서 나는 술 냄새가 문배 냄새와 비슷하다 하여 이에 비유되는 말이다.

'새물내'는 '빨래하여 갓 입은 옷에서 나는 냄새'다. 빨래하여 갓 입은 옷을 '새물'이라 하는데, 여기 '물'은 옷을 한번 빠는 동안을 뜻한다. '한 물 빤 옷'이 그 예다. '쇳내'는 음식이나 물에 우러난 쇠의 냄새를 가리킨다. '밥에서 쇳내가 난다'와 같이 쓰이는 것이 그것이다. 영어로는 a metalic taste라 하여 구미로 표현된다. '암내'라는 말은 두 가지가 있다. 하나는 동물의 암컷이 발정기에 내는 냄새다. 조정래의 『태백산맥』에서는 이 말이 사람에게 적용되고 있다.

'금메 말이시. 홀엄씨 암내야 원래 홀애비가 맡는 것 아니드라고? 자네가 풍기는 암내가 십리 밖에서 내 코를 찔르드란 말이시. 그래 코 쿵쿵거림스로 와봉께, 와따메 성춘향이 뺨치게 생긴 자네였든 것이여.'

다른 하나는 겨드랑이에서 나는 좋지 못한 냄새 '암:내'다. 이는 서양 사람에게서 많이 나는 것이다. 이는 겨드랑이에서 나는 냄새라 하여 한자어로는 '액취(腋臭), 액기(腋氣)'라 하는가 하면 '호취(狐臭)'라고도 한다. 여우에게서 이런 냄새가 나는 모양이다.

'염내'는 두부나 비지 따위에서 나는 간수 냄새다. '인내'는 사람 몸에서 나는 냄새로, 특히 짐승·벌레·마귀 등이 맡는 사람의 냄새를 가리킨다. 옛날이야기에 호랑이가 '인내'를 맡고 산속에서 사람을 잡아먹겠다고 어슬렁어슬렁 내려온다는 이야기가 곧잘 나온다. '해감내'는 흔히 민물고기에서 맡게 되는 냄새다.

'해감'은 물속에서 흙과 유기물이 썩어서 생기는 냄새 나는 찌

끼이다. '화독내'는 방언으로 '화기(火氣)내'라고도 하는 것인데, 이는 음식이 눌어서 타게 될 때에 나는 독한 냄새다. '흙내'는 물론 흙의 냄새다. 그런데 '흙내가 고소하다'라는 관용어는 특별한 의미를 지닌다. 이는 죽고 싶은 생각이 든다는 뜻을 나타낸다. 흙에서 태어나 흙으로 돌아간다고 하는 우리의 생사관(生死觀)을 슬며시 엿보게 한다.

둘째는 '내' 앞에 후각어가 온다. 이는 '고린내, 구린내, 노린내, 누린내, 비린내, 젖비린내, 피비린내'와 같이 형용사가 오는 경우와, '군내, 들내, 풋내'와 같이 관형사나 접두사가 오는 경우가 있다. '고린내'와 '구린내', '노린내'와 '누린내'는 같은 뜻의 말로 어감을 달리 하는 말이다. 한자말로 고린내는 하취(夏臭), 구린내는 취기(臭氣)라 하고, 노린내나 누린내는 전취(羶臭)라 한다. 특히 후자는 양의 냄새로 이를 대표하고 있다 하겠다.

우리 속담에 "누린내가 나도록 때린다"는 말이 있는데, 이는 고기나 털 같은 단백질이 타는 냄새가 나도록 몹시 친다는 말이다. '비린내'는 한자말로 성취(腥臭)라 한다. '들내'는 들깨나 들기름에서 풍기는 냄새를 말한다. 여기 '들'은 야성의 의미를 지닌다 하겠다.

셋째는 '내' 앞에 동사가 붙어 후각을 나타낸다. 이는 아주 색다른 경우로 동태(動態)로 성상(性狀)을 나타내는 것이다. '단내, 쉰내, 지린내, 탄내'가 그 예다. '단내'는 눋거나 달아서 나는 냄새로, '입에서 단내가 난다'와 같이 쓰이는 것이 그것이다. '쉰내'는 쉬어서 나는 시금한 냄새다. '지린내'는 물론 형용사 '지리다'에 '내'가 붙은 것이라 하겠으나, 근원적으로는 오줌이나 똥을 참지 못하고 조금 싼다는 '지리다'에 소급한다 할 것이다. '탄내'는 어떤 것이 타서 나는 냄새다.

우리의 '내'와 '냄새'는 방향(芳香)과 악취가 구별되지 않는다. 영어의 smell이나, 중국어의 氣味도 이런 경향을 보인다. 그런데 일본어는 臭(におい)와 香(かおり)가 구별되어 차이가 난다. 그리고 복합어를 이루는 여부도 언어에 따라 다르다. 영어로 '암내'와 '암:내'는 각각 the odor of female animal in heat[estrus], the smell of armpit[body odor]라 한다. 그리고 여기 특기할 것은 오늘날 '향기롭다'라고 하는 것은 우리 옛말로 '곳됩다'라 했다는 것이다. 이 말이 오늘날 '꽃답다'로 의미와 형태가 다 바뀌었다. 그래서 우리말에는 '향기롭다'를 나타내는 고유어가 사라지고 없다.

제 논에 모가 큰 것은 모른다

논

깜둥 부시 딸깍 쳐서
담부 한 대 먹어 보세
담부 맛이 요러하면
쌀밥 맛은 어떠할꼬

모내기 노래의 하나다. 보릿고개에 허덕이던 우리 조상들은 이 밥에 고깃국 먹기가 소원이었다. 그러나 요사이는 건강을 생각해 흰 쌀밥을 피하는 세상이다.

위의 민요는 부시로 부싯돌을 쳐서 불을 붙여 담배를 한 대 피워 보세, 담배 맛이 이렇게 좋다면 쌀밥 맛은 얼마나 좋을까 하고 쌀밥 먹기를 소원하고 있는 것이다.

오뉴월은 한창 바쁜 농사철이다. 특히 이때는 논에 모를 심는다. '논'은 수전(水田), 또는 답(畓)이라고도 하는 것으로, 물이 담긴

농지다. 그래서 밭과 달리 '논에는 물이 장수'라는 말이 있다. 물이 기본이고, 수리(水利)가 잘 되어 있어야 한다는 말이다. 논에는 주로 벼를 심어 가꾼다. '논'을 번역해 영어로 'a rice (paddy) field'라 한다. 이 말은 문화의 차이로 어색하게 느껴진다.

벼농사는 청동기시대쯤 시작되었으며, 우리도 일찍부터 재배한 것으로 보인다. 그것은 논을 일구어 벼를 재배하기 위한 저수지가 삼한시대(三韓時代)부터 조성되었기 때문이다. 제천의 의림지(義林池), 김제의 벽골제(碧骨堤), 상주의 공검지(恭儉池), 밀양의 수산제(守山堤)가 그것이다.

제(堤)·지(池)·보(洑)와 같이 수리시설을 하여 물길이 좋은 논은 수리안전답(水利安全畓)이라 한다. 이러한 것에는 '봇논, 고논'이 있다. '봇논'은 논에 물을 대기 위하여 냇물을 막은 보(洑)의 물을 대는 논이다. 이는 한자어로 보답(洑畓)이라 한다. '고논'은 봇물이 가장 먼저 들어가는 물꼬가 있는 논이다. 봇물의 혜택을 가장 많이 받을 수 있는 논이다. 이와는 달리 오직 하늘의 비에만 의존하는 논을 천수답(天水畓), 또는 봉천답(奉天畓)이라 한다. 고유어로는 이를 '천둥지기' 또는 '하늘바라기'라 한다. 이는 천둥이 울고 비가 오니까 천둥지기요, 하늘의 비만 바라니까 하늘바라기란 이름이 붙은 것이다.

논은 그 성질에 따라 '갯논, 고래실(논), 골답, 다랑논, 마른논,

무논, 생논, 수렁논' 등으로 불린다. '갯논'은 바닷가 개펄에 둑을 쌓아 만든 논이다. 이는 간척지의 논으로 1995년 완공된 현대 그룹의 서산(瑞山) 간척지는 이의 대표적인 것이다. '고래실'은 '고래실논, 고논, 고래답, 구레논, 수답' 등 여러 가지로 일러지는 논이다. 이는 바닥이 깊고 물길이 좋은 기름진 논을 이른다. '골답'은 '고래실'과 비슷한 말로, 물이 흔하고 기름진 논이다. '다랑논'은 비탈진 산골짜기에 있는 층층으로 된 논이다. 이들은 흔히 천수답이다. 층층으로 된 좁고 작은 논배미는 '다랑이'라 한다. '마른 논'은 '무논'의 대가 되는 건답(乾畓)이다. '마른 논에 물대기'란 속담은 일이 매우 힘든 것을 나타낸다. '무논'은 물이 있는 논, 곧 수답을 의미하거나, 쉽게 물을 댈 수 있는 논을 말한다. '생논'은 갈이가 잘 되지 않은 논이고, '수렁논'은 수렁처럼 무른 개흙으로 된 논이다.

논은 또 그 쓰임 등에 따라 여러 가지 이름으로 불린다. '보리논, 왕골논, 자채볏논'은 재배하는 대상에 따라 붙여진 이름이다. '보리논'은 보리를 심는 논, 곧 맥전(麥田)이고, '왕골논'은 왕골을 심는 물기가 많은 논이다. '자채볏논'은 자채(紫彩)벼를 심는 논이다. '자채논'은 이의 준말이다. 자채벼는 올벼의 하나로, 빛이 누렇고 가시랭이가 있는 것이다. 자채쌀은 질이 우수하여 맛이 매우 좋은데, 경기도 이천 일대에서 생산된다. '자채볏논'은 또 땅이 기름지고 농사가 잘 되는 논을 이르기도 한다. 이 밖에 '고지논, 도짓논, 배메깃논, 사래논'이란 것도 있다.

'고지논'은 고지품을 받고 일을 해 주는 논이다. 고지, 또는 고지품이란 모내기로부터 마지막 김매기까지 일을 해 주기로 하고, 마지기당(斗落當) 얼마씩 미리 받아쓰는 삯을 의미한다. 쉽게 말해 선급을 받고 농사를 대행해 주는 논이다. '도짓논'은 한 해에 얼마씩의 곡식을 내기로 하고 빌려 부치는 논이다. 병작(竝作)을 하거나, 삼칠제(三七制)로 하는 방식 따위가 그것이다. 도지(賭地), 또는 도조(賭租)란 남의 논밭을 빌려 부치고 그 대가로 해마다 벼를 내는 것이다. '배메깃논'은 일종의 도짓논으로, 수확량의 절반을 주기로 하고 부치는 논이다. 곧 병작 논이다. '사래논'은 묘지기나 마름이 보수로 얻어 부쳐 먹는 논이다. 사경답(私耕畓)이 그것이다.

이 밖에 논과 관련된 대표적인 말에 '논꼬, 논도랑, 논두렁, 논매기소리, 논밭전지, 논배미, 논병아리, 논삶이, 논틀길, 논풀이' 따위가 있다. '논꼬'는 논의 물고로, 이는 옴폭 패여 붕어 같은 어린 물고기가 모여 있기도 한 곳이다. '논도랑'은 논에 물을 대기 위한 작은 도랑이고, '논두렁'은 논을 둘러막은 두둑이다. '논매기소리'는 논에서 김을 맬 때 부르는 일종의 노동요다. 소리꾼이 앞소리를 메기면 나머지 일꾼들이 뒷소리를 합창한다.

'논밭전지'는 가지고 있는 모든 논과 밭을 가리키는 말이다. 이는 동의반복의 말로, 전지(田地)는 논밭을 이르는 한자어이다. 여기서 '田'은 밭 아닌 논이다. '논배미'는 논의 구역이고, '논병아리'는 가을부터 날아오는 겨울 철새로 한국·일본·중국 등지에 분포한다. '되강오리'라고도 한다. '논삶이'는 '진갈이'와 같은 말로, 비 온 뒤 그 물이 괴어 있는 동안에 논밭을 가는 일을 뜻한다. '논틀길'은 논두렁 위로 난 꼬불꼬불한 길이다. '논틀밭틀'은 논틀길과 밭틀길이 준말이다. 신경림의 「쇠무지벌―흙바람」에는 "복사꽃 살구꽃도 지고/ 논틀밭틀에는 하얗게 찔레꽃이 피는데/ 삽짝 귀틀을 흔드는 흙바람은/ 좀체 잘 줄을 모르누나."란 용례가 보인다. '논풀이'는 어떤 땅을 새로 논으로 만드는 일, 또는 그 논을 가리킨다. 개간답(開墾畓), 신풀이라고도 한다.

"제 논에 모가 큰 것은 모른다"는 속담이 있다. 남의 물건이나 재물은 제 물건보다 좋아 보이고 탐이 난다는 말이다. 과욕은 화를 부르는 법이다.

불놀이와 불꽃놀이

놀이

　동물의 본능적 행동은 먹고 자는 것이다. 여기에 하나 덧붙인다면 '놀이'가 있다. 배가 부르면 서로 장난치고 논다. 사람도 마찬가지다.

　'놀이'란 말은 '놀다(遊)'에서 파생된 말이다. 이는 생산적 노동에 대가 되는 말로, 휴식을 의미하며, 본업에 대한 여기(餘技)를 뜻한다. '놀다'는 『표준국어대사전』에 의하면 20개 가까운 의미가 있다. 주가 되는 의미는 '놀이나 재미있는 일을 하며 즐겁게 지내다'라 할 것이다. 그러나 이것이 본래의 의미는 아니었을 것이다. '놀다'란 추상적인 말이요, 휴식, 열락의 추구란 인간이 꽤나 진화된 뒤의 욕망이라 할 것이기 때문이다. 따라서 '놀다'의 주의(主意)는 변한 것으로 추정된다.

　• 바다 위로 떠오르는 해가 일렁일렁 노닌다.

- 뱃속의 아이가 논다.
- 많이 걸었더니 다리가 제대로 놀지 않는다.
- 관자놀이가 뛴다.

'놀다'는 이러한 '움직이다, 동작을 하다'가 본래의 의미였을 것이고, 여기서 나아가 '놀음놀이'의 의미로 발전하고, 노래하고, 거문고를 노는(彈琴) 단계로까지 확대하였을 것이다. 이렇게 보면 일본의 '놀이'를 의미하는 '아소비(遊)'와도 대응된다. '아소비'는 본래 '동작(動作), 소작(所作)'을 의미하던 말로 보이기 때문이다. 한자어 '遊'도 '한가롭게 길을 걷다'에서 '놀다'로 그 의미가 바뀐 말이다.

오늘날 우리의 '놀이'라는 말은 서너 가지 뜻을 지니는 것으로 본다. ①즐거움을 얻기 위해 자발적으로 행하는 모든 활동, ②여러 사람이 모여서 즐겁게 노는 일, ③굿·풍물·인형극·탈춤 등 우리나라 전통 연희(演戲)를 통틀어 이르는 말이라는 것이 그것이다.

첫째의 뜻은 '놀이'에 대한 일반적 규정이고, 둘째의 뜻으로 쓰이는 것에는 전통적인 어린이 놀이 및 민속놀이와 관련된 말이 많다. '각시놀이, 딱지놀이, 소꿉놀이, 썰매놀이'는 소년 소녀들의 놀이다. '각시놀이'는 여자애들이 각시인형을 가지고 노는 놀이다. '딱지놀이'는 놀이딱지를 가지고 노는 것으로 놀이 방법이 다양하다. 이는 딱지치기와는 구별된다. '소꿉질놀이'는 소꿉질을 하며 노는 것이고, '썰매놀이'는 썰매를 타고 노는 것이다. 이 밖에 '자치기 놀이'도 있다. 이는 짤막한 나무토막을 긴 막대기로 쳐서 그 날아간 거리를 재어 이기고 짐을 겨루는 놀이다. 이런 놀이들은 모두 현대의 장난감과 놀이에 밀려 거의 볼 수 없게 되었다.

민속(民俗)놀이와 관련이 있는 놀이로는 '관등놀이, 꽃놀이, 단오놀이, 들놀이, 물놀이, 백중놀이, 뱃놀이, 복놀이, 불꽃놀이, 불놀이, 사랑놀이, 수월래놀이, 윷놀이, 풍류놀이' 같은 것이 있다. '관등놀이'는 석가 탄일인 관등절(觀燈節) 놀이다. 이날 등대를 세우고 온갖 등을 달고, 밤에 불을 밝히고 음식을 해 먹으며, 노는 것이다.

'꽃놀이'는 봄날의 화유(花遊)이고, '들놀이'는 야유(野遊)다. '단오놀이'는 단오에 행하는 민속놀이로, 춘향이는 이날 그네를 뛰다 운명의 이 도령을 만났다. '단오놀이'는 강릉단오제가 세계문화유산으로 지정되어 세계적으로 유명해졌다. '백중놀이'는 음력 7월 보름날 음식을 해 먹고 노는 것이다. '복놀이'는 복날 흔히 개를 잡아 복달임을 하면서 노는 것이다. '불꽃놀이'는 경축행사나 기념행사 때에 화포를 쏘아 공중에서 불꽃이 일어나게 하는 일을 뜻하며, '불놀이'는 등불을 많이 켜거나 쥐불을 놓거나, 불꽃놀이 따위를 하며 노는 일을 뜻해 이 들은 다소 구별된다.

역사적으로는 조선조에 설날 벽사(辟邪)와 군무(軍務)를 위해 대궐 후원에서 불꽃놀이가 열렸다. 이 날 포통(砲筒)에 여러 가지 화약을 재어 두었다가 밤중에 임금과 문무 2품 이상의 관원이 지켜보는 가운데 이를 터뜨려 아름다운 오색 불꽃을 구경했다. 이를 한자어로는 관화(觀火)라 했다. 「불놀이」는 주요한의 시로 유명하다. 이 시에는 대동강의 불놀이를 배경으로 어두운 현실에서 느끼는 괴로움과 이를 극복하려는 의지가 노래 불리고 있다. '사랑놀이'는 애정 아닌, 사랑(舍廊)에서 음식과 기악(妓樂)을 갖추어 노는 일이다. '수월래놀이'는 정월 대보름이나 팔월 한가위에 남부 지방에서 행하던 군무(群舞) 강강술래 놀이를 말한다. '윷놀이'는 한국 고유의 민속놀이로 정초에 많이 하던 놀이다. 이는 윷이 잦혀지는 모양에 따라 도, 개, 걸 윷, 모라고 등급을 두어 승부를 겨루는 것이다. '풍류놀이'는 풍류를 즐기는 놀이로, 선비가 시도 짓고 노래도 하고, 술도 마시고, 춤도 추던 놀이다.

셋째의 뜻, 굿·풍물·인형극, 탈놀이 등 우리나라의 전통적 연희를 통틀어 이르는 것으로, 다른 것에 비해 좀 더 우리 고유 문화를 반영하는 놀이다. '놀이'가 연희를 의미하는 것은 영어 Play의 경우에도 볼 수 있다. 우리의 연희는 여러 가지 목적으로 행해졌다. '사자놀이, 쥐불놀이, 폭죽놀이'와 '산디놀이'는 벽사(辟邪)의 놀이다. 이에 대해 '답교놀이, 제웅치기놀이'는 제액(除厄)의 놀이다. '고싸움놀이, 차전놀이, 두레놀이' 등은 풍요와 다산(多産)을 기원하던 놀이다. '그네타기놀이, 관원놀이' 등은 무병장수를 기원한 것이다. 이 밖에 '꼭두각시놀이'는 '꼭두각시놀음'이라고도 하는 것으로, 민속인형극의 한 가지다. '대감놀이'는 무당이 터주 앞에서 하는 굿으로, 제액의 놀이다. '탈놀이'는 가면극으로, 이는 산대도감(山臺都監)에 속한 연희자들이 놀이를 한 '산디놀이'가 그 대표적인 것이나, 이것이 조선의 인조 때 공의(公儀)로서 상연이 폐지되며 민속극으로 정착된 것이다. 이는 오늘날 산대도감 계통의 '송파산대놀이' 등의 탈놀이 외에, 계통을 달리 하는 '하회별신굿탈놀이' 등 12종이 전한다.

'놀이'는 이렇게 즐거움을 얻기 위해 자발적으로 행하는 활동이나, 우리의 '놀이'는 우리 나름의 의미와 고유성을 지닌 문화이기도 하다.

흰눈은 내려, 내려서 쌓여……
눈(雪)

희미한 눈발/ 이는 어느 잃어진 追憶의 조각이기에/ 싸늘한 追悔 이리 가쁘게 설레이느뇨 //

한줄기 빛도 향기도 없이/ 호올로 차디찬 衣裳을 하고/ 흰눈은 나려 나려서 쌓여/ 내 슬픔 그 위에 고히 서리다.

이는 김광균의 유명한 「설야(雪夜)」의 후반부이다. 신사년도 저물어간다. 막을 내리려 한다. 이런 때 한 해를 돌아보며 조용히 읊조리고 싶은 구절이다.

'눈(雪)'은 대기 중의 수증기가 찬 기운을 만나 얼어서 땅 위로 떨어지는 얼음의 결정체를 가리킨다. 그러나 눈은 이러한 삭막한 풀이로 정의되는 것과는 달리 낭만적인 존재다. 동심을 들뜨게 하는 것은 말할 것도 없고, 백발 노옹(老翁)의 가슴에 다시 청춘을 불러 일으켜 주기도 한다.

우리말에는 눈을 가리키는 말이 여러 가지가 있다. '가랑눈·가루눈·길눈·도둑눈·마른눈·만년눈·밤눈·복눈·봄눈·소나기눈·솜눈·숫눈·싸라기눈·자국눈·진눈·진눈깨비·찬눈·첫눈·함박눈' 같은 것이 그것이다. 이렇게 다양한 눈을 가리키는 말이 있다는 것은 그만큼 우리나라에는 여러 가지 눈이 온다는 말이다.

이러한 눈 가운데는 특히 우리의 가슴을 설레게 하는 눈이 있다. '도둑눈·소나기눈·숫눈·첫눈·함박눈' 같은 것이 그것이다. '도둑눈'은 밤사이에 사람들이 모르게 내려 아침에 경탄을 자아내게 하는 눈이다. 이런 눈을 '도둑눈'이라 한 것은 우리만의 명명인 듯하다. 일본어나 영어에는 이런 말이 따로 없다. '남 몰래'라는 뜻으로 '도둑'이 쓰인 경우는 '도둑장가'에서도 볼 수 있다. '도둑장가'란 '주위 사람들에게 알리지 않고 몰래 드는 장가'를 이르기 때문이다. '소나기눈'은 소나기가 내리듯 별안간 많이 내리는 눈이다. '소낙눈'은 '소나기눈'의 준말이다. 이런 소나기눈은 세차게 난무한다. 김진섭의 『백설부(白雪賦)』에 보이는 다음과 같은 백설의 난무는 이런 소나기눈이 퍼붓는 장면을 그린 것이라 하겠다.

천국의 아들이요, 경쾌한 족속이요, 바람의 희생자인 백설이여!
과연 뉘라서 너희의 무정부주의를 통제할 수 있으랴! 너희들은 우리들 사람까지를 너희의 혼란 속에 휩쓸어 넣을 작정인 줄을 알 수 없으되, 그리고 또 사실상 그 속에 혹은 기꺼이, 혹은 할 수 없이 휩쓸려 들어가는 자도 많이 있으리라마는, 그러나 사람이 과연 그러한 혼탁한 와중에서 능히 견딜 수 있으리라고 너희는 생각하느냐?

'숫눈'은 눈이 와서 쌓인 그대로의 눈을 이른다. 곧 발자국이 나거나 녹거나 하지 않고 내려 쌓인 채로 고스란히 남아 있는 눈이다. 만년눈(萬年雪)이 그렇고, 호젓한 산 속 눈길이나, 막 내려 아직 아무도 발을 들여놓지 않은 눈밭이 이런 눈이다. 최초로 밟아 자국을 내고 싶고, 눈 도장도 찍어 보고 싶은, 그런 유혹의 순결한 눈이다.

'첫눈'은 겨울이 되어 처음으로 내리는 눈을 뜻한다. 젊은 연인들은 흔히 이날 만나기로 오래 전에 약속을 한다. 낭만적인 눈과 최초라는 마력이 사람의 마음을 사로잡는 것이리라. '첫눈'은 한자어로 '初雪'이라 하고, 일본어로는 '하쓰유키(初雪)'라 한다. 따라서 이들은 우리말과 발상을 같이한다. 그러나 영어의 경우는 'the first snow(fall) of the season'이라고 하여 낱말이라기보다 해설이어 말 맛이 없다.

'함박눈'은 싸락눈이나, 가루눈처럼 초라하지 않은, 함박꽃처럼 발이 굵고 탐스럽게 내리는 눈이다. 강우식은 '함박눈'을 이렇게 노래하고 있다.

　　함박눈이다. 그녀가 은빛 칼로 무우를 자르고 있다./ 생손톱 다
　빼 던져도 사랑 때문이라면/ 아픔 없을 것 같은 영하 30도의 純白
　/ 이것은 꿈에도 생각지 않았던 동상이다.

　이 함박눈을 일본어로는 '보탄유키(牡丹雪)', '와타유키(綿雪)'라 한
다. 우리의 함박꽃(芍藥)에 대해 '모란'에 비유해 차이를 보인다.
'와타유키'는 '솜눈'이라 할 말로, '솜눈'은 우리도 함박눈을 가리
키는 말이다. 그러나 이를 우리는 방언으로 처리했다. 영어에는
'함박눈'을 이르는 말이 따로 없다.
　이밖의 눈을 이르는 말 '가랑눈'은 '가랑비'처럼 조금씩 잘게
내리는 눈이다. 이는 '가루눈(粉雪)'과 어원을 같이 하는 말이다.
'길눈'은 길(道)의 눈이 아니요, 거의 한길이나 되게 많이 내린 눈
을 이르는 말이다. 북쪽 고산지대에서 이런 눈이 내렸을까? 그리
되면 길이 막히고 끊겨 고립되게 된다. 이런 때면 동물이 수난을
당한다. '복눈'은 '새해 농사에서 풍년을 가져다 줄 눈'을 농민들
에게 기쁨을 줄 눈이라 하여 이르는 말이다. '눈은 보리의 이불'
이라 하여 눈과 보리의 밀접한 관계를 각국의 속언이 다 이르고
있다. 영어 속담 'A snow year a rich year(눈 많은 해는 풍년)'나, 일본의
'雪は豊年の瑞(눈은 풍년의 징조)'가 이런 것들이다. '싸라기눈'은 싸라

기(粒) 같은 눈이고, '자국눈'은 겨우 발자국이 날 정도로 조금 내린 눈이다.

이 밖에 눈과 관련된 낭만적인 말에 '눈꽃·눈보라·눈사람·눈싸움' 같은 말이 있다. '눈꽃'은 '雪花'로 나뭇가지 따위에 꽃이 핀 것처럼 얹힌 눈이나 서리를 이른다. 고산지대의 설화는 정말 장관이다. '눈보라'는 바람에 불리어 휘몰아쳐 날리는 눈을 이른다. 여기서 '보라'란 '물-보라'에서 보듯 '포말(泡沫)'을 의미한다고 하겠다. '눈보라'는 한자어로 '취설(吹雪)'이라 하며, 일본어로는 '후부키(吹雪)', '유키게무리(雪煙)'라 하여 차이를 보인다. 영어로는 'a snowstorm'이라 한다. 어릴 때 눈을 뭉쳐서 사람 모양으로 만든 '눈사람'은 일본어로 '유키다루마(雪達磨)', 영어로 'a snowman'이라고 하여 영어는 우리와 발상을 같이 하나, 일본어는 달마상에 비유해 우리와 차이를 보인다. 어린이들의 즐거운 놀이인 '눈싸움'은 일본어로 '유키갓센(雪合戰), 유키나게(雪鬪)' 영어로 'a snnowball fight (battle)'라 하여 모두가 발상을 같이 한다.

다리 부러진 장수 성안에서 호령한다
다리(脚)1

우리 속담에 "다리 부러진 장수 성 안에서 호령한다."는 말이 있다. 못난 사람이 집안에서만 호기를 부리고, 밖에 나가면 꼼짝 못하는 것을 비유적으로 이르는 말이다. 사람의 가장 큰 특징 가운데 하나가 직립보행을 하는 것이다. 다리가 부러지고서야, 전장을 종횡으로 누비는 장수는 고사하고 사람 구실도 제대로 하기 어려울 것이다. 그러나 오기는 남아 있어 허장성세를 일삼는다. 요사이 우리 주변에는 이런 장수가 많다. 가엾은 일이다.

'다리'는 동물의 몸통에 붙어 있는 신체의 일부분이다. 하지는 퇴(腿), 각(脚), 족(足)으로 나뉜다. 그런데 연속된 이 신체 부위를 나누는 방법이 언어에 따라 차이를 보인다. 우리는 '다리'와 '발'로 양분하고, 퇴(腿)는 '넓적다리', 또는 '허벅다리'라고 '다리'에 꾸밈말을 붙여 '다리'의 일부로 본다. 영어의 경우도 leg와 foot으로 대별한다. thigh(腿)는 차원을 달리하는 것이다. 이에 대해 일본어의 경우는 거의 분화가 되어 있지 않다. 모두가 '아시(足, 脚)'다. 한국어의 경우도 각(脚)과 족(足)이 뒤섞여 쓰이기도 한다. '상다리-상발, 뒷다리-뒷발, 다리가 길다-발이 길다, 다리를 뻗고 자다-발 뻗고 자다'가 그런 예다.

한국문화를 반영하는 가장 대표적인 '다리'의 예를 든다면 그 것은 '책상-다리'일 것이다. '책상-다리'는 한쪽 다리를 오그리고 다른 쪽 다리를 그 위에 포개어 앉는 자세다. 이렇게 앉는 풍속을 지닌 겨레는 별로 있는 것 같지 않다. 서양인이나 한족(漢族)은 입식생활을 하기 때문에 아예 땅바닥에 앉지 않는다. 그러니 자연 이런 말도 없다. 그래서 영어로는 하나로 된 낱말이 없고, 'sitting cross-legged', 'sit down tailor-fashion'이라 한다. 앉음새를 풀어 표현한다. 이런 면에서는 한자어도 마찬가지다. '가부좌(跏趺坐)'가 그것이다. '가부'의 '跏'자와 '趺'자를 옥편에서는 다같이 '책상다리할 가' '책상다리할 부'자라 새겨 놓고 있다. 그러나 이를 좀 분석적으로 보면 '跏'는 다리를 포개는 것을, '趺'는 '물건의 밑바닥을 받치어 괴는 물건'을 의미한다. 여기에 '앉을 좌(坐)'자가 붙어 '跏趺坐'가 되면 그렇게 앉는 자세가 된다. 한 다리를 오그리고 다른 한 다리를 그 위에 포개어 앉는 자세다. 이는 동의어 '강부(降趺)'가 오그린 다리 위에 한 다리를 내려놓는 것을 의미함으로 그 뜻을 분명히 해 준다. 따라서 '가부좌'란 책상다리의 영어 풀이나 비슷한 말이다. 일본의 경우는 무릎을 꿇고 앉는 '세

이자(正座)'에 대해 책상다리를 '아구라(胡座)', 또는 '히자쿠미(膝組)'라 한다. '책상다리'가 일본의 전통적인 좌법이 아님을 알 수 있다.

우리의 '책상다리'는 좌법이 특이하다는 것보다 명명이 더 특이하다. '책상다리'는 앉음새가 아니라, 앉는 장소에 의해 이름이 붙여진 말이다. 앉은뱅이책상에 앉을 때의 자세에 연유하는 것이다. 따라서 '책상다리'는 선비의 좌법이라 할 수 있다. 그래서 '책상다리'를 속언에 '양반다리'라고도 한다. 그러나 '책상다리'는 이와는 달리 부처나 중의 앉음새란 의미도 갖는다. 이는 '책상다리'가 '가부좌'의 뜻까지 아울러 나타내게 된 때문이다. 이러한 전의는 불교가 이 땅에 들어와 불교문화를 반영한 때문이다. 불교의 가부좌는 두 발을 구부려 각각 양쪽의 허벅다리 위에 얹거나, 한쪽 발만 얹고 앉는다. 이들을 각각 '결가부좌(結跏趺坐)'와 '반가부좌(半跏趺坐)'라 한다. 반가사유상(半跏思惟像)은 반가부좌를 튼 것이다. 북한에서는 '책상다리'를 '올방자'라 한다.

'책상다리'는 또 우리 민속의 줄타기 재주를 이른다. 두 발을 구부려 각각 양쪽 허벅다리 위에 얹거나, 한쪽 발만 얹고 앉는 것이다. 이러한 재주로는 '책상다리가새틀음'과 '책상다리황새두렁넘기' 같은 것이 있다. '책상다리가새틀음'은 책상다리를 하였다가 솟구쳐 몸을 틀어 앉으면서 다시 책상다리를 하는 재주이다. 이에 대해 '책상다리황새두렁넘기'는 책상다리를 한 채 무릎을 꿇고 걸어 나가는 재주이다. 이러한 민속놀이의 재주는 우리의 고유한 것이기에 다른 말에는 이런 말이 보이지 않는다. '책상다리'는 이렇듯 선비, 부처, 재인(才人)과 관련된 우리 문화어다.

이 밖에 '다리'는 많은 운동문화를 반영한다는 것이 하나의 특징이다. 이는 물론 현대 문화다. 전통적으로 우리는 무예와 놀이 외에 따로 스포츠 문화는 그리 발달시킨 것 같지 않다. 그러나 현대에 와서는 서구의 영향으로 달라졌다. 그래서 '다리'와 관련된 운동도 많아졌다. '다리걸어돌기, 다리굽혀펴기, 다리벌려내리기, 다리벌리고내리기, 다리벌리고빗뛰기, 다리조르기, 다리휘두르기' 따위가 그것이다. 이들은 대체로 기계체조나 도수체조 등과 관련 된 것이다.

사람의 '다리'와 관련된 말로 명명에 있어 관심을 끄는 것에 '안짱다리, 밭장다리, 곱다리, 곱장다리, 옥다리, 벋정다리, 가운뎃다리, 다목다리' 같은 것이 있다. '안짱다리, 밭장다리'는 발끝이 어느 쪽으로 휘었느냐에 따라 달리 붙여진 말이다. '안짱다리'는 두 발끝이 안쪽으로 휜 다리이고, '밭장다리'는 바깥쪽으로 벌어진 다리이다. 일본어에서는 여기에 악어 '와니(鰐)'를 동원하여 각각 '와니아시(鰐足)', '소토와니아시(外鰐足)'라 한다. '옥다리'는 바로 섰을 때 O자처럼 보이는 옥은 다리인 O脚이고, '벋다리'는 섰을 때 가새표 모양이 되는 X脚이다. '곱장다리'는 '옥다리'와 비슷한 말로, 무릎 뼈가 밖으로 벌어지고 정강이가 안으로 휘어진 다리이다. '벋정다리'는 구부렸다 폈다 하지 못하고 늘 벋어 있는 다리다. 『춘향전』에서 이 도령이 변 사또의 생일잔치에서 다리를 뻗고 있어 치우라고 하니 자기 다리는 뻗치기는 해도 오므릴 수는 없는 '벋정다리'라 하는 것이 보인다. '가운뎃다리'는 곤충의 배 위에 있는 다리이나, 사람의 경우는 남자의 성기를 가리킨다. 서양의 경우에도 다리가 性을 나타내는 것을 볼 수 있다. '결혼은 성만이 아니다(More belong to marriage than four bare legs in a bed)'란 속담이 그것이다. '다목다리'는 찬 기운을 쐬어 살빛이 검붉은 다리, 적각(赤脚)을 의미한다. '다목'은 콩과의 작은 상록 교목 단목(丹木)이 변한 말이다. 단목은 염료로 쓰이기도 한다.

다리 밑에서 주워 온 녀석

다리(脚)2

"나는 네 아버지가 아니다. 너는 저 동구(洞口) 밖 다리 밑에서 주워왔다."

전에 응석을 부리거나, 떼를 쓰는 아이에게 어른들은 이런 농담을 곧잘 하였다. 이런 말을 듣게 된 아이는 참으로 난감했을 것이다.

그러면 왜 어른들은 이런 농담을 했을까? 그것은 다리(橋)와 다리(脚)가 동음이의어, 곧 발음은 같으면서 뜻이 다른 데서 이런 농을 한 것이다. 그리고 이것은 사실이 아닌가? 그 애는 애 어머니의 다리(脚) 밑에서 주워 왔으니……. 다리(橋)는 본래 '두리'라 하던 것이 아래 아(·)소리가 위의 아(ㅏ)소리로 바뀌면서 동음어가 된 말이다.

사람의 다리와 관계가 있는 대표적인 말에 '다리-맵시, 다리-사위, 다리-속곳, 다리-쉬임, 다리-씨름, 다리-아랫소리'와 같은 것이 있다. '다리맵시'는 각선미(脚線美)를 가리키는 말로, 이는 여인의 해방을 의미한다. 옛날 같으면 상상도 못할 각선을 드러내 놓고 활보하는 것이 오늘의 현실이다. '다리-사위'는 민속 용어로, '다리 동작'이란 의미를 갖는다. 남사당패 놀이에서 왼쪽 다리를 들어 다리 사이로 대접을 던져 오른 손의 막대기에 다시 받아 돌리는 동작이다. 접시돌리기의 재주다. '다리-속곳'은 전통의상에서 여인의 하의로, 치마의 제일 안쪽에 받쳐 입던 가장 작은 속옷이다. 이는 오늘날의 여인의 팬티에 해당한 것이다. 김성동의 『국수』에는 이런 용례가 보인다.

안으로 걸어 잠근 문고리를 다시 한번 만져보고 난 일매홍은 물기 젖은 다리속곳을 벗었다. 왜수건으로 하초(下焦)를 몇 번 찍어 내고 볼기짝과 종아리며 젖가슴서껀 등짝의 물기를 꼭꼭 찍어 닦아내었다.

'다리-쉬임'은 오랫동안 길을 걷거나, 서서 일을 하다가 잠깐 다리를 쉬는 일을 뜻한다. 산행을 하는 사람이면 이의 고마움을 잘 알 것이다. '다리-씨름'은 두 사람이 앉아서 같은 쪽 다리의 정강이 안쪽으로 서로 걸어 상대편 다리를 옆으로 넘기는 놀이다. '팔씨름'의 대가 되는 것으로, 팔 아닌 다리로써 씨름을 하는 것이다. 이는 '발씨름'이라고도 한다. '다리-아랫소리'는 각하성(脚

下聲)이다. 머리를 다리 아래까지 숙여 내는 소리라는 뜻으로, 남에게 굽실거리거나 애걸하며 하는 말을 가리킨다. 이런 사람의 말은 그리 신용할 것이 못 된다.

'다리'는 사람의 하지(下肢)만이 아니라, 물체의 하체나, 물체의 아래에 붙어 그 물체를 떠받치는 밑받침 구실을 하는 것을 가리킨다. '가위-다리, 받침-다리, 방아-다리, 방아-다리-노리개, 방아-다리-양자, 방앗다리, 베틀-다리, 상-다리, 지겟-다리, 책상-다리'가 이런 것이다.

'가위-다리'는 가위의 손잡이, 협각(鋏脚)을 가리킨다. '방앗-다리'는 방앗공이가 들렸다 내렸다 할 수 있게 방아채에서 발로 디디는 부분을 의미한다. 우리 속담에 "시어머니 죽으라고 축수했더니 보리방아 찧을 때는 생각난다"고 하는 것은 미운 시어미지만 바로 이 방아의 다리를 밟아 힘든 일을 도와주었기 때문이다. '가위다리'나 '방앗다리'에서 '다리'는 머리에 대한 하부, 하체의 의미를 나타낸다. '받침-다리'는 받치는 다리 일반을 지칭하는 것이 아니고 장롱을 세우기 위하여 장롱 밑에 달아놓은 작은 받침을 가리킨다.

'방아-다리, 방아-다리-노리개, 방아-다리-양자'는 모두 Y자 모양의 방아의 다리와 관련된 말이다. '방아다리'는 금이나 은 따위로 만든 Y자형 노리개이고, '방아다리노리개'란 방아다리를 몸체로 하여 귀이개를 곁들여 꾸민 노리개, 장식품을 가리킨다. '방아다리양자(養子)'는 두 집에서 서로 아들을 바꾸어 양자로 삼는 일이나, 그 양자를 말한다. 이는 양자를 한 집에서 아들을 낳고, 양자를 준 집에서는 아들이 다 죽어 아들을 준 집에서 새로 낳은 아들을 양자로 삼는 일을 가리킨다. 두 집이 다 자기 자식이 아닌 상대방의 아들을 양자로 하여 대를 잇는 것이다. 묘한 인생, 묘한 운명이다.

'베틀-다리'는 '누운다리'라고도 하는 것으로, 이는 '선-다리'의 대가 되는 것이다. 곧 베틀을 지탱하기 위해 베틀에 가로질러 놓은, 굵고 긴 나무를 가리킨다. 베틀의 '선다리'는 '베틀앞기둥'으로, '앞다리'라고도 한다. 이에 대해 '뒷다리'는 '누운다리'의 뒷부분에 붙어 있는 '베틀뒷기둥', 곧 짧은 다리를 가리킨다. '상다리, 지겟다리, 책상다리'는 물론 '상, 지게, 책상'을 받치는 다리이다.

'안경-다리'의 경우는 사정이 좀 다르다. 이는 떠받치는 받침이 아니기 때문이다. 이는 본체에 붙은 지체(肢體)란 의미에서 '다리'란 말이 붙었을 것이다. 일본어에서는 '안경걸이(眼鏡のつる)' 또는 우리와 같이 '안경다리(眼鏡の足)'라 한다. 이에 대해 영어에서는 'the bows(temples) of a pair of glasses'라 하여 우리와 발상을 달리한다.

이 밖에 동물의 다리와 관련된 것으로 색다른 것에 '개다리소반, 문어 다리, 헤엄다리'가 있다. '개다리-소반'은 상다리 모양이 개다리처럼 휜 막치 소반을 말한다. '개다리'는 이렇게 반듯하지 않은 데서 흔히 정상이 아니거나 부정한 것을 나타내는 데 쓰인다. 이에 대해서는 '개'를 살피는 자리에서 본 바 있다. '문어 다리'나 '오징어 다리'는 사전에 합성어로 올라 있지 않은 말이다. 그러나 사전에는 '다리'의 풀이에서 '오징어나 문어 따위의 동물의 머리에 여러 개 달려 있어 헤엄을 치거나 먹이를 잡거나 촉각을 가지는 기관'을 '다리'라 한다는 풀이가 실려있다. 문어나 오징어의 지체를 '다리'라 한다는 설명이다.

그러나 머리에 발이 붙어 있다는 것은 좀 이상하다. 그러나 그것이 우리의 언어현실이요, 우리의 언어 감각이다. 일본어의 경우도 우리와 같다(たこのあし(足)). 이에 대해 영어의 경우는 우리와 달리 '팔(an arm)'이라 한다. '헤엄다리'는 유영동물에서 그 몸을 물에 떠서 가게 하는 다리다. '헤엄발'이라고도 한다. 한자어로도 유영각(遊泳脚), 유영족(遊泳足)이라 하여 우리말과 발상을 같이 한다.

'단풍놀이'와 '단풍구경'의 문화
단풍

가을의 단풍은 확실히 시적이다. 산과 들을 울긋불긋하게 수놓은 단풍은 한폭의 그림과 같다. 그러기에 단풍은 많은 시문의 소재가 되고 있다.

멀리 한산의 비탈진 돌길에 오르니
흰구름 이는 곳에 인가가 있고,
수레를 멈추고 단풍숲을 사랑하노니
서리 단풍이 이월 꽃보다 붉도다.
(遠上寒山石徑斜 白雲生處有人家
停車坐愛楓林晚 霜葉紅於二月花)

이는 당나라의 시인 두목(杜牧)의 「산행(山行)」이란 시다. 우리의 서정시인 김영랑(金永郎)은 다음과 같이 노래하고 있는 것을 볼 수 있다.

　　"오-매 단풍 들것네"
　　장광의 골붉은 감잎 날아오아
　　누이는 놀란 듯이 치어다보며
　　"오-매 단풍 들것네"

　　추석이 내일 모레 기둘리리
　　바람이 자지어서 걱정이리
　　누이의 마음아 나를 보아라
　　"오-매 단풍 들것네"

　'단풍(丹楓)'이라면 사람들은 흔히 울긋불긋 물든 나뭇잎은 떠올린다. 이는 당연한 현상이라 하겠다. 사전에도 보면 '단풍'의 첫 풀이가 '기후 변화로 식물의 잎이 붉은 빛이나 누런빛으로 변하는 현상'이라 되어 있기 때문이다. 그러나 그렇게 볼 것은 아니다. '단풍'의 첫 번째 풀이는 '<식> 나무 이름. 단풍나무'라 되어야 할 것이다. 기후 변화로 식물의 잎이 울긋불긋 변하는 현상은 여기서 파생된 의미이기 때문이다.

　'단풍나무'는 단풍나뭇과에 속하는 나무를 통틀어 이르기도 하며, 따로 그 가운데 한 종인 '단풍나무'를 이르기도 한다. 단풍나뭇과의 나무는 북반부에 2속 150여 종이 있는 것으로 알려지며,

우리나라에는 고로쇠나무, 단풍나무, 신나무 등이 있다.

'단풍나무'는 우리 고유어로 '신나무'라 한다. '신나무'는 옛말로 '싣' 또는 '싣나모'라 하던 말이다. '싣爲楓(『訓民正音』)', '싣나모楓(『訓蒙字會』)'이나 '싣나못 수프레 백설이 울오(楓林百舌鳴)(『杜詩諺解』)'가 그 예이다. 현대어 '신나무'는 이 '싣나무'의 형태와 의미가 다 변한 말로 보인다. 그것은 오늘날의 '신나무'는 단풍나뭇과의 낙엽교목이긴 하나, 잎이 손바닥 모양(掌形)의 나무가 아니기 때문이다.

잎이 곱게 물드는 현상을 '단풍'이라 하는 것은 어느 나무보다 이 단풍나무가 가을에 아름답게 물들기 때문에 그 이름으로 속성을 대신 나타내고 있는 것이다. 따라서 '단풍'이란 말의 의미가 바뀐 것이다. '싣', 또는 '신'에는 이러한 의미 변화는 보이지 않는다. 그러니 우리말에는 잎이 물드는 '단풍'이란 고유어는 없는 것이다. 시적인 '단풍'을 나타내는 말이 따로 없다니, 좀 아쉬운 감이 든다.

일본어로 '단풍나무'는 '가에데(楓)'라 한다. 잎이 물드는 '단풍'은 '紅葉(모미지)'라 한다. 이와는 달리 '고우요우'라 하기도 하는데 '紅葉(홍엽)' 또는 '黃葉(황엽)'이라 쓰는 말이다. 변하는 잎의 빛깔에 초점을 맞추어 표현한 것이다.

영어의 경우 단풍나무는 a maple, 또는 a maple tree라 한다. 이에 대해 잎이 물드는 것은 autumnal tints(가을빛, 단풍)라 한다. 이와 달리 빛깔에 초점을 맞추어 red(scarlet-tinged) leaves(붉은·주홍색 잎),

yellow(golden) leaves(노랑·황금색 잎), crimson foliage(진홍색 잎)라 하고, 또 tinted autumnal leaves(물든 가을 잎)라 하기도 한다. 일어와 영어의 표현은 우리와 발상의 차이를 보인다.

'단풍'은 '단풍(이) 들다', '단풍(이) 지다'란 관용구를 이룬다. 이들은 다 잎에 물이 드는 것을 나타내는 말이다. '단풍이 들다'의 경우는 '단풍'이 색깔의 의미를 강하게 드러낸다고 할 수 있다. '물이 든다'에서처럼 붉은 빛을 나타낸다고 하겠다. 그것은 '丹楓(단풍)'이란 '붉은 잎의 신나무'라 할 수 있기 때문이다. '단풍'의 주종을 이루는 빛깔이 붉은 빛임은 일본의 '모미지(紅葉)'나, 중국의 'hongye(紅叶)'에서도 확인된다. '단풍이 지다'의 '지다'는 자동사로, '어떤 현상이나 상태가 이루어지거나 나타나다'를 뜻하는 말이다. '그늘이 지다, 노을이 지다, 얼룩이 지다, 모가 지다'의 '지다'가 그것이다. 일본어는 이 '단풍 지다'를 '고우요우'에 접사 '하다'에 해당한 '스루(する)'를 붙여 나타낸다. 영어의 경우는 'turn red(yellow, crimson)', 'be tinged with red', 'put on autumnal tints'와 같이 다양하게 나타낸다. '단풍도 떨어질 때에 떨어진다'는 단풍과 관계된 우리의 유일한 속담이다. 이는 무엇이나 제때가 있다는 말이다. 이 속담을 교훈으로 개인이나 나라의 일이 제때에 이루어져 실수하는 일이 없었으면 좋겠다.

'단풍놀이'는 단풍이 든 아름다운 경치를 즐기며 노는 것을 말한다. 우리는 이렇게 아름다운 경치를 보는 것으로 만족하지 아니하고 즐기며 논다. 그래서 '꽃구경'도 구경으로 그치지 아니하고 '꽃놀이'를 한다고 한다. 보는 것만으로는 성이 차지 않는 것이다. 그래서 꽃을 보고 즐기는가 하면 거기서 가무와 같은 놀이를 함으로 흥취를 돋운다. '단풍놀이'가 중국어로는 'shang hongye(賞紅叶)' 또는 'kan hongye(看紅叶)'라고 하여 보고, 감상하는 데 초점이 맞추어진다. 일본어는 '모미지가리(紅葉狩り)'라고 하여 좀 엉뚱하다는 느낌을 준다. '가리(狩り)'란 본래 '사냥, 잡이'를 의미하는 말이기 때문이다. 그러나 이 말은 전의되어 '자연의 동식물을 감상·채집하는 일'을 뜻하기도 한다. 그래서 '모미지가리'는 '단풍 감상'의 의미를 갖는다. '꽃놀이'의 경우도 중국어로는 'kanhua(看花), shanghua(賞花)'라 한다. 우리말에 '화유(花遊)'라는 한자어가 보이나 이것은 역시 중국 한자어가 아닌 우리의 한자어라 하겠다. 일본어도 'hanami(花見)'라고 하여, '꽃구경'이란 뜻이다. 일본도 '놀이' 아닌, 감상의 문화다. 우리의 놀이 문화와는 차이를 보인다. 이로 보면 우리는 중국이나 일본에 비해, 보는 것으로 만족하지 않고 놀이를 좋아하는 민족임을 알게 된다.

휘영청 달빛은 더욱 밝아오고

달

추석 전날 달밤에 마루에 앉아/ 온 식구 모여서 송편을 빚을
때/ 그 속 푸른 풋콩 말아 넣으면/ 휘영청 달빛은 더욱 밝아오고/
뒷산에서 노루들이 좋아 울었네

신석정의 「추석 전날 달밤에 송편을 빚을 때」란 시의 첫 연이
다. 추석 전야의 평화로운 풍경이 노래 불려 있다. 시인이 아니라
도 시심(詩心)에 젖게 할 아름다운 서정시다.

'달'은 주기적으로 소멸과 생성을 반복한다. 그리하여 달은 재
생(再生)과 부활을 의미한다. 달리 말하면 '중단이 있는 영생(永生)과
재생'을 상징한다. 특히 농경민족인 우리 민족에게는 풍요를 상징
한다. "더도 덜도 말고 한가위만 같아라" 하는 것은 바로 이러한
배경을 깔고 있는 것이다.

'달'은 지구의 위성 곧 태음(太陰), 달빛, 책력상의 한 달, 월경,

임신 기간 등을 나타낸다. 이러한 달 가운데 지구의 위성으로서의 달을 나타내는 말로는 '가을달, 그믐달, 반달, 보름달, 새벽달, 온달, 조각달, 지새는달, 초승달' 같은 것이 있다. 이들은 대부분 달이 뜨는 때와 관련을 갖는 말들이다. '가을달'은 계절과, '그믐달, 보름달, 초승달'은 날짜와, '새벽달, 지새는달'은 시간과 관련을 갖는다. 특히 '지새는달'은 달이 지고 날이 샐 때의 달로, 먼동이 튼 뒤 서쪽하늘에 보이는 달, 또는 음력 보름 무렵의 달을 가리키는 말이다. 김정한의 「인간단지(人間團地)」의 "친구는 벌떡 일어나는 기색이더니, '담배나 한 대씩 태웁시더' 하며, 우중신 노인의 곁으로 기어왔다. 지새는 달이 봉창을 희붐하게 해주었다."에 보이는 '지새는'이 그 예이다. '반달, 온달, 조각달'은 그 형태를 나타내는 말이다. 나도향의 「그믐달」이란 수필에는 이러한 달의 모습이 잘 묘사되어 있다.

그믐달은 너무 요염하여 감히 손을 댈 수가 없고, 말을 붙일 수도 없이 깜찍하게 예쁜 계집 같은 달인 동시에, 가슴이 저리고 쓰리도록 가련한 달이다. 서산 위에 잠깐 나타났다 숨어 버리는 초승달은 세상을 후려 삼키려는 독부가 아니면 철모르는 처녀 같은 달이지만, 그믐달은 세상의 갖은 풍상을 다 겪고, 나중에는 그 무슨 원한을 품고서 애처롭게 쓰러지는 원부(怨婦)와 같이 애절한 맛이 있다. 보름의 둥근 달은 모든 평화와 숭배를 받는 여왕 같은 달이지마는, 그믐달은 애인을 잃고 쫓겨남을 당한 공주 같은 달이다.

이와는 달리 우리 문화의 특징을 나타내는 달과 관련된 어휘에는 '달덩어리, 달떡, 달맞이, 달발기, 달불이, 달집태우기' 같은 말이 있다.

  '달덩어리'는 크고 둥근 달을 이르는 말이지만, 이는 둥글둥글하고 환하게 생긴 사람의 얼굴을 비유적으로 이르는 말이기도 하다. "그 처녀는 달덩이로 부잣집 맏며느리 감이다."와 같이 쓰이는 것이 그것이다. 일본의 다카마쓰쓰카(高松塚)의 고구려 여인의 얼굴 모습이 이러한 것이다. 이에 대해 법륭사(法隆寺)의 '백제관음(百濟觀音)'은 가느다란 계란형의 얼굴이다. 영어 'moon-face'도 얼굴이 둥근 것을 나타낸다. '달덩어리'는 '달덩이'라고도 한다.

  '달떡'은 월병(月餠)이나, 중국의 월병과는 달리, 우리의 것은 달 모양으로 둥글게 만든 흰떡을 가리킨다. 이는 주로 혼인 잔치 때에 쓰인다. '달맞이'는 단순한 완월(玩月)을 의미하는 말이 아니다. 이는 음력 정월 대보름날 저녁에 산이나 들에 나가 달이 뜨기를 기다려 맞이하는 민속 놀이다. 달을 보고 소원을 빌기도 하고, 달빛에 따라 1년 농사를 미리 점치기도 한다. 일본에도 '달맞이'와 비슷한 말로 '달구경'에 해당할 '쓰키미(月見)'란 말이 있다. 그런데, 이는 좁은 뜻으로 음력 팔월 보름과 구월 열사흗날 밤의 달구경을 가리켜 우리의 '달맞이'와는 차이를 보인다. '달발기'는 '달밟이'라고도 하는 것으로, 평안북도 동부에서 행해지던 민속 놀이이다. 음력 정월 대보름날에, 말 동채로 눈벌판을 줄지어 달리며 술과 노래로 달빛을 즐기는 놀이를 이른다. '달불이'는 농가에서 정월 열 나흗날에 수수깡을 둘로 쪼개어 콩 열두 알을 넣고 지푸라기로 매어 우물에 넣었다가 보름날 새벽에 꺼내어 콩이 분 정도를 보아 그 달의 가물 것과 비올 것을 점치던 일을 가리킨다. '콩불이'라고도 한다. '달집태우기'도 우리의 독특한 민속을 반영하는 말이다. 이는 정월 대보름날 저녁에 달맞이할 때에 생나무 가지 따위를 묶어 쌓아올린 무더기에 불을 질러 밝게 하는 민속 행사를 이른다. 이는 '달집사르기', 또는 '망월굿'이라고도 한다. 이 밖에 '달동네'라는 신어도 있다. 산등성이나 산비탈 따위의 높은 곳에 가난한 사람들이 모여 사는 동네를 이른다. 새로운 생활문화의 반영이다.

이 밖에도 '달'과 합성된 문화를 반영하는 재미있는 말이 많다. '달돈, 달물, 달변(邊), 달붓기, 달삯'의 '달'은 매달을 의미하는 말로, 이들은 각각 치르거나 받는 돈, 물, 이자, 부금, 임금을 뜻한다. '달물'은 매달 물장수에게 값을 치르고 사서 쓰는 물이다. '북청 물장수'는 우리에게 잘 알려진 물장수이다. '달치기, 달품'은 '날품'에 대(對)가 될 월고(月雇)를 뜻한다. '달첩(妾)'은 한 달에 얼마씩 받고 몸을 파는 여자를 뜻한다. 일본어에도 한달에 얼마로 정하고 얻은 첩을 뜻하는 '쓰키가코이(月圍)'라는 말이 있다. 이로 보면 한일 양국에 다 이런 문화가 있었음을 알게 한다. '달수(水)'는 '달물'과는 달리 월경을 뜻하는 말이다. 일본어로는 '쓰키야쿠(月

役)'라 한다. 춘향전에도 '구실'이란 말이 보인다. 또한 일본어에는 '쓰키고야(月小屋)'란 말이 있는데, 이는 옛날 생리를 부정하게 생각하여 여성이 그 기간에 따로 살던 임시 거처를 이르는 말이다. 이는 우리와는 다른 문화이다.

오늘날은 달나라에 여행하는 시대다. 그러나 달은 역시 낭만의 대상이다. 초생달이, 그믐달이, 그리고 보름달이 무한한 정감을 우리에게 불어넣어 준다.

쇠꼬리보다 닭의 벼슬

닭

머리에 관을 쓰고 있으니 문(文)이요, 발에는 날카로운 발톱이 있어 무(武)요, 적을 맞아 물러서지 않고 죽을 때까지 싸우니 용(勇)이요, 음식을 보면 혼자 먹지 아니하고 함께 먹으니 인(仁)이요, 밤을 지키되 그 때를 잃지 않으니 신(信)이라 하겠다.

이것은 '닭'의 다섯 가지 덕(五德)을 말한 것으로, 문무(文武)는 닭의 모습을, 용(勇)·인(仁)·신(信)은 닭의 행동을 칭송한 것이다.

그런데 닭의 오덕(五德) 가운데 하나로 용(勇)을 들지만 '닭싸움'이라면 '시답지 않은 싸움'을 조롱하는 말로 쓰인다. 그래서 '닭싸우듯이'란 관용어도 '크게 으르지 못하고, 서로 엇바꾸어 가며 상대를 치고받고 싸우는 모습'을 비유적으로 이르는 말이다. 영어에서는 'chicken-hearted(겁 많은), chicken-liver(겁쟁이·무기력한 사람)'처럼 닭이 '겁이 많다'는 것과 연결되는 경우가 많다.

"수탉은 시골사람의 시계"라는 영국 속담이 말하듯, 닭에 대한 사랑은 무엇보다 시각(時刻)을 알려 준다는 신(信)에 있을 것이다. 우리말에는 닭의 신(信)과 관계되는 낱말이 여럿 있다. 가령 '첫닭'은 새벽이 되어 맨 처음 홰를 치며 우는 닭을 가리키는 말로, '처음에 우는 닭'이란 말에서 비롯된 것이다. 새벽에 닭이 홰를 치며 우는 동작을 '닭잦추다'라 한다. '잦추다'는 '동작을 날쌔고 재빠르게 하여 잇따라 재촉하다'라는 뜻한다. 본래의 뜻은 빨리 날이 새라고 재촉한다는 뜻이겠다. 이기영(李箕永)의 『고향(故鄕)』에 보이는 "새벽을 잦추는 닭 우는 소리가 이집 저집에서 요란히 들리는데……"의 '잦추는'이 그것이다. 따라서 '닭잦추다'는 '닭이 새벽을 잦추다'가 줄어 하나의 단어가 된 것이라 하겠다. '달구리'는 '이른 새벽 닭이 울 때'를 가리킨다. 이 말의 어원은 '닭울이'로 '닭이 우는 것', 곧 '닭 울음'을 뜻한다. 따라서 이 말은 동작(動作)이 시간(時間)으로 그 뜻이 바뀐 것이다.

닭의 덕은 앞에 든 오덕(五德) 외에도 사람들에게 달걀과 자기의 살을 제공하는 '애(愛)'라는 덕이 있다. 이는 인간에게 베푸는 큰 희생이다. 그래서 그런지 '닭'과 합성된 말에는 요리 이름이 많다. '닭곰(닭의 곰국), 닭곰탕(닭곰에 밥을 만 음식), 닭구이, 닭김치, 닭냉채, 닭백숙, 닭볶음밥, 닭볶음탕, 닭산적, 닭저냐(얇게 저민 닭고기에 밀가루를 바르고, 달걀을 입혀 기름에 지진 음식), 닭적(닭산적), 닭전골, 닭조림, 닭죽, 닭지짐이, 닭찜, 닭튀김, 통닭'과 같은 것이 그것이다. 흔히 말하는

'닭도리탕'은 일본어투의 용어로, 여기서의 '도리'는 일본어로 닭을 의미하는 말이다. 따라서 '닭볶음탕'이라 하면 좋을 말이다.

'닭김치'는 오늘날 먹기는 고사하고, 보고 듣기도 힘든 음식이다. 이는 닭 내장을 빼고 그 안에 쇠고기·버섯·두부를 양념하여 넣고, 삶아낸 다음, 고기를 찢어 김칫국을 섞은 닭 국물에 넣어 얼음을 띄워 먹는 음식이다. 한자어로는 계저(鷄菹)라 한다. 이와는 달리 '닭깍두기'라 하여 깍두기에 삶은 닭고기를 자지레하게 뜯어 넣고 얼려서 먹기도 한다. 흔히 삼복더위에 해먹는 여름철 복달임 음식이다. 보기만하여도 시원한 보신(補身)의 음식이다. 그러나 오늘날은 이를 먹기는 고사하고 구경조차 하기 어렵다.

고집이 센 사람을 흔히 '쇠고집'이라 한다. 그런데 이런 사람을 또 '닭고집'이라고도 한다. 닭도 그 고집이 만만치 않기 때문이다. '닭대가리'는 기억력이 좋지 못하고, 어리석은 사람을 놀림조로 이르는 말이다. 하지만 쇠꼬리보다는 닭대가리가 낫다/ 닭의 벼슬이 될지언정 소의 꼬리는 되지 마라'는 속담에서는 '닭대가리'가 다른 뜻으로 쓰이고 있다. 크고 훌륭한 것들 가운데서 말석(末席)을 차지하기보다는 차라리 작고 변변찮은 것 중에서 우두머리가 되는 것이 낫다는 뜻에서 알 수 있듯이, 이 속담에서의 닭대가리는 작고 보잘 것 없는 것의 우두머리를 가리킨다. 일본 속담에서도 "닭의 부리가 될지언정 소꼬리는 되지 마라"라 하고 있다. 이왕 살려면 굽히고 살기보다 거느리고 살 일이다.

그런데 우리에게는 '닭대가리'에 대한 이상한 속신(俗信)이 있다. 여자들이 닭대가리를 먹으면 안 된다고 한다. 닭대가리를 먹으면 그릇을 깬다는 것이다. 그래서 여자들에게는 이를 못 먹게 한다. 이는 하나의 금기(禁忌)로, 왜 여자들에게 닭대가리를 못 먹게 하는지 그 진짜 이유는 분명치 않다.

피부가 매끈하지 않고, 오톨도톨한 살을 '닭살'이라 한다. "아이구, 닭살이야!" 할 때는 '닭살'이 소름을 뜻하기도 한다. '닭살'은 영어로는 'chicken skin', 또는 'goose skin(거위살)'이라 한다. 일본어로는 'とりはだ(鳥肌)'라 한다.

'닭'은 놀이의 이름에도 쓰이는 것을 볼 수 있다. 예를 들면 여남은 명의 어린이들이 모여서 하는 '닭잡기'라는 놀이가 그것이다. 이 놀이는 먼저 가위 바위 보로 너구리와 닭을 정한 다음, 나머지는 손을 잡고 둥근 우리를 만든다. 닭은 우리 안에 있고, 너구리는 우리 밖에 있다. 신호가 나면 너구리는 닭을 잡으려 하고, 닭은 도망치며, 손을 잡고 우리를 만든 아이들은 너구리가 닭을 잡지 못하게 막는 놀이다. '닭의홰타기'는 줄타기에서 두 발을 일자형으로 딛고 앉는 재주다. 이들은 우리의 놀이 문화다.

호랑이 담배 먹던 시절
담배

"담배 피우시지요."

사람들은 모르는 사람과 자리를 같이 하게 되면 담배부터 권한다. 그렇게 함으로 말문을 튼다. 이를 대객초인사(對客初人事)라 한다. 손을 맞는 첫 인사가 담배를 권하는 것이다.

고전소설 『토끼전』에도 토끼가 자라(鼈主簿)를 처음 만나 이렇게 하고 있다.

 …… 곁에 가서 서로 절하고 좌정 후에 대객(對客)한 초인사(初人事)로 양초(洋草) 일초(日草) 금강초(金剛草)와 금패(錦貝) 밀화(蜜花) 옥(玉)물부리는 다 더져 두고 도토리 통 싸리 순이 제 격이라

좋은 담배, 귀한 담뱃대는 다 그만 두고 도토리 통에 싸리 순을 담배 삼아 권하였다.

담배가 문명국에 소개된 것은 1492년 콜럼버스가 신대륙을 발견한 뒤다. 1558년 스페인 왕 필립 2세가 원산지 남아메리카에서 담배씨를 가져와 관상용과 약용으로 가꾸면서부터 유럽에 전해졌고, 동양에는 포르트갈 상인에 의해 16세기 말 명(明)나라와 일본(日本)에 전해졌다. 우리나라에는 광해군(光海君) 10년(1618)경 일본에서 들어온 것으로 보인다. 그 뒤 전국에서 재배하게 되었다. 담배라는 말은 포르트갈어 tobacco에서 유래하는 것으로, 담파고(痰婆姑), 담박괴(痰泊塊), 담파괴(痰破塊), 담바귀 등으로 불리다가 담배로 정착되었다. 이는 남초(南草), 남령초(南靈草), 연초(煙草)라고도 하며, 시름을 없앤다 하여 망우초(忘憂草)라고도 한다.

담배에는 '궐련, 근담배, 대담배, 맷담배, 살담배, 순담배, 씹는 담배, 잎담배, 풋담배' 등이 있다. '궐련'은 권연(卷煙)이 변한 말로, 대담배의 대(對)가 되는 것이다. 이는 담배를 썰어 말아 놓은 것으로 지권연(紙卷煙), 엽권연(葉卷煙)이 있다. 영어로는 시가, 시가레트라 한다. 그런데 요사이는 이 '궐련'을 통칭 '담배'라고 하여 권련이란 말이 거의 사라지게 되었다. '근담배'는 한 근씩 달아 묶어서 파는 담배이고, '대담배'는 앞에서 말한 대로 궐련의 대가 되는, 담뱃대로 피우는 담배다. '맷담배'는 조금씩 떼어서 파는 썬담배다. 요사이는 궐련을 낱개비로 파는 '개피담배'도 있는 것 같다. '살담배'는 썬 담배로 각연초(刻煙草), 각초(刻草), 절초(切草)를 말한다. 이는 썰지 않은 잎사귀 담배인 '잎담배'와 대(對)를 이루는 말이다. '순담배'는 담배의 큰 잎이 아닌, 순을 따서 말린 담배다. '씹는담배'는 피우는 것이 아니라, 씹어서 자극성과 향기를 맛보는 담배다. 이는 담뱃잎을 끈이나 판 모양으로 눌러 굳히고 감미, 색채 따위를 가하여 과자 모양으로 만들어 씹으며 즐기는 것이다. 이와는 달리 '풋담배'는 청초(靑草)로, 퍼런 잎을 썰어 당장에 말린 잎담배를 말한다. 쪄서 말리는 잎담배는 황색연초라 한다.

담배를 피우는 모습을 이르는 말도 여러 가지가 있다. '맞담배, 생담배, 줄담배, 풋담배'가 그것이다. '맞담배'는 서로 마주 보고 피우는 담배로, 우리는 동료 간에 맞담배를 피운다. 존상(尊上)의 어른 앞에서는 담배를 피우지 않는다. 중국에서는 부자지간에도 맞담배질을 한다. 영정조 때 유득공이 지은 『경도잡지(京都雜誌)』에 의하면 우리나라에서는 비천한 자가 귀한 사람 앞에서 담배를 피우지 못했다. 그리고 윗사람 앞에서 담배를 피우지 않는 풍습은 광해군(光海君) 때부터라 한다. 광해군은 신하들이 담배를 피우면 입에서 냄새가 난다고 핀잔을 주어, 그 앞에서 담배를 피우지 못했는데, 여기서 담배를 어른 앞에서 피우지 않는 풍습이 생겨났다고 한다. '생담배'는 피우지 않는 상태에서 담배가 타는 것이다. 생담배 연기는 매우 독하다. 그래서 담배를 피우지 않는 사람에게는 아주 질색이다. '줄담배'는 잇달아 계속 피우는 담배이고, '풋담배'는 배운지 얼마 되지 않아 아직 맛도 모르고 피우는 담배를 의미하기도 한다. '풋담배'는 맛도 모르고 뻐끔뻐끔 피우기 때문에 속칭 '뻐끔담배'라고도 한다.

담배는 '담뱃대'와 같이 담배를 피우는 기구를 비롯하여, 담배와 관련된 많은 복합어를 형성하고 있다. '담뱃대'는 한자어로 연관(煙管), 연대(煙臺), 연죽(煙竹)이라 한다. 이는 대통, 설대, 물부리로 이루어진다. '대통'은 '담배통'으로, 이는 담배설대에 맞추어 담배를 담는 통이다. 달리는 '꼬불통, 대꼬바리'라고도 한다. 이는 돌이나 나무를 파서 만들기도 하고, 흙을 구워서 만들거나, 구리, 놋쇠, 오동(烏銅)으로 만드는 등 여러 가지가 있다. '담배설대'는 담배통과 물부리를 연결하는 대로, 이는 오죽(烏竹)으로 만든 것을 고급으로 친다. 이밖에 양칠간죽(洋漆竿竹), 오목(烏木)으로 만들기도 한다. 설대가 짧은 것을 '곰방대(短竹)'라 하고 긴 것을 '장죽(長竹)'이라 한다. 서양의 파이프는 곰방대라 할 것이다. '물부리'는 '빨부리'라고도 하는 것으로, 입에 물고 담배 연기를 빨아들이는 기구다. '부리'는 주둥이란 말이다. 물부리는 수정, 호박, 옥 등으로 만들어 멋을 부리기도 한다.

이 밖의 복합어로는 '담배쌈지, 담배칼, 담배통받침, 담배함, 담뱃갑, 담뱃귀, 담뱃낫, 담뱃대꽂이, 담뱃불, 담뱃서랍, 담뱃진' 같은 것이 있다. '담배쌈지'는 잎담배, 살담배 따위를 넣어 가지고 다니는 주머니로, 흔히는 가죽으로 만드나, 종이나 헝겊 따위로 만들기도 한다. 쥐고 다니는 쥘쌈지와, 차고 다니는 찰쌈지가 있다. '담배칼'은 담배를 써는 칼이고, '담뱃낫'은 담뱃귀를 따는데 쓰는 작은 낫이다. '담배통받침'은 담배 피울 때 담배통의 재가 흩어지는 것을 막기 위해 담배통을 받치게 한 기구다. 이는 사기, 놋, 백통 등으로 만든다. '담배함, 담뱃갑, 담뱃서랍' 등은 담배를 담는 그릇으로, 연합(煙盒), 초갑(草匣)을 말한다. '담뱃귀'는 담배 잎을 딸 때 잎자루에 붙여서 함께 떼어내는 줄기의 부분을 가리킨다. 담배 잎을 엮기 위해 귀가 있게 따는 것이다. '담뱃대꽂이'는 담뱃대를 꽂아 두는 통이다. '담뱃진'은 담배에서 우러난 진으로 시커먼 니코틴 덩이다.

사람들은 니코틴의 흥분작용에 취해 담배를 기호식품으로 삼아 왔다. 그러나 무서운 해를 경고하고 있는 것이 현실이다. 현대인은 담배의 환각(幻覺)에 사로잡혀 호랑이 담배 먹던 시절의 어수룩함에서 헤어나지 못하는 것 같다.

횃대 밑 사내
대(竿)1

우리 속담에 "횃대 밑 사내"라는 말이 있다. 용렬하여 밖에서는 남들에게 꼼짝을 못하면서 집안에서는 큰소리치는 남자를 비유하여 이르는 말이다. 이는 또 밖에는 나가지 않고 늘 방구석에만 박혀 있는 똑똑치 못한 사람을 비유하기도 한다. 이 속담이 이러한 뜻을 나타내는 것은 그 사내가 옷걸이 아래 죽치고 있는 남자를 가리키기 때문이다.

'횃대'란 옷을 걸 수 있게 만든 옷걸이로, '홰'와 '대'가 합성된 말이다. '홰'는 새장이나 닭장 안에 새나 닭이 올라앉게 가로질러 놓은 막대다. '대'는 긴 막대다. '횃대'란 옷을 걸 수 있게 간짓대를 잘라 두 끝에 끈을 매어 벽에 매어 단 것이다. 따라서 '횃대'는 '홰'와 같은 구조의 것으로 여기에 '대'란 말이 덤으로 붙어 그 위에 올려지는 것을 조류와 의류로 구별하고 있는 말이다. 영어에서는 이를 빨랫대를 이르는 Clotheshorse로 대응시킨다.

'대'는 '경(莖), 간(竿), 관(管)', 'Stem, Stalk, Pipe를 뜻하는 말로, 우리말 사전에는 대체로 네댓 가지 뜻을 들고 있다.

① 초본식물의 줄기
② 가늘고 긴 막대
③ 마음의 씀씀이나 의지
④ 담뱃대
⑤ (음) 음표의 머리에서 위아래로 붙는 수직선

이는 『표준국어대사전』(두산동아)의 풀이이나, 실제로는 '대'가 이보다 훨씬 많은 의미를 지닐 뿐 아니라, 우리만의 고유한 개념을 나타내기도 한다.

초본식물의 줄기를 뜻하는 '겉대, 고춧대, 쑥대, 외대, 짚대, 靑대, 콩대' 같은 말의 '대(莖)'는 다른 나라 말에도 있는 것으로 새로울 것이 없다. '겨릅대, 종대'는 좀 생소하다. 마경(麻莖)은 '삼대'라 한다. 그러나 껍질을 벗긴 삼대 마골(麻骨)은 구별하여 '겨릅대'라 한다. 삼을 삶아 삼대의 껍질을 벗기면 하얀 목질(木質)의 겨릅대가 나온다. '종대'는 '마늘종'과 같이 파나 마늘 등의 한 가운데서 자라 올라오는 줄기다.

둘째 뜻을 '가늘고 긴 막대'라고 하였지만 그것이 지시하는 대상은 여러 가지다. 따라서 '가늘고 긴 막대'라는 '대'는 그 의미가 다양하다.

첫째, '깃대'와 같이 물건을 매다는 막대, 곧 기둥(柱)을 의미한다. '돛대, 등대, 등롱대, 볏가릿대, 솟대, 야거릿대, 짐대' 따위가 그것이다. '돛대'는 다 아는 바와 같이 뱃바닥에 세운 돛을 다는 기둥이다. 한자로는 범장(帆檣), 장간(檣干)에 보이듯 '장(檣)'이라 하고, 영어로는 mast라 한다. 따라서 이들은 반드시 '대'에 해당한 말을 필요로 하지 않는다. '등대'는 관등절(觀燈節)에 등을 켜 다는 '대'다. 관등절은 불탄일(佛誕日)인 4월 초팔일을 말한다. 역사적으로는 과거 시험을 보는 선비들이 동접(同接)이라는 표치(標幟)로 장내에 가지고 들어가던 '대'도 '등대'라 하였다. 이를 보면 세태는 예나 이제나 같은 모양이다. 이는 오늘날 대학 입학시험 때에 '○○ 고등학교'라고 쓴 기치를 들고 대학 정문 앞에서 기염을 토하는 것과 다를 바 없는 것이기 때문이다.

'등롱(燈籠)대'는 등롱을 걸어서 드는 대로, 고서화에서 귀인을 모시고 가는 행차에서 쉽게 볼 수 있는 것이다. '볏가릿대'는 우리 민속에 그 해에 풍년이 들기를 바라 세우는 막대다. 농가에서 정월 14일이나 보름에 짚을 둑처럼 쌓고 그 위에 벼·수수·조 등의 이삭을 싸서 매단 장대를 세우는데 이것이 '볏가릿대'다. '솟대'는 전에 큼직한 농가에서 세안에 다음해의 풍년을 비는 뜻으로 볍씨를 주머니에 담아 높이 달아매던 장대다. 이는 또 과거에 급제한 사람을 위하여 마을 입구에 높이 세우던 붉은 칠을 한 장대를 의미하기도 하고, 솟대쟁이가 올라가 재주를 부리던 장대를 의미하기도 한다.

'야거릿대'는 작은 배인 야거리의 돛대를 말한다. 따라서 정확하게 말하면 '야거리 돛대'다. '짐대'는 일종의 깃발인 당(幢)을 달아 세우는 기둥이다. 나무나 쇠 등으로 만든 기둥으로 한자말로는 당간(幢竿)이라 한다. 궁중 무용의 하나인 헌천화(獻天花)춤에 쓰이는 당(幢)은 색깔에 따라 청룡당(靑龍幢), 현무당(玄武幢), 주작당(朱雀幢), 백호당(白虎幢)이라 했다. 법회 등에 쓰이는 당은 불화(佛畫)를 그린 것이다. 고려 속요 「청산별곡」 가운데 "사슴이 짒대에 올라서 해금(奚琴)을 켜거늘 들오라"의 '짐대'도 이 '짐대'다.

둘째, 긴 막대, 곧 장대(長竿)를 의미한다. '낚싯대(釣竿)'와 '바지랑대'는 이의 대표적인 것이다. '간짓대, 걸대, 낭성대, 들장대, 올망대, 전짓대, 주릿대' 따위가 이러한 것들이다. '간짓대'는 긴 대나무로 만든 장대로, 줄여 '간대'라고도 한다. 횟대는 흔히 이 '간짓대'로 만들었다. 그러기에 '횟대에 동저고리 넘어가듯'이라고 옷을 걸면 잘도 넘어갔다. '걸대'는 물건을 높은 곳에 걸 때에 쓰는 장대이고, '낭성대'는 '낭선(狼筅) 대'가 변한 말로, '낭선'은 십팔기의 하나로 낭선창(狼筅槍)을 가지고 하는 무예이다. 낭선창은 가지가 열 개 안팎이 달린 긴 창이었다.

'그늘대'는 볕을 가리기 위해 짚자리나 삿자리를 덮어씌운 장대다. '들장대'는 가마채 밑을 받쳐 들어 주는 장대이다. '바지랑대'는 빨랫줄을 받치는 장대로, 이는 '받치다'란 뜻의 '바지랑(받이랑)'에 '대'가 합성된 말이다. '올망'은 깊은 바다에서 고기를 잡을 때 치는 긴 그물인데, '올망대'는 이 그물을 칠 때 사용하는 장대다. '전짓대'는 감을 딸 때 쓰는 끝이 두 갈래진 막대다. 갈라진 끝으로 감이 달린 나뭇가지를 꿰어 비틀어 꺾어서 딴다. 그러면 자연히 전지(剪枝)까지 된다. 감도 따고 전지도 하는 일석이조의 효과를 거두는 장대가 '전짓대'다. '주릿대'는 일종의 형구(刑具)로, 주리(周牢)를 트는 데 쓰는 두 개의 긴 막대다.

백초는 심어도 대는 아니 심는다

대(竿)2

『춘향전』을 보면 신정이 미흡하여 이도령과 춘향은 안타까운 이별을 한다. 이때 도령은 정표(情表)나 하자고 방자에게 '대(竹)' 한 분을 춘향에게 전하게 한다. 그리고 오동야우(梧桐夜雨) 잠 깬 뒤와 호접춘몽(胡蝶春夢) 잠 없을 때 자기 생각이 나면 이를 보라 한다. 그러자 춘향은 이렇게 말한다.

"백초를 다 심어도 대는 아니 심는다 하오. 살대(矢)는 가고, 저 대(笛)는 울고, 그리나니 붓대(筆)로다. 울고, 가고, 그리는 대를 구 태여 어이 심으라 하오?" 〈동양문고본 『춘향전』〉

도령은 대를 보며 여인의 절행(節行)을 생각하라는 것이었는데, 춘향은 화살대(箭竹)는 가고, 피리의 대(笛竹)는 울고, 붓대(筆竹)는 그 리움을 호소하는 것이니 왜 하필 대를 심으라고 하느냐 한 것이다. 이별의 마당이고 보니 대(竹)는 원망스럽기만 한 대상이었던 것이다.

'가늘고 긴 막대'라는 '대'는 앞에서 첫째, '깃대'와 같이 물건을 매다는 막대, 곧 기둥을 의미하고 둘째, 긴 막대 곧 장간(長竿)을 의미한다는 것을 살펴보았다. '대'는 이밖에도 여러 가지 뜻을 나타낸다.

첫째, 도구나 기구, 장치 등을 의미한다. 이러한 뜻의 '대'는 특히 베틀과 같은 기구의 부품 이름에 많다. '눈썹대, 눌림대, 다올대, 사침대, 신대, 잉앗대'는 모두 베틀과 관계되는 말이다.

'눈썹대'는 용두머리 두 끝에서 앞으로 뻗친 가는 막대이고, '눌림대'는 잉아 뒤에서 베 날을 누르는 막대다. '다올대'는 도투마리를 밀어 넘기는 막대이며, '사침대'는 날의 사이를 띄어주는 두 개의 대로, 한자말로는 교곤(攪棍)이라 하는 것이다. '신대'는 베틀신끈을 매다는 활처럼 굽은 막대다. '잉앗대'는 아래로 잉아(綜絲)를 걸어 놓은 나무다. 베 짜기는 이런 장치를 통해 끌신을 잡아 당겨 잉앗대가 올라가 날실의 공간이 생기면 그 공간에 북을 통과시켜 씨실을 넣고 바디를 쳐 올이 짜이게 한다. 그 다음에는 발을 내밀어 잉앗대가 내려가며 같은 동작이 반복된다. 요새는 베틀을 구경조차 할 수 없게 되어 이들 기구와 함께 이 언어문화가 거의 소멸되다시피 하였다.

이 밖의 도구나 기구의 이름은 '구둣대, 달굿대, 무둣대, 색대, 서산대, 엄대' 같이 무수하다. 이들은 대부분 우리만의 언어문화다.

'구둣대'는 굴뚝이나 방고래의 검댕이나 재를 그러내는 기구다. 이는 '구둘'에 '대'가 합성된 말로 'ㄹ'이 탈락된 것이다. '달굿대'는 달구질에 쓰이는 손잡이가 달린 둥근 몽둥이고, '무둣대'는 가죽을 부드럽게 하려 무두질할 때 쓰는 칼이다. '색대'는 '간색(看色)대'라고도 하는, 곡물의 질을 가리기 위해 가마니나 부대(負袋)를 찔러 그 내용물의 일부를 빼보는 연장이다. 일본어로는 '고메사시(米刺)'라 한다. '서산(書算)대'는 '책(冊)대'라고도 하는 것으로, 책을 읽을 때, 글줄이나 글자를 짚기도 하고, 책 읽은 횟수를 세는 데 쓰이는 서산을 눌러 두기도 하는 막대다. '엄대'는 외상으로 물건을 팔 때 물건 값을 표시하는 길고 짧은 금을 새긴 막대다. 이는 '어힘(刻)-대'가 준 말이겠다.

둘째, 몸체, 받침(床), 그릇을 의미한다. '나발대, 북숫대, 여동대, 올림대, 젓대, 총대, 화살대'가 그것이다.

'나발대'는 나발의 몸체를, '총대'는 총상(銃床), 총신(銃身)을 의미한다. 이에 대해 '북숫대'는 절의 은어로 뒷물(北水)을 할 때 쓰는 나무 그릇을 가리킨다. '北'자의 새김이 '뒤 北'이기 때문이다. '여동대'는 절에서 여동밥을 떠 놓는 조그마한 그릇이다. 여동밥은 중이 귀신에게 주기 위하여 밥을 먹기 전에 여동대에 한 술 떠 놓는 밥이다. '올림대'는 시상판(屍床板)을 속되게 이르는 말이다. '화살대'는 전죽(箭竹)이라고도 하나 궁시(弓矢)의 몸체를 의미하기도 한다. 일본에서는 '야가라(矢柄)'라 한다. '화살대'는 춘향이 '살대는 가고'라 한 '살대'의 원말이다.

셋째, 자루(柄)를 의미한다. '붓대, 창대, 펜대'가 그것이다.

넷째, 관(管)을 의미한다. '물대, 빨대, 울대, 핏대'가 그것이다. '물대'는 무자위(水龍)의 관을 뜻하고, '울대'는 동물의 발성기관 명관(鳴管)을, '핏대'는 '핏대가 서다'와 같이 큰 혈관을 가리킨다.

다섯째, 받침대, 곧 지주(支柱)를 의미한다. '괴밑대, 바지랑대, 살대, 솔대'가 그것이다. '괴밑대'는 광산에서 방아공이를 괴어 받쳐 주는 나무를, '살대'는 기둥이나 벽 따위가 넘어지는 것을 막기 위해 버티는 나무를 말한다. '솔대'는 무명으로 만든 과녁 솔(小布)을 버티는 나무다.

여섯째, 축(軸)을 의미한다. '굴대, 깃대(羽軸), 돌대(回轉軸), 마룻대(機軸), 심대(中心軸)'가 그것이다. '깃대'는 깃털의 굵은 관 모양의 줄기로, 우간(羽幹)이라고도 하는 것이다.

일곱째, 길지 않은 막대나 몽둥이, 또는 꼬챙이를 의미한다. '겨냥대, 고칫대, 굴렁대, 내림대, 둥굴대, 신(神)대' 따위가 그것이다. '겨냥대'는 겨냥내는 데 쓰는 막대이고, '고칫대'는 솜으로 고치를 마는 수수목대다. '굴렁대'는 굴렁쇠를 굴리는 짤막한 막대기다. '내림대'나 '신대'는 신을 내릴 때 쓰는 막대기나 나뭇가지를 말한다. '둥굴대'는 둥글게 만든, 방망이 모양의 기구로, 말이나 되 위의 곡식을 평평하게 미는 데 사용하는 기구다.

여덟째, 이 밖에도 여러 가지 의미의 '대'가 있다. '갈빗대, 나좃대, 등심대, 봉홧대, 콧대' 같은 것이 그것이다. '갈빗대, 등심대(脊椎·脊柱), 콧대(鼻梁, 일본어로는 '하나바시라·鼻柱)'는 뼈대와 관련이 있는 말이고, '나좃대'는 납채(納采) 때 신부 집에서 불을 켜는 물건을 가리킨다. 이는 갈대나 새나무를 한 자 길이로 다발을 만들어 기름을 붓고 붉은 종이로 싼 것이다. '봉홧대'는 불을 켠다는 면에서는 '나좃대'와 비슷하나 차이가 있다. 이는 진달래 가지 끝에 기름을 발라 불을 붙여 가지고 다니는 기구다. 이밖에 '담뱃대'를 지칭하는 말이 여러 가지가 있는데 이에 대해서는 앞에서 살펴본 바 있다.

우리말의 '대(竹)'는 이렇게 다른 나라 말에서 볼 수 없는, 다양한 의미로 확대·발전, 소멸되고 있다.

돈을 주면 뱃속의 아이도 기어 나온다

돈

"돈돈돈 돈 봐라. 못 난 사람도 잘 난 돈, 잘 난 사람은 더 잘 난 돈, 생살지권(生殺之權)을 가진 돈, 부귀공명이 붙은 돈, 맹상군(孟嘗君)의 수레바퀴같이 둥글둥글 도는 돈, 얼씨구 좋구나, 지화자 좋네. 얼씨구나 돈 봐라."

김연수 창본 『흥보가』에 보이는 '돈타령'이다. 흥부가 매품을 팔기로 하고 선금을 받아 가지고 집에 와 신이 나서 노래한 타령이다. 우리 속담에 "돈을 주면 뱃속의 아이도 기어 나온다"고 하고, "돈이 양반이라"라고도 한다. 자본주의 사회는 문자 그대로 '돈'이 위력을 발휘하는 사회다.

물물교환(物物交換) 시대에는 조가비, 피혁, 보석, 천, 농산물 따위가 돈 곧, 화폐의 구실을 하였고, 오늘날에는 법률에 의해 지폐와 주화가 화폐로 쓰인다. '돈'의 어원은 분명치 않다. 한자어 '錢'이 변했다고 보기도 하고, 돌고 도는(廻) 것이라 '돈'이라 한다고도 한다. 우리말에는 이 '돈'과 관련된 말이 많다.

이러한 말 가운데는 엽전(葉錢)과 관련된 것이 많다. '돈고지, 돈庫지기, 돈貫, 돈구멍, 돈꿰미, 돈끈, 돈냥, 돈닢, 돈돈쭝, 돈저냐, 돈짝, 돈차' 같은 것이 그것이다. 우리나라의 엽전은 당나라 숙종 때 주조된 건원중보(乾元重寶)가 고려에 다량으로 들어와 성종 때 (996년) '건원중보'를 만든 것이 엽전의 시초라 한다. 엽전은 다 아는 바와 같이 놋쇠로 둥글납작하게 만든 것으로, 가운데 네모난 구멍이 뚫린 것이다.

엽전을 세는 단위는 푼(1/10돈), 돈, 냥(1/10돈), 닢, 꾸러미, 쾌(10꾸러미) 등이 있다. '돈관, 돈돈쭝'은 엽전의 무게와 관계된 말이고, '돈구멍, 돈꿰미, 돈끈'은 엽전의 구멍과 관련된 말이다. '돈꿰미'는 엽전을 꿰는 꿰미 또는 꿰어 놓은 엽전의 뭉치를 뜻한다. '돈고지, 돈저냐, 돈차(茶)'는 돈의 원형을 비유로 사용한 말이다. '돈고지'는 엽전 모양으로 둥글게 썰어 말린 호박고지다. 이에 대해 '돈다발, 돈뭉치, 돈짱(張)'은 지폐와 관련된 말이다.

'돈'이 어두에 오는 '돈고생, 돈놀이, 돈더미, 돈독, 돈뭉치, 돈방석, 돈벌레, 돈벼락, 돈세탁, 돈주머니, 돈지갑, 돈지랄, 돈타령, 돈푼' 같은 말은 우리에게 익숙한 말이다. 그러나 이와는 달리 생소한 복합어도 있다. '돈도지, 돈머리, 돈메소, 돈받이, 돈배, 돈부정, 돈점, 돈점박이, 돈치기, 돈팔이, 돈풀이'가 그것이다. '돈도지(賭地)'는 돈놀이에서 원금은 그대로 두고, 해마다 일정한 돈이나 곡식으로 이자만을 받기로 하고 빌려 주는 빚돈을 말한다.

'돈머리'는 100만원이면 100만원이라고 이름을 붙인 돈의 액수를 이른다. '돈머릿수'라고도 한다. 요즘은 돈머릿수가 커졌다. 억대(億代)에서 조대(兆代)로 넘어가고 있다. '돈메소'는 삯을 받기로 하고 빌려 주는 소다. 소는 농사 밑천이라고 할 정도로 농사에 귀한 존재다. 그러나 가난한 사람은 소를 가지고 있지 못해 빌려 썼다. '돈받이'는 수금 또는 수금원을 말한다. '돈배'는 돈을 실은 배가 아니라, 돈을 내고 타는 배다. '돈부정(不淨)'은 무당의 은어로 돈에 씌운 부정을 가리킨다. 요사이는 부정한 돈을 주고 받아 그것이 항상 문제다.

'돈점'은 척전(擲錢)으로 돈을 던져 나타나는 면에 따라 길흉을 점치는 것이다. '돈점박이'는 돈짝만한 점이 박혀 있는 말이나, 점이 찍힌 연을 말한다. '돈치기'는 쇠돈을 땅바닥에 던져놓고 맞히는 전통적인 내기놀이다. 이 놀이를 요사이는 거의 볼 수 없다. '돈팔이'는 학문, 기술, 예술 따위를 오직 돈벌이로만 써 먹으려고 애쓰는 일을 얕잡아 이르는 말이다. 이에 대해 '돈풀이'는 '엽전 열닷 냥'이 요새 얼마의 가액(價額)에 해당하는가와 같이, 동일한 액면의 통화가 시대에 따라 달라지는 가치를 쌀값이나 땅값 따위와 비교하여 풀어 보는 것을 말한다.

'돈'이 어떤 말의 뒤에 붙는 복합어도 많다. '공돈, 군돈, 생돈, 웃돈'과 같은 말은 흔히 듣게 되는 쉬운 말이고, '강밋돈, 까팡돈, 노랑돈, 도짓돈, 돈돈, 뜬돈, 붙은돈, 사슬돈, 살돈, 시겟돈, 준돈, 짝돈, 참돈, 체곗돈, 해웃돈' 같은 말은 잘 들을 수 없는, 좀 생소한 말이다. '강밋돈'은 글방 훈장에게 보수로 주던 곡식, 강미(講米) 대신 내는 돈이다. '까팡돈'은 질그릇 깨어진 조각 까팡이로 돈처럼 둥글납작하게 만든, 아이들의 장난감이다. 이들은 우리 생활문화를 반영하는 말로, 오늘날은 거의 들을 수 없게 된 말이다.

  '노랑돈'은 노란 빛깔의 엽전, 또는 몹시 아끼는 돈을 말한다. 인색한 사람을 비유하는 말 '노랑이'는 여기서 비롯되었을 것이다. '돈돈'은 몇 돈이라고 헤아릴 수 있는 적은 액수의 돈으로, '돈돈'이란 말의 앞의 '돈'은 '돈쭝'의 '돈'으로 장음(長音)으로 발음되는 말이다. '뜬돈'은 우연히 생긴 돈이다. '붙은돈'은 잔돈이 아닌 한 장 또는 한 푼 등으로 쪼갤 수 없게 된 돈이다. "잔돈이 없고 붙은돈이라 돈을 좀 주려 했더니 줄 수 없구나."와 같이 쓰이는 것이 그것이다.

  '사슬돈'은 산전(散錢)으로, 싸거나 꿰지 않은 쇠붙이로 된 잔돈을 말한다. '살돈'은 무슨 일을 하여 밑졌을 때 그 밑천이 되었던 돈을 가리킨다. 한자말로는 육전(肉錢)이라 한다. '시겟돈'도 사어가 된 말이다. 이는 시장에서 곡식 값으로 받던 돈을 의미한다. 시장에서 거래되는 곡식을 '시게'라 하기 때문이다. '준돈'은 돈치기 할 때 맞히라고 지정한 돈이다.

돈치기에서 판에 던진 돈 가운데 맞힐 것을 손가락으로 가리키는 것을 '돈을 주다'라 한다. '짝돈'은 백 냥쯤 되는 돈이고, '참돈(站-)'은 상여가 나가다가 참참이 쉴 때 상여꾼에게 술값으로 주는 돈을 말한다. 때로는 상여꾼들이 상주에게 '참돈'을 내놓으라고 앞으로 나아가지 아니하고 앞으로 몇 발자국 나갔다 물러섰다 하는 장난을 치기도 한다.

'체곗돈'은 '체계(遞計-)돈'으로 장에서 비싼 이자로 돈을 꾸어주고 장날마다 본전의 일부와 이자를 받는 일을 말한다. 「흥보가」에는 흥부 내외가 이 말을 쓰고 있는 것이 보인다. "이 돈이 웬돈이오? 일수 월수 변을 얻어 왔소? 체계(遞計) 변전(邊錢)을 얻어왔소?" 이는 흥부 아내의 말이다. '해웃돈'은 기생이나 창기 등과 관계를 하고 주는 화대, 해우(解憂)값을 가리키는 말이다. 놀음차, 화채(花債)라고도 한다. 요새는 '눈먼돈'이란 말도 있다. 임자 없는 돈, 먹어도 좋은 돈이다. 이 각박한 세상에 웬 그런 돈이 다 있는지?

누구를 맞히던 돌인고?

돌(石)

어디를 향해 던지던 돌인고?/ 누구를 맞히던 돌인고?/
미워할 사람도 사랑할 사람도 없이 맞아서 울고 있노라.
얄리얄리 얄라셩 얄라리 얄라.

고려속요 『청산별곡(靑山別曲)』의 일절이다. 사랑에 실패한 때문
일까? 아니면 삶의 허무를 느낀 때문일까? 속세를 떠나 바다나
산에 들어가 숨어 살고 싶은 심정을 읊은 노래다. 오늘날에도 세
상 돌아가는 꼴을 보고 이 『청산별곡』을 읊고 싶은 사람이 한둘
이 아니리라. 누구를 겨냥한 '돌팔매'인지도 모를 '돌팔매'가 난무
하고, 이에 해를 당하는 사람이 한 둘이 아니다. 그러나 무엇보다
크게 해를 입는 사람은 엉뚱하게도 힘없는 백성이다.
　'돌(石)'은 일차적으로 견고함을 나타낸다. 그리고 돌은 나아가
신성, 생산, 생명, 남근(男根)을 상징한다. 명산대천(名山大川)에 빌어

아이를 낳고자 하는 기자신앙(祈子信仰)은 바로 이런 돌, 바위의 신성(神性), 생산성을 반영하는 것이다. '선바위'는 남근(男根) 상징의 대표적인 것이다.

동부여의 부루왕(夫婁王)은 늦도록 아들이 없었다. 하루는 산천에 제사를 지내고 아들을 구하자니, 타고 있던 말이 곤연(鯤淵)에 이르러 큰 돌을 마주하고 눈물을 흘렸다. 왕은 사람을 시켜 그 돌을 들쳐 보았다. 그랬더니 거기에는 금빛 개구리 모습을 한 아이가 있다. 이 아이가 뒤에 임금이 된 금와왕(金蛙王)이다. 이는 바위가 생명력을 지니고 있음을 반영하는 대표적인 탄생설화이다.

우리말에 '돌엄마'라는 말이 있다. 이는 아들이 탈 없이 잘 자라도록 돌에 치성을 드리는 풍속에서, 그 돌을 어머니로 삼아 부르는 말이다. 말하자면 돌이 수양모(修養母)가 된 것이다. 이토록 우리 부모들은 자식에 대한 정성이 지극하였다. 돌은 이와 같이 생산, 또는 생명과 관련을 갖는다. 그러나 우리말을 보면 돌이 이 생명력보다는 죽음, 무덤과 관련된 말이 더 많다.

'돌무지무덤, 돌방, 돌방무덤, 돌덧널무덤'과 같은 것이 그것이다. 이는 방, 또는 무덤의 재료가 돌로 된 데 말미암은 것이다. '돌무지무덤'이란 고분 형식의 하나로, 봉분을 흙으로 하고, 그 위를 돌로 쌓은 무덤을 가리킨다. 적석총(積石塚)이 그것이다. 패총(貝塚) '조개무지무덤'과 대를 이루는 것이다. '돌방'은 석실로, 돌로 된 방을 의미한다. 전통적 석실은 천장과 네 벽에 그 방위를 상징하는 그림을 채색으로 그렸다. 이러한 제도는 조선초까지 왕릉에 사용하였다. 고분 벽화에 보이는 청룡(靑龍), 백호(白虎), 주작(朱雀), 현무(玄武)의 사신도(四神圖)가 그것이다.

돌로 널방을 만들고, 널길을 둔 무덤은 '돌방무덤', 석실분(石室墳)이라 한다. '돌덧널무덤'은 석재로 곽실(槨室)을 만든 묘를 가리킨다. 이는 삼국시대에 사용한 제도로, 널길이 없는 것이 특징으로, 돌멘(dolmen)묘 따위의 석곽묘(石槨墓), 석곽분(石槨墳)이 그것이다. '고인돌'은 돌멘의 우리말이다. 한자어로는 지석묘(支石墓)라 한다. '고인돌'은 납작하고 널찍한 돌로 기둥을 만들고, 그 위에 평평한 돌을 얹은 분묘를 가리킨다. 이는 우리나라 도처에 산재해 있는데, 혼령의 안식처라 믿었다. 그리고 돌은 자궁(子宮)을 상징하는 것으로 인식되어 재생의 의미로 받아들여지기도 하였다.

'댓돌, 모퉁잇돌, 부춛돌, 이맛돌, 이무기돌, 주춧돌'은 건축문화와 관련이 있는 말이다. '댓돌'은 집채의 낙숫물이 떨어지는 안쪽으로 돌려가며 놓은 돌이다. 첨계(檐階), 툇돌이라고도 한다. 특히 '첨겟돌'은 댓돌을 이루는 돌을 가리킨다. '주춧돌'은 주추로 쓰인 돌이며, '모퉁잇돌'은 바로 주춧돌을 달리 이르는 말이다. '주춧돌'은 주초석(柱礎石), 또는 초석(礎石)이라 하는 것이다. '모퉁잇돌'은 성경에서 교회의 주춧돌이란 뜻으로, 예수를 비유하는 말이기도 하다.

'부춛돌'은 뒷간 바닥에 디디고 뒤를 보는 널빤지인 '부출' 대신에 놓은 돌을 가리킨다. '부출' 아닌 '부춛돌'이 놓인 뒷간은 그만큼 원시적 시설이라 하겠다. '이맛돌'은 아궁이의 시설로, 아궁이의 위 앞에 가로 걸쳐놓은 돌이다. 이는 줄여 '이마'라고도 한다. '이무기돌'은 성문 등에 빗물이 흘러내리게 하기 위하여, 난간에 끼우는 이무기 머리 모양의 홈통을 말한다. 이는 한자어로는 이두(螭頭)라 하는 것이다.

이 밖에 '고드랫돌'은 발이나 자리를 엮을 때 날을 감아 매다는 돌을 가리킨다. 날줄을 팽팽하게 하기 위함이다. '고드래'는 이의 준말이다. '노둣돌'은 말을 타거나 내릴 때에 발돋움으로 쓰려고 대문 앞에 놓은 큰 돌이다. 이는 달리 하마석(下馬石)이라 한다.

'닻돌'은 정박하기 위한 기구인 닻이 물 속에 잘 가라앉게 하기 위해 매다는 돌이다. '몽깃돌'도 배와 관련이 있는 말인데, 이는 밀물과 썰물 때에 배가 밀려 나가지 않도록 배고물에 다는 돌을 가리킨다. '닻돌'과 '몽깃돌'은 배를 고정시키기 위한 조치의 돌이다.

'돌하루방'은 제주도의 수호석으로 잘 알려진 것이다. 이는 중앙아시아에도 분포되어 있는 것으로, 할아버지 아닌 할머니의 석상도 있어 '하루'가 할아버지가 아닌, '감시', '방'이 사람을 의미하는 말이라 새로운 해석을 가하고 있기도 하다.

'밀돌'은 미는 돌이란 의미의 말로, 양념이나 곡식 등을 바수거나, 바느질거리를 문질러 반드럽게 하는 데 쓰는, 납작하고 반들

반들한 작은 돌을 가리킨다. '불돌'은 화로의 불이 쉬 사위지 않게 눌러 놓는 돌을 이른다. '부싯돌'은 강철로 쳐 섬화(閃火)가 일어나게 하는 석영(石英)이다. 지난날에는 흔히 부시를 쳐 담배에 불을 붙였다.

'숫돌'은 칼 따위를 갈아서 날을 세우는 데 쓰는 돌이다. '갈다'라는 뜻의 '숫다'가 쓰이지 않게 됨으로, '숫돌'의 유연성(有緣性)이 사라진 말이다. '시식돌'은 불교 용어로 시식(施食)을 하는 돌이란 뜻이다. 천도식(薦度式)이 끝난 뒤나, 불탄일 등에 모든 잡귀에게 음식을 주고 경전을 읽으며, 염불하는 법식에서 시식을 행하는 곳을 가리킨다. 시식석(施食石), 시식대(施食台)라고도 한다.

'챗돌'은 개상에 얹어 놓고 태질할 때 쓰는 돌을 말한다. 일종의 탈곡 장치이다. 영어의 경우 Stone이 '우박, 싸락눈'을 의미하거나, 복수로 쓰여 '음낭(陰囊)'을 의미하는 것은 우리와 다른 점이다.

돼지 멱따는 소리

돼지

"배부른 돼지보다는 배고픈 소크라테스가 낫다."

영국의 철학자 밀(J.S. Mill, 1806~1873)의 말처럼 동물적 풍요를 즐기기보다는 비록 궁색하더라도 생각하는 인간으로 남아 있고 싶다.

'돼지'는 흔히 탐욕스러운 대식가(大食家)로 치부된다. 특히 기독교에서는 돼지를 모든 추악함의 상징(象徵), 곧 야비한 본능, 간음, 질투, 탐욕, 이기, 분노, 울분 등의 상징으로 표현한다. 이와 달리 고대 그리스와 로마인들은 돼지가 자연의 풍요와 비옥함을 상징한다고 여겨 신에게 바치는 제물로 썼다. 원래 그리스인들은 풍요의 여신(女神) 데메테르(Demeter)를 돼지의 모습으로 표현하기도 했다. 그러다가 여신을 돼지로 표현하는 것이 불경스럽다고 생각한 후세 사람들이 돼지를 여신에게 바치는 희생으로 삼았다. 또한 로마인들은 자신이 위험할 때만 상대를 공격하는 멧돼지를 용기와 자신감, 용감무쌍(勇敢無雙)함의 상징으로 여겨 군기(軍旗)에 돼지를 그려 넣기도 하였다.

우리의 고대 문헌이나 문학에서도 일반적으로 돼지는 풍년, 번창, 길조 등을 상징하였다. 불교에서는 불교도의 수호신으로, 도교(道敎)에서는 방위신(方位神)으로, 신화에서는 신의 사자(使者)로 상징되었다. 그러나 설화문학에서는 탐욕과 애욕의 화신이었다.

본래 '돼지'란 말은 '송아지, 망아지, 강아지'와 같이 돝(猪)의 새끼를 이른다. "멧돝 잡으려다 집돝 잃는다"는 속담에서처럼 '돝'이 돼지를 이르는 일반 명사였고, '도야지'나 '돼지'는 지소사(指小辭)가 붙은 새끼 돼지인데, '돝'이 사어(死語)가 되면서 '돼지'가 '돝'의 자리를 대신하게 되었다. 그리고 '도야지'는 방언이 됐다. 그리하여 가축 가운데에는 '돼지'만이 새끼를 나타내는 명칭이 없어져 '송아지, 망아지, 강아지' 등에 대등한 말로 따로 '돼지새끼'란 말이 쓰이게 되었다. '돼지'나, '도야지'는 '돝'에 새끼나, 작은 것을 뜻하는 '아지'가 합성된 말이다. 곧 '돝아지'가 '도야지'로 변하고, 이 말이 다시 '돼지'가 된 것이다. 한편 '돼지'를 영어로 표현할 때 우리는 흔히 Pig라고만 하는데, 미국에서는 젖을 떼지 않은 새끼를 Pig라 하고, 성장한 돼지는 Hog라 하여 구별한다. 그리고 성숙한 암퇘지는 Sow, 거세하지 않은 수퇘지는 Boar라 구별한다.

돼지가 긍정적, 부정적 상징으로 모두 쓰였듯이 '돼지'라는 말이 붙은 우리말들도 양극성(兩極性)을 지닌다. 우선 '돼지떡, 돼지우리'는 부정적 의미를 지닌다. '돼지떡'은 돼지 먹이가 아니다. 이는 돼지 먹이가 그렇듯이, 이것저것 무엇인지 모를 물건들이 범벅이 되어 지저분함을 비유적으로 이르는 말이다. '돼지우리'는 비유적으로 '더럽고 어수선한 곳'을 가리킨다. 하지만 '돼지꿈'은 긍정적 의미를 지닌다. 이는 꿈에 돼지를 보는 것으로, 돼지 꿈은 재물이 생긴다고 믿는다. 그래서 이런 꿈을 꾸면 사람들은 곧장 복권을 사러 달려간다. 그리고 사실인지 모르지만 복권이 당첨된 사람들은 보통 이 꿈을 꾸었다고 한다.

돼지는 멧돼지과의 포유동물이다. '멧돼지'는 돼지의 원종(原種)으로 산짐승으로서의 돼지다. '멧돼지'의 '메'는 산을 이르는 '뫼'가 변한 말이다. 돼지는 이 밖에 '양돼지'가 있다. 이는 서양종(西洋種)의 돼지를 이르는 말로, 요크셔 종, 버크셔 종 같은 것이 그것이다. 이들 돼지는 토종 돼지와는 달리 털이 희고, 살이 포동포동 쪘다. 그래서 살찐 사람을 비꼬아서 '양돼지'라 한다. 한편 우리 속담에 "검정개는 돼지 편이다"라는 것이 있는데, 사람은 서로 비슷한 사람끼리 친하게 어울린다는 것을 비유적으로 나타내는 말이다. 이는 본래 토종 돼지가 검기 때문에 나온 속담이다. 그런데 같은 뜻의 속담인 "가재는 게 편이다"와 달리, 이 속담의 뜻을 제대로 이해하는 사람은 많지 않다. 그간 세월이 변해, 흑돼지를 보기도 어려워졌을 뿐 아니라, 토종 돼지가 흑돼지란 사실을 모르는 사람이 많아졌기 때문이다.

돼지는 "돼지 멱따는 소리"란 관용어가 돼지의 한 특성을 제시한다. 이 관용어는 '아주 듣기 싫도록 꽥꽥 시끄럽게 지르는 소리'를 뜻한다. 지난날 돼지를 잡을 때 묶어 놓고 멱을 땄다. 목을 칼로 찔러 구멍을 내고, 그리 피가 빠져나와 마침내 죽게 하였다. 생돼지는 목으로 피를 콸콸 뿜어내며, 요동을 치고 꽥꽥 죽는 소리를 내었다. 여기서 '돼지 멱따는 소리'란 관용어가 생겨난 것이다. 이러한 돼지 잡는 방법은 우리만의 것이 아니었던 것 같다. 서양에서도 이렇게 잡은 것 같다. 일본의 근대화(近代化) 과정 초기에 규슈(九州) 나가사키(長崎)의 데지마(出島)에 홀란드 상인을 집거(集居)시켰다. 지금은 그 자리에 저들의 생활상을 엿볼 수 있게 축소모형을 만들어 놓았는데, 그 건물 한쪽 벽에 우리의 돼지 잡는 모습과 같은 벽화가 그려져 있다. 이로 보면 돼지를 잡는 문화가 동서양(東西洋)이 비슷했던 모양이다.

돼지는 이렇게 잡는 경우가 아니더라도 꽤나 시끄럽게 꿀꿀거린다. 그래서 우리는 '돼지'를 '꿀돼지(꿀꿀이)'라 한다. 영어 속담 "돼지에게 꿀꿀거리는 소리 외에 무엇을 기대하겠는가?(What can you expect from a pig but grunt?)"라 하는 것도 돼지의 이러한 속성을 드러내고 있는 것임에 다름 아니다.

굿 구경을 하려면 계면떡이 나오도록

떡

정해년(丁亥年) 새해가 다가온다. 명절에는 떡을 해 먹는 것이 우리의 풍습이다. 그래서 우리에게는 떡 문화가 발달되었다. 충청지방의 잡가에는 '떡 타령'이라는 것도 있다.

정월 보름 달떡이요/ 2월 한식 松餠이요/ 3월 삼질 쑥떡이로다. 떡 사려 떡 사려./

4월 8일 느티떡에/ 5월 단오 수리취떡/ 6월 유두 밀전병이로다. 떡 사려 떡 사려/

7월 칠일에 水團이요/ 동짓달 동짓날에 새알심이/ 섣달에 골무떡이라. 떡 사려 떡 사려/

세기 발죽 호박떡/ 네기 발죽 인절미로다/

먹기 좋은 꿀설기/ 보기 좋은 백설기/ 시금털털 증편이로다 떡 사려 떡 사려/

키 크고 싱거운 흰떡이요/ 의가 좋은 개피떡/ 시앗 보았다 세

부리로다. 떡 사려 떡 사려/

　글방 도련님 평양떡이요/ 앞집 아가씨 실패떡/ 세 살 둥둥 타
래떡/ 떡 사려 떡 사려

　월령체(月令體)로 타령을 하는 이 노래에는 낯선 떡도 여러 가지
가 보인다. 그만큼 우리의 떡 문화는 현대화하며 바뀐 것이다.

　떡은 흔히 형태나 재료에 따라 이름이 붙는다. '떡 타령'에서의
'달떡, 골무떡, 실패떡, 타래떡'은 형태에 따른 이름이고, '송병,
쑥떡, 느티떡, 수리취떡, 호박떡'은 재료에 따른 이름이다. '밀전
병, 백설기, 증편'은 만드는 방법과 관련된 이름이다. 이 밖에 먹
는 때와 관련된 이름도 있다. '돌떡, 단오떡'이 이런 것이다.

　현대인에게 조금은 생소할 전통적 떡에 대해 살펴보기로 한다.
이러한 떡에 '꼽장떡, 조침떡, 쥐엄떡, 갖은색떡, 민색떡, 벙거지
떡, 오입쟁이떡, 상화떡'과 같은 것이 있다.

　'꼽장떡'은 곡두선(曲頭扇)이라고도 한다. 이는 '산병(散餠)'을 속되
게 이르는 말이다. 산병은 흰떡을 개피떡과 같이 반달 모양으로
빚고 소를 넣은 것이다. 이는 잘게 만들어 각색 물감을 들이고
서너 개씩 붙인다. 봄에 먹거나 웃기떡으로 사용한다. '곱장'이란
말은 떡이 반달 모양으로 구부러져 붙었다는 뜻이다. 이를 '산병'
이라 하는 것이 그 증거다. '조침떡'은 손이 많이 가는 떡이다.
이는 메밀가루로 부꾸미(煎餠)를 부쳐 반듯하게 썬 다음 여기에 소

를 넣는다. 소는 고기와 채소를 양념하여 볶은 뒤 잘게 썰어 박는다. 소를 넣고서는 한번 말아 두 끝을 붙여 완성한다. 먹을 때는 초장을 찍어 먹는다.

'쥐엄떡'은 인절미를 변형한 것이다. 인절미를 송편처럼 빚어 팥소를 넣고 콩고물을 묻힌다. '쥐엄떡'이란 '쥐엄쥐엄' 손을 쥐었다 폈다 하여 만들기 때문이다. '색떡', 곧 색병(色餠)에는 '민색떡'과 '갖은색떡'의 두 가지가 있는데, 이들은 색이 있고 없는 것이 구별의 기준이 되는 것이 아니다. 색떡에 갖가지 물건의 모양을 만들어 붙였느냐의 여부에 따라 구분된다. '벙거지떡'은 색떡을 그릇에 담을 때에 속에 담는 흰떡의 한 가지다. 절편판에 박아내는데, 가운데가 우묵하고 전을 둥글게 하여 벙거지와 비슷하게 만들어 이러한 이름이 붙었다.

'오입쟁이떡'은 건달병(乾達餠)이라고도 하는 웃기떡이다. 이는 대추·밤·석이의 채친 것을 얹어서, 넓고 모나게 찰전병을 부친 다음 넓이 한 치 정도로 썰고, 다시 그것을 어슷비슷하게 네모지게 썰어서 설탕·계핏가루를 뿌려 잰 것이다. '상화떡'은 상화병 (霜花餠)으로, 이는 밀가루를 누룩이나 막걸리로 반죽하여 부풀려서 꿀팥소·고기볶음 따위를 넣고 시루에 찐 것이다. 고려시대 "雙花店에 雙花 사라 가고신댄……"하고 노래 불리는 남녀상열지사 (男女相悅之詞)의 하나인 「쌍화점」에 나오는 '雙花'가 이것이다.

이 밖에 먹는 때와 관계가 있는 것으로 특수한 떡이 있다. '부스럼떡, 달떡, 계면떡, 북떡, 단오떡, 나이떡, 도래떡, 마마떡'과 같은 것이 그것이다.

'부스럼떡'은 식용의 떡이 아니라, 부스럼에 붙이는 떡이다. '밀떡'이 이러한 떡이다. 이는 밀가루를 꿀물이나 설탕물에 반죽하여 익히지 않은 날떡으로, 부스럼에 약으로 붙인다. 고약(膏藥)의 구실을 하게 하는 것이다. '달떡'은 월병(月餠)으로, 주로 혼인 잔치 때에 만드는데, 달 모양의 둥근 흰떡이다. 신랑 신부가 원만하게 잘 살기를 바라는 마음을 담은 것이다.

'계면(界面)떡'은 "굿 구경을 하려면 계면떡이 나오도록"이란 속담에 보이는 떡이다. 이는 무당이 굿을 마치고 구경꾼에게 돌라주는 떡이다. 따라서 이 속담은 무슨 일을 하려면 끝까지 참을성 있게 해야 이익이 돌아온다는 것을 비유적으로 나타낸다. '북떡'도 민속과 관계가 있는 것으로, 이는 전염병이 돌 때 그것을 예방하기 위해 식구 수대로 베틀의 북으로 쌀을 퍼서 만든 흰무리, 산병을 말한다.

'단오떡'은 단오 때에 만들어 먹는 떡으로, 쌀가루에 수리취를 넣어 둥글게 만든 절편이다. 음력 5월 5일은 전통적으로 수릿날이라고 하는 데, '수리(戌衣)'는 '수레(車)'를 의미한다. 이 말은 단오에 수레바퀴 모양의 둥근 떡을 만들어 먹은 데 유래한다고 한다. '수리취'는 수레와 발음이 비슷해 이로 떡을 해 먹는 습관이 생겼을 것이다. '나이떡'은 정월 보름날 식구들의 나이 수효만큼 숟

가락으로 쌀을 떠서 만드는 떡이다. 이는 액운을 막기 위해 해 먹는 것이다. '도래떡'은 결혼식, 곧 초례상(醮禮床)에 놓는 둥글고 큼직한 흰떡을 가리킨다. '마마떡'은 마마, 곧 천연두를 앓을 때에 마마꽃이 잘 솟으라는 뜻으로 해 먹는 떡이다. 이는 흰무리에 소금을 치지 아니하고 붉은 팥을 넣어서 만든다. 한자어로는 마마병(媽媽餠)이라 한다. 귀신 듣는 데 떡 소리 못한다고 귀신은 떡을 좋아하는 모양이다. 그래서 열병신(熱病神)도 떡으로 배송하려 한 것이다.

중국의 '餠(빙)'은 '柿餠(곶감), 鐵餠(원반)'과 같이 둥글넓적한 것을 나타내고, 일본의 '모치(餠)'는 원칙적으로 찹쌀로 만든 찰떡으로, 흰 분을 바른 것이다. 그래서 '모치하다(餠肌)'란 말은 매끈하고 포동포동한 살갗을 나타낸다. 이는 우리와 다른 문화이다.

개똥밭에 인물 난다

똥

사물은 어떤 이미지를 드러낸다. 색채도 마찬가지다. 그런데 황색은 극단적인 양면을 지닌다. 그래서 정신분석학에서는 황색을 양극성을 지니는 색이라 한다. 이는 한편으로 황금과 결부되어 선호되는가 하면, 한편으로는 배설물과 결부되어 사회적으로 배척된다. 우리말에 '금테'에 대한 '똥 테'라는 말은 이를 단적으로 나타내는 예다.

형우제공(兄友弟恭)을 주제로 한 권선징악의 소설 『흥부전』은 이렇게 끝맺는다(「경판25장본」).

또 집 위에 올라가 보니 박 한 통이 있되 빛이 누렇고 불빛 같은지라. 놀부가 비위 동하여 따 가지고 내려와 한참 타다가 귀를 기우려 들으니 아무 소리도 없고, 전동내가 물씬물씬 마치이거늘 놀부가 하는 말이 "이 박은 농익어 썩어진 박이로다."하고 십분의

칠판분을 타니 홀연 박속으로부터 광풍이 대작(大作)하며 똥 줄기
나오는 소리가 산천이 진동하는지라. 왼 집이 혼이 떠서 대문 밖
으로 나와 문틈으로 엿보니 된똥, 물찌똥, 진똥 마른똥 여러 가지
똥이 합하여 나와 집 위까지 쌓이는지라. 놀부가 어이없어 가슴을
치며 하는 말이 이런 일도 또 있는가? 이러할 줄 알았으면 동냥
할 바가지나 가지고 나왔다면 좋을 뻔했다 하고, 뻔뻔한 놈이 처
자를 이끌고 흥부를 찾아가니라.

놀부가 똥으로 패가망신한다. 이는 황색의 양극성이 반영된 것
이다. 황금에 눈이 어두운 놀부가, 누런 배설물에 의해 패가하였
으니 말이다.

『표준국어대사전』(어문각)에는 '똥'이 다섯 가지 의미로 풀이되어
있다. ① 동물의 배설물, ② 먹똥, ③ 쇠붙이가 녹았을 때 나오는
찌꺼기, ④ 하층 사회의 은어로 금(金), ⑤ 화투놀이에서의 오동(梧
桐)이 그것이다.

그러나 이밖에도 몇 가지 의미가 더 있다. 첫째, '이똥(齒石)'과
같은 버캐 등 오예물, 둘째, '불똥'과 같이 타고 있는 물체에서
튀어 나오는 불덩이, 셋째 '똥개, 똥값'과 같이 접두사처럼 쓰여
무가치하거나 부정적인 것을 의미하는 것 등이 그것이다.

우리말에 항문(肛門)을 통해 배설되는 것이 아닌 '똥'에 '먹똥,
불똥, 별똥, 쇠똥, 이똥' 등이 있다. '먹똥'은 먹물이 말라붙은 찌

꺼기나, 먹물이 튀어 생긴 자국이다. 이를 중국어나 일본어에서는 '똥'이 아닌, 먹 무더기나 얼룩으로 나타낸다. '불똥'은 중·일에서 '덩후아(燈花), 후오후아(火花)', '火花, 火の粉'로, '별똥'은 '운성(隕星), 유성(流星), 운석(隕石)', '쇠똥'은 철설(鐵屑), 강화(鋼火) 등으로 나타내 역시 '똥'과는 연결 짓지 않는다. '이똥'은 중국어로는 '야거우(牙垢), 치스(齒石)', 일본어로는 'はくそ(齒屎), はかす'라고 하여 일본어가 우리와 발상을 같이 한다.

인분(人糞)과 관계된 말로, 대표적인 것에는 '강똥, 곱똥, 밤똥, 선똥, 물찌똥, 꾀똥, 배내똥, 활개똥'과 같은 말이 있다. '강똥'은 경변(硬便)으로, '된똥'과 유의어이고, '곱똥'은 곱(膏)이 낀 변이다. '밤똥'은 야변(夜便)이다. 밤에 똥을 누는 아이는 지난날 닭장 앞에 가 밤에 똥을 누지 않게 해 달라고 비는 풍속도 있었다.

'선똥'은 '설다(未熟)'의 '선똥'으로 너무 많이 먹어 완전히 삭지 않고 나오는 변이다. '물찌똥'은 '물똥'의 원말이다. '물찌똥'의 '물찌'가 바로 '물똥'으로, '찌'가 '똥'을 나타내는 말이다. '찌'는 '지'가 된소리로 변한 것이다. '귀지(耳垢)'의 '지', "지지!"라고 할 때의 '지'가 이것이다. 어린애에게 더럽다고 "지지!"라고 하는 것은 바로 '똥'이라고 가까이 가거나 만지지 말라는 말이다.

'꾀똥'은 거짓으로 누는 체하는 똥이고, '배내똥'은 갓난아이가 처음 싸는 태변(胎便)이다. 이는 또 사람이 죽을 때 싸는 똥도 아울러 이른다. 그러니 '배내똥'은 생을 시작하고 끝맺는 배설물이라 하겠다. '활개똥'은 힘차게 내갈기는 물똥이다. 『흥부전』에서는 흥부 내외가 설사가 나 포복절도할 '활개똥'을 싸고 있다.

사람 아닌 동물의 배설물을 나타내는 말로는 '개똥, 누에똥, 닭똥, 새똥, 쇠똥' 등이 있다. 이 가운데 '개똥'은 많은 복합어를 이루고 있다. '개똥밭, 개똥번역, 개똥벌레, 개똥장마, 개똥삼태기, 개똥상놈, 개똥참외, 개똥망태' 같은 것이 이런 예들이다. 이들 '개똥'은 대체로 부정적 의미를 지닌다. 그런데 '개똥장마'는 오뉴월 장마를 가리키는 말로, 거름이 되는 개똥처럼 좋은 장마라는 긍정적 의미를 나타낸다.

'쇠똥'의 경우도 '쇠똥구리, 쇠똥벌레, 쇠똥찜'과 같은 복합어가 있는데, '쇠똥찜'은 쇠똥을 구워서 부스럼 자리에 대는 찜질로, 의약 행위에 해당한 것이다.

'똥'을 어두로 한 복합어는 꽤 많다. '똥감태기, 똥개, 똥끝, 똥마렵다, 똥받기, 똥요강, 똥자루, 똥집, 똥창, 똥털' 같은 것이 그 대표적인 것이다. '똥감태기'는 온몸에 똥을 흠뻑 뒤집어 쓴 것을 의미한다. 그리고 나아가 명예 따위를 더럽히는 나쁜 평판, 또는 그 평판을 받는 사람을 가리킨다.

'똥개'는 잡종 개라는 의미 외에 자녀나, 손자를 애칭으로 이르는 말이기도 하다. '똥끝'은 똥자루의 앞부분이고, '똥자루'는 굵고 긴 똥 덩이다. 그 형상이 자루(袋) 같아 붙여진 이름이다. '똥마렵다'의 '마렵다'는 변을 의미하는 명사 '말(<몰)'에서 파생된 형

용사로 변의(便意)를 나타내는 말이다. 고어에서는 소변은 적은말, 대변은 큰말이라 하였다.

'똥받기'는 가축의 분을 받아내는 도구이고, '똥요강'은 똥을 누는 요강이다. 처가와 뒷간은 멀어야 한다고 했으니, 적어도 양반가에서는 요강이 필요불가결한 용기였다. '똥집'은 속어로 큰창자, 위, 몸무게를 가리킨다. '똥창'과 '똥털'도 다 속어로 각각 대장과, 항문 근처에 난 털을 가리킨다.

'똥'이 무가치하거나 부정적인 것을 나타내는 접두사처럼 쓰이는 말에는 '똥갈보, 똥고집, 똥배, 똥배짱, 똥차' 같은 말이 있다.

'똥'은 양극성을 지닌다. 우리 속담에는 '개똥밭에 인물 난다'는 말도 있다. 여건은 설령 좋지 않다 하더라도 국격(國格)을 높여 줄 인물을 기대한다면 그것을 '놀부'의 욕심이라 할까?

마음잡아 개 장사
마음

애송시이기도 하고, 가곡으로도 잘 불리는 김동명의 시에 「내 마음은」이란 것이 있다.

내 마음은 湖水요/ 그대 저어 오오/ 나는 그대의 흰 그림자를 안고, 玉같이/ 그대의 뱃전에 부서지리다.//

내 마음은 촛불이오/ 그 대 저 문을 닫아 주오/ 나는 그대의 비단 옷자락에 떨며, 고요히/ 最後의 한 방울도 남김없이 타오리다.//

내 마음은 나그네요/ 그대 피리를 불어 주오/ 나는 달 아래에 귀를 기울이며, 호젓이/ 나의 밤을 새이오리다.//

내 마음은 落葉이오/ 잠깐 그대의 뜰에 머무르게 하오/ 이제 바람이 일면 나는 또 나그네같이, 외로이/ 그대를 떠나리라.//

가을도 저물어간다. 아니, 이 해가 저물어간다. 이제 솨 하고 싸늘한 바람이 불면 우수수 잎이 지고, 낙엽 따라 지난날의 추억들이 주마등처럼 스쳐 지나가리라. 이런 때 동명(東鳴)의 시를 읊조리며 그리운 얼굴들을 떠올리는 것도 세모(歲暮)의 한 낭만이 될 것이다.

'마음'은 걷잡을 수 없는 것이다. 그래서 그런 것은 아니지만 '마음'이란 말은 여러 가지 뜻을 나타낸다. 우리말의 '마음'은 ① 정신, ② 기분, ③ 인정, ④ 생각, ⑤ 진정, ⑥ 내심, ⑦ 도량 등의 뜻을 지닌다. 일본어 '고코로(こころ)'도 우리와 대체로 비슷하다. 중국의 '신(心)'은 '심장, 가슴속, 위(胃)' 등을 나타내는 것이 우리와 다소 다르다. 영어의 경우는 우리의 마음에 해당한 말을 다양한 낱말로 나타내야 한다. mind, spirit(정신), heart(심정, 충심), thought(생각), consideration, sympathy(인정), attention, interest(주의, 관심), memory(기억), will(의지), intention(의향), fancy, taste(취미, 기호) 같은 것이 그것이다.

"장심위정(藏心爲情) 출구위어(出口爲語)"라고 심장은 우리 생각과 느낌이 자리하는 곳이다. 그러기에 중국에서는 심장을 뜻하는 '心'이 심장과 마음을 나타내고, 영어에서도 heart가 심장과 심정 및 충심을 나타낸다. 우리의 경우도 '마음'이 전에는 심장을 나타냈다. '마음'의 고어가 'ᄆᆞᅀᆞᆷ'인데 이것이 '심장'을 뜻하는 말이었다. 최세진의 『훈몽자회』에 "心 념통 심 又稱 ᄆᆞᅀᆞᆷ 심. 心腸位南主夏火主藏神"이 그 예이다.

'심장'을 '념통' 또는 'ᄆᆞᅀᆞᆷ'이라 했다는 것이다. 이 밖에 "牛心

鈒 념통"(『역어유해』), "心 념통"(『동문유해』)의 예도 보인다. '념통'은 다시 고어 '렴통'으로 소급된다. "도틱 렴통앳 피로 골오 섯거(猪心血 도틱 렴통앳 피 和匀)"(『구급간이방』)이 그 예다. '도틱 렴통앳 피'란 '돝(돼지)-애-렴통(心腸)-앳-피(血)'로 돼지 염통의 피란 말이다. '렴통/념통/염통'은 '念桶'에 소급될 것이다. 따라서 이 말이 자연스럽게 '무슴/마음'과 동의어로 쓰이면서 심장과 함께 생각, 정신과 연계된 것이다. 이로 보면 인류의 발상은 비슷한 모양이다.

마음에는 여러 가지가 있다. '겉마음, 돌이마음, 딴마음, 본마음, 속마음, 큰마음, 하늘마음, 한마음'과 같은 것이 그것이다. 그런데 이들 가운데는 불교와 관계된 말이 세 개나 있다. '돌이마음, 하늘마음, 한마음'이 그것이다.

'돌이마음'은 회심(回心)을 가리키는 말로 나쁜 데 빠져 있다가 착하고 바른 길로 돌아온 마음을 가리킨다. 회개한 마음이다. '마음 잡아' 개과천선하게 되면 그가 더욱 사랑스럽다. 그러기에 성경에도 아버지가 돌아온 탕자(蕩子)를 환영하는 이야기가 나온다. 그러나 마음을 바로 가지거나, 새롭게 결심을 하고서도 "마음 잡아 개장사"라고 헛되이 되는 경우도 있다. 이 속담은 방탕하던 사람이 마음을 다잡아서 생업(生業)을 하게 되었으나, 결국 오래 가지 못해 헛되이 됨을 비유적으로 이르는 말이다. "제 버릇 개 못 준다"는 경우다.

'하늘마음'은 직역을 하면 천심(天心)이 된다. 그러나 '하늘마음'은 민심은 곧 천의(天意)라는 그런 천심이 아니다. 불교에서 이르는 하늘처럼 맑고, 넓고, 고요한 마음을 가리킨다. 이도 한자어로는 다 같이 천심(天心)이라 쓴다. 보통명사로서의 '한마음'은 물론 하나로 합친 마음, 또는 변함 없는 마음을 의미한다. 그러나 불교 용어로서는 모든 사물은 마음이 모여 이루어진 덩어리란 뜻으로 이르는 말이다. 페이터의 산문에서 아우렐리우스는 "모든 것을 어떻게 생각하는가는 네 마음에 달렸다"고 했거니와 세상사가 온통 사람의 마음에 달린 것이다. 세상이 소란스럽고, 나라가 시끄럽다. 무엇보다 위정자의 생각과 마음이 중심을 잡아야 한다. 천심을 받드는 좋은 지도자를 만나는 것이 국가와 민족에게는 홍복(洪福)이다.

'겉마음'은 겉으로만 드러나는 진실하지 아니한 마음을 이른다. '속마음'은 이의 반대말이다. 이는 겉으로 드러나지 아니한 실제의 마음, 내심(內心)이다. 따라서 '속마음'이 본마음, 본심本心이고, '겉마음'은 진심이 아니다. 일본 사람들의 본심과 명분, '혼네(本音)'와 '다테마에(建前)'가 곧잘 화두가 되거니와 세상을 살아가자면 이를 잘 구별하여야 한다. 겉마음은 흔히 교언영색(巧言令色)으로 꾸며지기 때문이다.

이 밖에 북쪽에는 '군마음, 뒤마음, 진마음, 참마음'이라는 낱말도 있다. '군마음'은 쓸데없는 생각을 품은 마음을, '뒤마음'은 어떤 일이 끝난 뒤에 가지게 되는 마음이나 생각을 뜻한다. '진마음'은 거짓이 아닌, 참된 마음으로 '참마음'과 비슷한 뜻의 말이다.

이 밖에 '마음'과 합성된 말로 좀 생소할 것에 '마음결, 마음공부, 마음성, 마음자리' 같은 것이 있다. '마음결'은 마음의 바탕, '마음공부'는 정신적으로 수양을 쌓는 것, '마음성'은 마음을 쓰는 성질, '마음자리'는 심지(心地)를 뜻한다. '마음보'는 '심보'와 같은 뜻으로 마음을 쓰는 속 바탕을 뜻한다. 그러나 이 말은 흔히 놀부의 심사처럼 좋지 않은 뜻으로 쓰인다. '마음'을 나타내는 말과의 합성어는 일본어가 상대적으로 매우 많다. '고코로아타타마루(こころあたたまる : 마음이 흐뭇해지다)'등 우리말과 비교가 안 될 정도로 그 수가 많다.

어떻게 생각하는가는 자신의 마음에 달렸다. 마음의 씀씀이를 잘 써 멋진 인생을 구가할 일이다.

• • • •

요놈 곁말을 쓰는구나!

말(言語)1

외국에 나가 '말'이 안 통할 때는 답답하기 그지없다. 손발까지 다 동원해도 상대방이 이해하지 못할 뿐 아니라, **쏼라쏼**라 떠들어대는 저의 말이 무슨 뜻인지 나도 모를 때 실로 당혹감을 금할 수 없다. 말은 이렇게 보통 때는 자기 존재를 드러내지 않다가 결정적인 순간에 스스로를 과시한다. 사람은 홀로 살수 없는 동물이다. 협동하며 살아야 한다. 그러기 위해서는 이 말을 잘 사용해야 한다.

천지가 창조되던 창세기(創世記)에는 사람들은 말할 것도 없고, 삼라만상이 다 같은 말을 썼을 것이다. 하느님과 인간 사이는 물론이고, 인간과 금수, 나아가서 식물들에 이르기까지 같은 말을 썼을 것으로 보인다. 그러던 것이 인간, 금수, 그리고 같은 인간들 사이에서도 차츰 분화되어 서로 다른 말을 쓰게 된 것이다. 이런 사실은 동서양의 신화들이 암시해 준다.

우리의 경우는 이러한 사실을 『삼국유사』에 보이는 향가에 대한 설명이 일러준다.

신라인은 향가(鄕歌)를 숭상했다. 이것은 시송(詩頌)의 부류에 속하는 것으로, 왕왕 능히 천지(天地)와 귀신(鬼神)을 감동(感動)시키는 것이 하나 둘이 아니었다.

'시송(詩頌)'이 천지 귀신을 감동시켰다면 그것은 '말'이 이들과 소통됐다는 것을 뜻한다. 그리고 이러한 사실은 두솔가(兜率歌)가 태양을, 혜성가(彗星歌)가 별을, 처용가가 귀신을, 원수가(怨樹歌)가 나무를 감동시킨 『삼국유사』의 기사에 의해 확인된다.

'무당말'은 이런 분화 이전의 말이라 할 수 있다. 이는 무당이 점을 치거나 굿을 할 때에 쓰는 특별한 말로, 인간이 신불(神佛)과 소통하는 말이기 때문이다. 무가(巫歌)도 마찬가지다. 단군왕검을 비롯한 옛날 제정일치(祭政一致) 시대의 수장들은 이러한 신과의 대화가 가능하였던 사람들이다. 제주(祭主)는 신과 대화를 하여야 하기 때문이다. 따라서 이들은 신령스런 무당이라 하겠다.

'궁중말, 뱃사람말, 상말, 심마니말, 잡말' 등은 사회적인 계급이나, 집단과 관련이 있는 말이다. '궁중말'은 궁중어를 가리키는 말로, 이는 궁궐 안에서만 독특하게 쓰이던 말이다. '밥'을 '수라', '깍두기'를 '송송이', '초'를 '단것', '버선'을 '족건(足件)', '이불'을

'기수', '겉 옷감과 안 옷감'을 '표리(表裏)', '똥'을 '매화', '가져오다'를 '모여오다'라 하는 따위가 이런 것이다.

'밥'을 '수라'라 한 것은 고려 충렬왕(忠烈王) 이후의 왕비가 원나라 공주였던 때문이고, '똥'을 매화라 하는 것은 완곡한 표현을 한 것이다. 가지고 다닐 수 있도록 된 대변기는 '매화틀'이라 하였다.

'뱃사람말'은 뱃사람들 사이에서 쓰이는 말로, 동풍을 '샛바람', 서풍을 '하늬바람', 남풍을 '마파람', 북풍을 '높새바람'이라 하는 따위가 그것이다.

'상말(常-)'은 점잖지 못하고 상스러운 말, 속어를 이른다. 이는 달리 '쌍말'이라고도 한다. 그러나 이러한 정의적인 의미는 뒷날 붙은 것이고, 이는 '상민의 말'이란 것이 본래의 뜻일 것이다. 상민의 말이 양반의 말에 비해 상스럽기 때문에 이 말은 의미가 확장되었고, 본래의 의미는 부차적 의미에 밀려 상실된 것이다.

'심마니말'은 산삼 채취인들이 쓰는 말로, 일종의 은어(隱語)이다. 은어란 같은 집단의 사람들끼리 본뜻은 숨기고 자기들끼리만 알고 남이 모르도록 만들어 쓰는 말이다. 이런 말로는 범죄 집단의 은어가 유명하다.

총알을 '검정콩알', 아편을 '검은 약'이라 하는 따위가 그것이다. 산삼 채취인의 은어로는 '쌀'을 '모새', '산삼'을 '부리시리', 산삼 채취인을 '심마니'라 하는 따위가 있다. 이러한 은어는 학생,

군대 등의 많은 사회집단에서 사용된다. 이러한 은어의 사용은 동료의식을 갖게 한다.

은어는 '변말' 또는 변(辯)이라고도 하고, '곁말'이라고도 한다. 오늘날 성행되고 있는 야릇한 통신언어들도 실상은 이러한 변말이라 할 수 있다. 자기들끼리만 동아리를 짓기 위해 남들이 잘 모르게 만들어 쓰는 말이기 때문이다. '잡말'은 '잡스러운 말', 잡소리를 가리키는 말이다. 따라서 이는 말에 초점을 맞추면 사회집단과 관계가 적은 것이 되나, 변강쇠와 같은 행실이 잡스러운 잡놈, 곧 잡한(雜漢)들이 많이 쓰는 말이라 볼 때, 역시 사회적인 계급과 관련이 있는 말이라 하겠다.

'곁말'은 은어를 가리킨다고 하였다. 그러나 이는 다른 뜻도 지닌다. 이는 '육담(肉談)'이라 일러지기도 하는 것으로 우리의 고유한 수사법이라 할 수 있는 것이다. 사전에서는 이를 '바로 말하지 않고, 다른 말로 빗대어 하는 말'이라고 풀이하고 있으나, 그것만이 전부는 아니다. 이는 서양의 펀(pun)이나, 패러노메이지아(parounomasia)와 같은 표현 기법이다. 이들은 다 같이 '말장난(a play on words)'을 뜻하는 수사 용어다. '꼭두각시놀음'에는 다음과 같은 장면이 보인다.

평안감사 : 웬 발가벗은 놈이냐?
진동이 : 내가 발가벗은 놈이 아닙니다. 아주머니 바지저고리를

입었습니다.

평안감사 : 요놈 겯말을 하는구나.

이는 비유와 동음어에 의한 겯말을 하고 있는 것이다. '아주머니'는 '고모(姑母)'이고, '고모'는 동음어 '고무(gum)'에 비유되고, 이는 다시 '나신(裸身)'에 비유된 것이다. 김삿갓의 풍자시 「서당내조지(書堂乃早知) 방중개존물(房中皆尊物)」에서 '내조지, 개존물'은 역시 동음어에 의한 겯말로 '이미 내가 안다/ 모두 잘난체한다'가 성기에 의한 욕으로 둔갑하는 표현이다. 이밖에 속담도 겯말이다. 속담이야말로 비유적인 표현이기 때문이다. 『용재총화』에는 다음과 같은 내용이 보인다.

속언에 이르기를 하루의 근심 걱정은 아침술 마시는 것이오, 한 해의 근심 걱정은 신(靴)이 좁은 것이며, 일생의 근심 걱정은 고약한 아내를 둔 것이다. 그리고 돌담 배부른 것, 어린애 입 잰 것, 지어미 손 큰 것은 아무 소용이 없고, 도리어 해로운 것이다.

여기에는 많은 속담이 쓰여 비유적 효과를 드러내고 있다. 겯말이 쓰인 글은 이렇게 익살스럽고 풍자적이어 재미있다.

말장구는 쳐야 한다
말(言語)2

속담에 반영된, 우리 겨레의 언어 운용관(運用觀)은 두 가지로 나타난다. 하나는 소극적인 보수·적응의 태도를 보이는 것이고, 다른 하나는 적극적인 진취·공격성을 드러내는 것이다.

소극적 태도란 과묵, 신언(愼言)을 미덕으로 보는 것이고, 적극적인 태도란 능변(能辯), 명언(明言)을 바람직한 것이라 보는 것이다. 소극적 언어 운용관은 봉건사회가 빚은 서민의 보수적 복종적 기질에 말미암은 것이고, 적극적 언어 운용관은 이러한 사회에서 벗어나고자 하는 민중의 진취적 공격적 심성이 빚어낸 것이라 하겠다. 그런데 우리의 언어 운용관은 생각처럼 보수, 적응의 운용관이 아니다. 언론 자유를 외치는 영어권의 속담보다 더 적극적인 운용관을 보인다. 이는 바로 우리 민족의 심지(心志) 성정이 내일을 지향하는 적극성을 지니고 있음에 연유하는 것이리라.

우리말에서 적극적 언어 운용관과 관련이 있을 낱말로는 '말보,

말쟁이, 말대꾸, 말대답, 말주변, 말자루, 말참견, 말참례, 말추렴, 말장구, 말장단' 같은 것을 들 수 있다.

'말보, 말쟁이'는 다언자(多言者), 또는 다언을 의미한다. 항상 이 야깃거리가 많아 사람들의 관심이 이들에 게 집중되는 사람이다.

'말대꾸, 말대답'은 단순한 말의 응대를 의미하는 말이 아니다. 이들 말은 상대방의 말을 그대로 받아들이지 아니하고, 반대의 뜻으로 하는 대답을 의미한다. Yes man이 아니라, No라고 할 수 있는 사람의 말이다. 이런 의미에서 이들은 공격성을 띠는 말이고, 반골기질(反骨氣質)이 있는 말이다. 물론 전통사회에서는 이런 사람을 좋아하지 않았다.

'말주변'은 말 잘하는 사람의 속성을 나타낸다. 이는 이것저것 경위를 따지고, 남을 공박하거나 자기 이론을 주장할 만한 말 주변을 의미하기 때문이다.

'말자루'란 여럿이 말을 주고받는 자리에서의 말의 주도권을 의미한다. 따라서 이는 '말보'나 '말쟁이'와 같이 입담 좋은 사람이 쥐게 마련이다. 홍명희의 『林巨正』에는 "꺽정이와 단천령이 서로 돌아가면서 말자루를 잡았고, 서림이도 간간이 말참례를 들었다."고 꺽정이와 단천령이 말자루를 잡은 장면을 보여 준다.

'말참견, 말참례, 말추렴'은 비슷한 뜻의 말이다. 이들은 남의 말에 끼어드는 용기를 보여 준다. 특히 '말추렴'은 말로 공동 출자(出資)한다는 표현이어서 그 비유가 애교 있다. '말곁'도 남이 말하는 옆에서 덩달아 참견한다는 말이어 저들과 비슷한 뜻의 말이다.

'말장구, 말장단'은 남이 하는 말에 대하여 동조하거나 부추기는 말을 가리킨다. 말은 일방적인 것이 아니다. 주고받는 것이다. 그것도 긍정적 반응이 뒤따라야 신이 난다. 이런 신나는 반응이 '말장구를 치는 것'이요, '말장단을 맞추는 것'이다.

이 밖에 '귀엣말, 말길, 말동무, 말밑천, 말받이, 말발, 말벗, 말부조, 말휘갑, 힘줌말'도 적극적인 말의 운용과 관련이 있는 말이다. '귀엣말'은 베갯밑송사(訟事)로 대변되는 적극적 언어의 운용이고, '말길'은 남과 말을 주고받을 수 있는 길, 곧 방도를 의미한다. 말은 아무하고나 할 수 있는 것이 아니다. 경우에 따라서는 줄을 대고 해야 한다. 그렇지 않으면 말을 할 수 없다. 이것이 '말길'이다. 말을 할 때는 '말밑천', 곧 화재(話材)가 있어야 하고, '말받이'를 할 좋은 청자 '말동무, 말벗'이 있어야 한다. 또 말은 먹혀 들어가는 힘 '말발'이 서야 한다. 그러기 위해서는 할말을 힘주어 하는 '힘줌말'을 해야 하고, '말치레'도 해야 한다. '말부조'는 말로 남을 도와주는 것이다. 이에 대해 말로 남에게 진 빚은 '말빚'이라 한다. '겉말'을 많이 하는 사람이 '말빚'은 지게 마련이다. '말휘갑'은 이리저리 말을 잘 둘러맞추는 일을 뜻한다. 이것도 말의 한 기술이다.

말의 운용에는 긍정적인 면만 있는 것이 아니다. 부정적(否定的) 면도 있다. '겉말, 군말, 낮은말, 뒷말, 막말, 말꾸러기, 말밥, 말승강이, 말재기, 말전주, 말질, 말타박, 잔말' 같은 것은 부정적 면을 지니는 말이라 하겠다. '겉말'은 '속말'의 반대말로, 속으로는 그렇지 않으면서 겉으로만 꾸미는 말을 이른다. 겉 다르고 속 다른 말이다. '속말'은 본심에서 우러나오는 말이다.

'군말, 뒷말, 잔말'은 안 해도 좋을 말이다. '낮은말, 막말, 말승강이, 말전주, 말질, 말타박'은 삼갈 말이다. '낮은말'은 천한 말을, '말승강이'나 '말질'은 말로 다투는 것을 가리킨다. 이런 일은 없어야 한다. '말전주'는 이 사람, 저 사람의 말을 좋지 않게 전해 이간질하는 것을 의미한다. 이런 사람은 '말전주꾼'이라 한다. 같은 동아리에 이런 사람이 끼이게 되면 분란이 끊임없이 일게 된다. 박완서의 『미망』은 '말전주'의 좋은 예를 보여 준다.

> "나만 말전주 안 하면 그 자식은 이 세상에 없는 거나 마찬가
> 지려니 했는데, 그 늙은이가 망령이 들어도 더럽게 들었지, 어쩌
> 자고 그 애물 일을 네년한테 발설을 하고 죽었더란 말이냐?"

'말꾸러기'는 잔말이 많은 사람이거나, 말썽꾼이고, '말재기'는 쓸데없는 말을 수다스럽게 꾸며내는 사람을 가리킨다. 바람직하지 않은 인물들이다. '말밥'은 좋지 못한 이야기의 대상을 가리킨다. 그리하여 "말밥에 오르다"라고 하면 좋지 아니한 화제의 대상이 되는 것을 의미한다. '말밥'에 잘 오르는 사람은 뭐니 뭐니

해도 정치인이다. '말밥'에 오르는 일은 없어야겠다. '말밥'의 용
례는 김주영의 『객주』에 보인다.

"운만 떼어서 일러 줄 일이지 내게 대감을 말밥에 올렸다가 나
중에 감당은 어찌하려고 그러느냐?"

이 밖에 언어 운용에 중립적이라 할 것에 '말막음, 말품앗이'와
같은 말이 있다. '말막음'은 방어적 적극성을 드러내는 말로, 자
기에게 불리하거나 성가신 말이 남의 입에서 나오지 않도록 미리
막는 것이다. 일은 터지기 전에 막아야 한다. '말품앗이'는 말을
서로 주고받는 방식으로 하는 말이다. 이런 것이 언어 운용의 정
도다. 말하는 것을 수작(酬酌)이라 하지 않던가?

자네 얼굴이 말고기자반이 됐네

말(馬)

가을이 되면 우리는 입버릇처럼 '천고마비(天高馬肥)'라는 말을 되뇐다. 이는 하늘이 높고 말이 살찐다는 뜻으로, 가을의 특성을 나타내는 말이다. 그런데 이 말은 우리가 즐겨 쓰는 것과는 달리 중국에서는 잘 사용하지 않는 것 같다. 중국의 '辭源(사원)'에는 이 말이 표제어로조차 올라 있지 않다. 그도 그럴 것이 이 말은 유목민족의 가을의 특성을 나타낸 것이라 할 것이다. 이 말이 당나라의 시성(詩聖) 두보(杜甫)의 증조 두심언(杜審言)이 북쪽 변방을 지키러 나간 친구 소미도(蘇味道)에게 보낸 편지에 쓰였다는 것도 이런 의미에서 이해가 된다.

우리말에는 말과 관계되는 것이 많다. 낱말도 많고, 속담도 많다. '말[馬]'은 우리의 고유어가 아니다. 이는 몽고어 '모린(morin)'을 차용한 말이다. 고려는 원(元)나라와 밀접한 관계를 가져 몽고어로부터 많은 낱말을 차용하였다. 이들 가운데는 관직명, 말이나 매의 이름, 군사(軍事)에 관한 단어들이 많다. '가라말(털빛이 검은 말), 간자말(이마와 뺨이 흰 말), 고라말(등에 검은 털이 난 누런 말), 공골말(털빛이 누런 말), 구렁말(털빛이 밤색인 말), 부루말(털빛이 흰 말), 부절따말(갈기가 검은 절따말), 서라말(흰 바탕에 거뭇한 점이 섞인 말), 절따말(털빛이 붉은 말)' 따위의 말의 이름은 오늘날까지도 남아 쓰이는 몽고어의 차용어(借用語)이다.

우리의 말 이름은 몽고어의 차용어처럼 형상을 나타내는 것이 대부분이다. '총이말(靑驄馬), 얼룩말, 바둑말, 좀말, 조랑말' 같은 것도 이러한 것이다. '좀말'이나, '조랑말'은 몸집이 작은 종자의 말을 가리킨다. 제주의 조랑말이 이런 것이다. 일 말(役馬), 타는 말로서의 이름은 별로 보이지 않는다. '역말(驛-)'은 이러한 말의 구실을 나타내는 대표적인 것이다. 이는 한자말로는 '역마(驛馬)'라 하는 것이니, 역참(驛站)에 갖추어 두고 관원이 이용하던 말이다. 암행어사의 상징인 '마패(馬牌)'는 바로 이 역마를 동원할 때 증표로 보이던, 지름 10cm쯤의 둥근 구리패이다.

식용(食用)으로서의 말과 관계된 말에는 '말고기'가 있다. 여기서 파생된 '말고기자반'이란 말은 말고기로 만든 자반이란 말이나, '얼굴이 붉게 된 사람'을 놀림조로 이르는 말이기도 하다. 이는 말고기가 붉기 때문에 이러한 표현이 생긴 것이다. "자네 얼굴이 말고기자반이 됐네"와 같이 쓰이는 것이 그것이다.

이 밖에 동물 아닌 말도 있다. '대말, 사기말, 싸리말, 정강말'이 그것이다. '대말'은 아이들이 말놀이를 할 때 두 다리로 걸터 타고 끌고 다니는 대 막대기를 이르는 말이다. 이를 한자어로는 '죽마(竹馬)'라 한다. '죽마고우(竹馬故友)', '죽마지우(竹馬之友)'는 여기서 나온 말이다. 막대기나 친구들의 등을 말로 삼아 타고 노는 아이들의 놀이는 '말놀이', 또는 '말놀음, 말놀음질'이라고 한다. 놀이기구가 별로 없던 때에 이런 놀이는 동네 어구에서 흔히 행해지던 것이다. '사기(沙器)말'은 사기로 만든 말을 가리킨다. 이는 '장수(將帥)말'이라고도 하는데 가마터·산신당·서낭당·절터 등에 묻던 것이다.

'싸리말'은 싸리로 결어 만든 말을 가리킨다. 이는 마마의 역신(疫神)을 쫓을 때 사용되는 것이다. '정강말'은 비유적인 말이다. 이는 '정강이'를 말에 비유한 것으로, 무엇을 타지 않고 제 발로 걷는 것을 농으로 이르는 말이다. 남자들이 '111번 타고 왔다'고 할 때의 그것과 같은 발상의 표현이다. '정강말'은 한자어로 '적각마(赤脚馬)'라고 한다. 여기서도 '붉은 다리'가 말에 비유된 것을 볼 수 있다. '굴레 벗은 말'은 낱말 아닌 관용어이다. 이는 거칠게 행동하는 사람을 이르거나, 구속에서 벗어나 몸이 자유로움을 이르는 말이다.

말의 파생어는 마구와 말의 장식을 나타내는 것이 많다. 우선 우리 고유어에는 이러한 마구와 마식(馬飾)을 나타내는 말이 따로 있다. '말-갖춤'이 그것이다. 이는 말을 부릴 때 쓰는 연장이나, 말에 딸린 꾸미개를 이르는 말이다. 이 말은 '말'에 구비하다는 뜻의 '갖추다'의 명사형이 합성된 것이다. '말갖춤'과 관계되는 말에는 '말걸낭, 말굴레, 말다래, 말덕석, 말등자, 말띠, 말띠꾸미개, 말머리가리개[馬胄], 말방울, 말빗[馬梳], 말솔[馬刷], 말안장, 말채[馬鞭]'와 같은 것이 있다.

'말걸낭'은 말안장에 걸고 다니는 큰 주머니를 가리키는 말이다. 이 말은 '말[馬]-걸(걸다의 어간)-낭(囊-주머니)'이 합성된 것이다. '말다래'는 말을 탄 사람의 옷에 흙이 튀지 않도록 가죽 같은 것을 말의 안장 양쪽에 늘어뜨려 놓은 기구다. '다래'는 달다[懸]의 어간 '달'에 접사 '애'가 결합되어 달린 것을 나타내는 말이다. '말등자'의 '등자(鐙子)'는 말을 타고 앉아 두 발로 디디게 되어 있는 물건, 발걸이를 가리키는 말이다.

말은 또 사람과 관련된 몇 개의 재미있는 복합어를 가지고 있다. '말뼈'란 말은 성질이 고분고분하지 못하고 거세어 뻣뻣한 사람을 놀림조로 이르는 말이다. 일본어에서는 우리와는 달리 내력을 알 수 없는 시시한 사람을 가리킨다. "어디서 굴러먹던 말뼈다귀냐?"라는 우리의 표현도 이러한 일본어의 영향을 받은 것이라 하겠다. '말상'은 말처럼 긴 얼굴이나, 그런 얼굴을 가진 사람을 놀림조로 이르는 말이다.

그리고 '말코'는 코끝이 둥글넓적하고 콧구멍이 커서 벌름벌름하는 사람을 역시 놀림조로 이르는 말이다. 이 밖에 '말머리-아이'라는 말이 있는데 이는 우리의 결혼 문화의 일단을 보여 주는 것이다. 옛날에는 결혼할 때 신랑이 말을 타고 신부네로 가 혼례를 치렀다. 그리고 일정한 기간 신부네 집에 머물다 신부를 데리고 집으로 돌아왔다. 따라서 '말머리아이'라는 말은 말을 타고 신부네 집에 간, 결혼초에 생긴 아이라는 말이다. 곧 결혼 뒤에 곧바로 아이를 가져 낳는 아이를 가리킨다. 요즘 말로 '허니문베이비(honeymoon baby)'가 이에 해당되는 말이라 하겠다.

맛없는 음식도 배고프면 달게 먹는다

맛

프랑스의 소설가 모파상(Maupassant, Guy de)이 친구들과 이야기를 나누게 되었다. 화제는 음식이었다. 고기 맛에 대한 이야기가 나오자 저마다 한마디씩 하였다. 양고기가 맛있다느니, 돼지고기가 좋다느니, 칠면조고기가 어떻다느니 하고 떠들어댔다. 그러자 모파상이 말했다.

"나는 뭐니뭐니 해도 여자 고기처럼 좋은 것은 없던데……"

그러자 사람들은 언제 먹어 보았느냐고 물었다. 모파상은 이렇게 말했다.

"왜 나만 먹었나? 자네들도 먹었을 텐데……"

사람들은 의아하다는 듯 서로를 쳐다보았다.

"나는 어려서 먹던 어머니의 젖처럼 맛있는 게 없더군. 그게 여자의 고깃국이지 뭔가?"

모파상의 말을 들으며 약간 긴장했을지도 모른다. 무슨 야한 이야기가 나올 것 같았기 때문이다. 그런데 그것이 모유(母乳)이자 안도와 함께 다소 실망을 느꼈을 것이다.

사실은 우리의 '맛'이란 말에는 그런 야한 뜻도 있다. '살맛'이란 말이 그것이다. '살맛'은 '남의 살과 서로 닿아서 느끼는 감각'이란 의미 외에 속어로 '성행위에서 상대편의 육체로부터 느끼는 쾌감'도 뜻한다. 이러한 의미는 '맛'을 뜻하는 영어 'taste'에도 있다. 이 말도 비어(卑語)로 '성교'를 의미한다.

'맛'은 본래 미각을 나타내는 말이 아니다. '맛'은 '음식(飮食)'을 뜻했다. '맛보(褓)'란 궁중에서 밥보자기를 이르던 말이다. 이는 '음식'을 뜻하는 '맛'과 보자기를 뜻하는 '보(褓)'가 합성된 말이다. 현대어에서 '맛보기로'의 뜻을 나타내는 '맛맛으로'는 '음식-맛-으로'라는 형태 구조의 말이다. '맛'은 이렇게 '음식'에서 '미감(味感)'으로, 곧 구상(具象)에서 추상(抽象)으로 의미가 바뀐 말이다.

우리의 감각기관이 발달돼서인지, 우리말은 감각어가 매우 발달되었다. 어느 민족어의 추종도 불허할 정도다. 한 예로 감미(甘味)를 나타내는 말을 보면 다음과 같이 다양하다.

달다, 다디달다, 달곰하다, 달금하다, 달찌근하다, 달짝지근하다, 달차근하다, 달착지근하다, 달콤하다, 달큼하다, 들쩍지근하다, 들찌근하다, 들척지근하다, 들치근하다, 들큼하다 여기에다 '달콤삼삼하다, 달콤새금하다, 달콤쌉쌀하다, 달콤쓸 쓸하다, 달콤새큼하다'와 같은 복합감각을 나타내는 말도 있다. 영어에는 sweet, 일본어에는 amai(甘), 중국어에는 tian(甛), gan(甘)과 같이 한 두개가 있을 뿐이다.

'맛'의 기본적 의미는 음식을 혀에 댈 때 느끼는 감각이다. '달 다, 시다, 맵다, 쓰다'가 그 구체적인 것이다. 맛의 상태를 나타내 는 말에는 감산신고(甘酸辛苦)를 나타내는 것 외에 '밥맛, 물맛, 감 칠맛, 뒷맛, 뒷입맛, 딴맛(別味), 얕은맛, 잡맛(雜味)'과 같은 명사와 '맛나다, 맛있다, 맛없다, 맛깔스럽다, 맛스럽다'라는 용언이 있다. 이 가운데 좀 생소할 '감칠맛'은 음식이 입에 당기는 맛을, '뒷맛' 은 음식을 먹은 뒤에 입 속에 남는 맛을 나타낸다. '얕은맛'은 산 뜻하고 싹싹하고 부드러운 맛을 나타낸다. 담미(淡味)라 할 것이다. '맛스럽다'는 보기에 맛이 있을 듯하다를 나타내는 말이다.

'맛'은 미뢰(味蕾)에서 감지하는 감각 외에 사물이나 현상에 대 해 느끼는 기분도 나타낸다. 비유적 의미를 지니는 것이다. 이러 한 것의 대표적인 것이 재미, 묘미, 멋 운치 같은 것이다. '살맛' 이나 '살맛나다'가 세상을 살아가는 재미나, 이를 느끼다를 나타 내는 것은 '맛'이 재미나, 묘미를 나타내는 단적인 예다.

이 밖에 '돈맛, 세상맛, 맛적다'도 이런 것이다. '돈맛'은 돈을 아끼어 모으는 재미를 뜻한다. 그래서 '돈맛을 알게 되면 동전 한 푼 가지고도 발발 떤다'는 말도 나오게 된다. '세상맛'은 세상의 쓰고 달콤한 온갖 맛, 또는 세상을 살아가는 재미와 취미를 나타낸다. '맛적다'는 재미나 흥미가 거의 없어 싱겁다를 뜻한다. 이 말은 '맛이 적다'는 감각어로는 쓰이지 않는다.

'맛없다'도 감각적 의미 외에 '재미나 흥미가 없다'는 뜻으로 쓰인다. 이문구의 「으악새 우는 사연」의 "모두 맛없이 웃는 가운데 황 혼자만 얼굴을 다지더니 어디서 흔히 들어본 듯한 말투로 나왔다."의 '맛없이'가 이런 것이다. 이 때의 '맛없다'는 '멋없다'의 의미를 다분히 지닌다. 일본어의 경우도 맛 '아지(味)'가 묘미를 나타내기도 한다. "えん(緣)は い(異)なもの あじ(味)なもの(남녀의 인연이란 이상하고 묘한 것)"가 그 예다.

그런데 우리말의 '맛'은 일본어 '味のある繪(운치있는 그림)'와 같이 풍미나 운치의 뜻으로는 잘 쓰이지 않는다. 그것은 우리말에는 '멋'이란 말이 따로 있기 때문이다. '멋'은 '맛'의 모음을 교체함으로 구미(口味)에서 풍미(風味)를 분화시켜 따로 나타내게 된 말이다. 따라서 '맛'이 풍미나 운치를 나타낼 필요가 없게 된 것이다. 이 '멋'은 외국어로 번역할 수 없는 우리의 독특한 문화적 특성을 드러내는 말이다.

이 밖에 '맛'은 느낌, 경험을 의미하기도 한다. '몽둥이맛, 매맛'이 그것이다. '몽둥이맛'은 정신을 차릴 만큼 몽둥이로 얻어맞는 경험을, '매맛'은 매를 맞아 아픈 느낌을 나타낸다. '뜨거운 맛을 보다'란 관용어도 이런 것이다. 이는 뜨거운 것이 살갗에 닿을 때와 같은 호된 고통을 수반하는 시련을 겪다를 가리키기 때문이다. '쓴맛 단맛 다 보았다'도 세상의 괴로움과 즐거움을 다 겪었다는 체험과 관계된 말이다.

맛없는 음식도 배고프면 달게 먹는다고 한다. 시장이 반찬이라고도 한다. 이 때의 맛은 음식 본래의 맛이 아닐 것이다. 맹자는 이것을 기갈(飢渴)이 음식의 맛을 해친 것이라 했다. 맛을 올바로 느끼며 먹고 즐기는 생활을 할 수 있어야 한다.

● ● ●

매미는 맵다 울고……

매미

우리 시조에 다음과 같은 것이 있다.

매암이 맵다 울고 쓰르람이 쓰다 우니
山菜(산채)를 맵다는가 薄酒(박주)를 쓰다는가
우리는 草野(초야)에 묻혔으니 맵고 쓴 줄 몰라라.

이는 조선조 영조 때의 가인(歌人) 이정진(李廷藎)이 지은 시조이다. 이는 초야에 묻혀 사는 삶을 노래한 것으로, 여름날 우는 매미가 음식이 맵거나 쓰다고 우는 것으로 해석해 한적한 시골의 삶을 노래한 것이다.

일석(一石)은 매미를 가을의 전령사(傳令使)라 했지만, 매미(蟬)는 역시 여름의 예찬자라 할 것이다. 매미는 지하에서 애벌레로 6, 7년을 지내다가 성충(成蟲)이 되어 여름 한철을 목청껏 노래하고는 사라지는 단명한 곤충이다. 거기에다 매미는 가을의 선기가 나면 여름에 시끄럽게 울던 것과는 달리 언제 그랬느냐는 듯이 이 지상에서 소리 소식 없이 사라진다. 따라서 매미는 가을의 전령사라기보다 성하(盛夏)의 예찬자라 하는 것이 어울린다.

매미는 물론 맵거나 쓰다고 해서 우는 것이 아니다. 그러나 그 이름이 이들의 특성을 드러내는 것임은 사실이다. '매미'는 그 '맴맴' 우는 소리에 연유한 이름이고, 쓰르라미는 '쓰르람 쓰르람' 우는 데서 그 이름이 연유한다. 곧 매미는 의성어 '맴맴'에 접미사 '이'가 결합하여 맴맴거리는 것, 곧 곤충 매미를 뜻하게 된 것이고, '쓰르라미'는 의성어 '쓰르람 쓰르람'에 접사가 결합하여 '쓰르라미'라 하게 된 것이다.

의성어 · 의태어는 동남아시아어(語)에 특별히 많은 것으로 알려진다. 국어나 일본어에 많은 것이 이러한 예이다. 그런데 우리말에는 이들이 단순히 음성상징(音聲象徵)을 하는 것만이 아니고, '매미'나 '쓰르라미'처럼 여기에 접사가 붙어 그러한 음성상징을 하는 사물이나, 동물을 많이 나타낸다는 데에 특징이 있다. 이러한 예를 몇 개 들어 보면 다음과 같다.

- 의성어 : 기러기, 개구리, 꾀꼬리, 귀뚜라미, 딱딱이, 매미 뻐꾸기, 쓰르라미…
- 의태어 : 깍두기, 깜빡이, 누더기, 떠버리, 살살이, 빤짝이, 삐

쭉이, 얼룩이…

　매미는 전세계에 3,000여 종이 분포하는데 우리나라에는 그 가운데 18종이 있으며, 이 가운데 다섯 종은 고유종이라 한다. 이들 매미의 이름은 그 조어 방법이 다른 언어와 비슷한 것도 있고, 우리 나름의 독자적인 것도 있다.

　잘 알려진 매미의 이름으로는 '말매미, 왕매미, 참매미, 쓰르라미, 벙어리매미' 같은 것이 있다. 이 가운데 '말매미'는 '왕매미'와 같은 것으로, 우리나라 매미 가운데 가장 큰 것이다. 이는 몸길이가 45mm, 날개 길이가 65mm 내외이다. '말매미'는 한자어로 마조(馬蜩)라 하기도 한다. 따라서 '말매미'의 '말'은 '마(馬)'로 볼 수 있다. '말조개'의 '마합(馬蛤)'과 같은 것이다. 이 때의 '말'은 물론 크다는 의미로 쓰인 것이다. '말만한 처녀', '말눈깔'의 '말'도 이러한 것이다.

　그러나 이는 또 '王, 大'를 의미하는 '말'로 볼 수도 있다. 그리고 이것이 더 어울리는 해석이다. '말매미'를 '왕매미'라 하는 것은 그의 단적인 증거이다. 이렇게 '말'이 '왕, 대'를 의미하는 말은 많다. '말개미, 말거머리, 말거미, 말곰, 말괴불(매우 큰 괴불주머니), 말나리, 말냉이, 말덫(큰 덫), 말메주, 말박(큰 바가지), 말벌, 말승냥이(늑대), 말잠자리, 말전복, 말쥐치' 같은 것이 이러한 예이다.

　'참매미'는 '참새'처럼 매미의 대표로 생각한 것이다. 이는 몸

길이 36mm 내외의 매미이다. '매미'라는 이름은 이 참매미의 울음에서 연유했을 것이다. '쓰르라미'도 앞에서 언급하였듯, 그 우는 소리로 말미암아 얻게 된 이름이다. 이는 또 '저녁매미'라고도 한다. 새벽이나 저녁에 울기 때문에 붙여진 이름이다. 이 매미는 일본어로 'ひぐ ら(日暮)し', 영어로 'evening cicada'라고 하여 명명에 우리와 발상을 같이한다. '벙어리매미'는 매미의 암컷으로, 암 매미는 울지 않기 때문에 이런 이름이 붙은 것이다. 일어나, 영어에는 이러한 이름이 따로 없다.

이 밖의 매미의 이름으로는 '귀매미, 기름매미, 기생매미, 깽깽매미, 보리매미, 쓰름매미, 씽씽매미, 풀매미'와 같은 것이 있다. '귀매미'는 외형이 작은 매미로 앞가슴 등쪽에 귀모양의 돌기가 있어 이런 이름이 붙은 것이다. '기름매미'는 '유지(油脂)매미'라고도 하는 것으로, 기름에 무엇을 지지는 소리를 내어 붙여진 이름이다. '기생(妓生)매미'는 '애매미'라고도 하는 몸길이 25mm 안팎의 작은 것으로, 노래를 잘 부르는 데서 '기생매미'란 이름이 붙었을 것이다. '깽깽매미'는 방언으로 '깔깔매미'라고도 한다. 날개 끝까지의 길이가 65~68mm인 큰 매미로, 7~8월에 침엽수림에서 높은 소리로 운다. 그 이름은 우는 소리로 말미암아 붙여진 것이겠다. '보리매미'는 참매미와 비슷하나 좀 작은 편으로, 우는 소리도 똑똑치 않다. 제일 먼저 나와 보리가 익을 무렵 울기 시작한 데서 이런 이름이 붙은 것이다. 그래서 이는 '봄매미'라고도 한다.

'쓰름매미'는 몸길이 약 31mm 내외로, 늦여름에 나타나 '쓰름쓰름' 우는 매미이고, '씽씽매미'는 '털매미'라고도 하는 것이다. '풀매미'는 몸길이 20mm, 날개 끝까지의 길이가 30mm 정도의 작은 매미로, 7월에서 10월까지 풀숲에서 '찍찍찍'하고 우는 것이다. 이렇게 매미는 주로 의성어에 의해 이름이 붙여져 있다.

이 밖에 '매미'와 관련된 말에 '매미관, 매미채, 매밋집'과 같은 말이 있다. '매미관'은 익선관(翼善冠)을 달리 이르는 말로, 그 모양이 매미와 비슷하다고 하여 이렇게 이르게 된 것이다. '매미채'는 매미나 그 밖의 곤충을 잡는 포충망(捕蟲網)을 이르는 말이고, '매밋집'은 '니나놋집'을 달리 이르는 말이다. 술집 접대부를 '매미'라 하는 데서 이런 이름이 붙은 것이다. 우리 사회 현실을 반영하는 말이다.

머리를 얹어 주는 서방

머리1

'머리 검은 짐승은 남의 공(功)을 모른다.' 이는 흔히 사람이 짐 승보다 더 남의 공을 잊고 지낸다는 뜻의 속담이다. 여기서 '머 리 검은 짐승'은 사람이다. 요즘은 물을 들여 그 빛깔이 한결같 이 검지 않지만, 전통적으로 우리의 머리 빛깔은 검기 때문에 이 런 속담이 생겼다.

'머리'에는 여러 가지 뜻이 있다. 이의 대표적인 의미로는 두부 (頭部), 두뇌(頭腦), 두발(頭髮)의 세 가지를 들 수 있다. '머리를 긁다', '머리가 나쁘다', '머리를 깎다'가 각각 이들의 용례다. 이밖에 비 유적 의미로, 사물의 앞이나 위, 일의 시작이나 처음, 한쪽 옆이 나 가장자리를 나타낸다. '상머리(상의 앞이나 옆), 암술머리(꽃의 암술 꼭 대기에 있어 꽃가루를 받는 부분), 말머리(말의 첫머리), 밭머리(밭이랑의 양쪽 끝머 리)'가 그 예들이다.

문화와 관련된 '머리'의 대표적인 용례로는 '머리를 얹다', '머리를 풀다'를 들 수 있다. 우선 '머리를 얹다'라고 하면 여자의 머리를 두 갈래로 땋아 엇바꾸어 양쪽 귀 뒤로 돌려서 이마 위쪽에 한데 틀어 얹는 것을 가리킨다. 또 '어린 기생이나, 여종이 자라서 머리를 쪽지다', '여자가 시집을 가다'라는 뜻도 지닌다. 박종화의 『임진왜란』에는 기생이 기둥서방을 맞는 예를 보여 준다.

"아무리 기생이라 하나 머리를 얹어 주는 첫 서방만은 중매가 있어야 하고, 친구들을 청해서 잔치를 해야 하고……"

위의 보기에서처럼 일반적으로 '머리를 얹다'라면 시집가는 것을 의미한다. 옛날에 여자들이 시집가는 것을 '머리 올리다', 또는 '머리를 얹다'라 한 것은 귀밑머리를 땋았다가 결혼을 하게 되면 머리를 올려 쪽을 쪘기 때문이다.

'머리를 풀다'는 상을 당하여 틀었던 머리를 푼다는 말이다. 예전에 상례(喪禮)에서 상제(喪祭)는 불효를 자책하며 머리를 풀고 서러워하였다. 이런 이유로 '머리를 풀다'가 상 당한 것을 의미한다. 이들 언어 표현은 언어가 구체적으로 문화를 반영하고 있는 경우다.

우리말에는 '머리'가 독특한 문화를 반영하는 경우가 많다. 우선 머리치장 가운데 예장(禮裝), 또는 성장(盛粧)과 관련된 것으로, '떨머리, 또야머리, 어여머리, 조짐머리, 큰머리, 활머리' 같은 것이 있다, 이들은 그 치장은 고사하고 이름부터 생소하여 아는 사람이 많지 않을 것 같다.

'껄머리'는 구식 혼인 때의 신부 머리치장이다. 이는 덧머리를 크게 땋고 그 위에 화잠(花簪)을 꽂아 머리에 늘여대는 것이다. 여인은 이날 하루 공주요, 왕비가 된다. '또야머리'는 내외 명부(內外命婦)가 예장할 때 트는 머리다. 금으로 만든 첩지(牒紙)를 두 가닥의 다리 위에 붙이고, 이를 가리마 위에 얹은 뒤에 그 다리의 가닥을 본머리에 합쳐서 땋는 것이다. 줄여 '똬머리'라고도 한다. '새앙머리'는 예전에 여자아이가 예장(禮裝)할 때 머리를 두 갈래로 갈라서 땋던 것이다. 이는 다시 틀어 올려 아래위로 두 덩이가 되게 잡아매기도 한다. '새앙머리'란 말은 여기에서 연유한다. '어여머리'란 부인이 예장할 때 머리에 얹는 큰머리다. '큰머리'란 예식 때 부녀(婦女)의 머리에 크게 틀어 올리던 가발이다. 어여머리는 머리에 족두리를 쓰고 그 위에 큰머리를 얹어 옥판(玉板)과 화잠(花簪)으로 장식하고, 다시 그 위에 '활머리'를 얹었다. 따라서 '활머리'는 어여머리의 맨 위에 얹는 기구로, 이는 나무로 다리를 튼 것과 같이 새겨서 만들고, 여기에 검은 칠을 하였다. '조짐머리'는 궁중이나 양반 집에서 의식이나 경사가 있을 때, 또는 문안 차 입궐할 때 치장하던 머리다. 이는 다리 열 꼭지로 쪽을 찌어 첩지 끈과 연결시킨 가체(假髢)다. 소라딱지 비슷하게 틀어 만들었다.

성장이나 예장이 아닌 머리치장과 관련된 말도 여러 가지가 있다. '가랑머리, 귀밑머리, 더벅머리, 도가머리, 머리처네, 모두머리, 바둑머리, 종종머리, 치마머리, 트레머리' 같은 것이 그런 것이다.

'귀밑머리'는 앞이마의 한 가운데서 머리를 좌우로 갈라 뒤로 넘겨 땋은 것이다. 이는 처녀들이 주로 땋던 머리다. 그러기에 '귀밑머리 풀다'란 관용어는 처녀 때 땋아 붙였던 귀밑머리를 풀어 쪽을 찌고 시집간다고 하여 시집가는 것을 비유적으로 나타낸다. '귀밑머리 마주 풀고 만나다'란 관용어는 처녀 총각이 정식으로 예식을 갖추어 부부가 되는 것을 말한다. 개구멍서방이 되거나, 과부 장가를 드는 것이 아니다. '도가머리'는 새 대가리에 길고 더부룩하게 난 털을 가리킨다. 이는 머리털이 잠자지 아니하고, 한 모숨 붕숭하게 일어선 것을 놀리는 말이다. '머리처네'는 시골 여자가 나들이 할 때 장옷처럼 머리에 쓰던 '머리쓰개'의 하나다. 자줏빛 천으로 두렁치마 비슷하게 만들었다. '모두머리'는 여자의 머리털을 한 가닥으로 땋아 쪽을 찌던 머리다. '바둑머리'는 두세 살 된 아이의 머리털을 조금씩 모숨을 지어 여러 갈래로 땋은 머리다. 이에 대해 '종종머리'는 바둑머리가 좀 지난 뒤 한 쪽에 세 층씩 석 줄로 땋고, 그 끝을 모아 땋아서 댕기를 드린 머리다. 이 용례는 박완서의 『그 많던 상아는 누가 다 먹었을까』에 "한 가닥으로 땋아 댕기를 드린 처녀들은 더러 있었지만 종종머리 딴 계집애는 한 번도 못 만났다."라고 보인다.

'쪽머리'는 쪽을 찐 머리, 곧 낭자(娘子)머리다. 쪽은 부인네의

아래 뒤통수에 땋아서 틀어 올려 비녀를 꽂은 머리다. '치마머리'
는 여성 아닌 남성의 머리치장이다. 이는 머리털이 적은 남자가
상투를 짤 때 본 머리에 덧 둘러서 감는 딴 머리다. 치마를 감듯
본 머리에 머리를 덧 둘러 이런 이름이 붙었다. '트레머리'는 가
르마를 타지 아니하고 뒤통수의 한복판에 틀어 붙인 여자 머리
다. 머리는 사람의 미를 드러내는 대표적 신체 부위다. 그래서 여
성의 머리치장의 방법은 이렇게 다양하다.

　말에는 표현의 어휘와 이해의 어휘가 있다. 전통문화에 관한
말은 표현은 하지 않더라도 적어도 이해는 할 수 있어야 할 말이
다. 그런 의미에서 한민족이라면 전통 머리치장에 관한 어휘들에
대해서도 관심을 가져야 할 것이다.

거북아, 거북아 머리를 내놓아라
머리2

『삼국유사(三國遺事)』에는 가락국의 시조 김수로왕(金首露王)에 대한 신화가 전한다.

   후한(後漢) 세조 광무제(光武帝) 때 구간(九干)과 무리가 모여 있는데, 사람은 보이지 않고 어디서 목소리만 내어 "여기에 사람이 있느냐?" 했다. 이에 구간(九干) 등이 "우리들이 여기 있습니다." 하였다. 그러자 여기가 어디냐 하기에 구지(龜旨)라 하였다. 또 말하여 가로되 황천(皇天)이 내게 이곳에 내려가 나라를 세우라 명하여 왔으니, 너희는 봉우리 위의 흙을 파면서 노래하고 춤을 춰라, 그러면 너희는 대왕을 맞아 환희(歡喜) 용약(勇躍)하게 될 것이다 하였다. '거북아, 거북아 머리를 내 놓아라. 그렇지 않으면 구워서 먹겠다(龜何龜何 首其現也 若不現也 燔灼而喫也).' 시키는 대로 하자 하늘에서 금합(金盒)이 내려 왔는데, 그 속에는 황금 알이 6개 들어 있었다. 알은 12시간이 지난 뒤 동자(童子)로

화하였고, 10여일이 지나자 9척 장신이 되었다. 처음 알에서 깨어
난 사람을 수로(首路)라 하니, 그가 대가락(大駕洛), 또는 가야국
(伽耶國)의 시조다. 나머지 다섯 사람도 5가야(伽耶)의 임금이 되
었다.

이 신화 가운데는 '머리를 내 놓아라(首其現也首)'란 '首(머리)'가 보
이며, 첫 번째로 깨어난 동자를 '수로(首路)'라 하였다. '수로(首路)'
는 '머리/마리'로, 우두머리, 수장(首長)을 가리킨다. '우두머리'란
'위두(爲頭)머리'가 변한 말이다.

우리말의 '머리'는 많은 복합어를 이루고 있다. 이 가운데 '머
리'가 어두에 오는 것으로 '머리공, 머리꾼, 머리서방, 머리찌르기,
머리카락사름, 머릿병풍, 머릿수' 같은 말이 있다. '머리공'은 수
공(首功)으로 맨 먼저 내세울만한 공, 또는 가장 큰 공이다. 수훈(殊
勳) 갑을 의미한다. '머리꾼'은 차전놀이에서 동채를 보호하고 상
대편을 공격하기 위해 앞쪽에 배치된 사람들이다. '머리끝금'은
기둥을 뚫고 내민 도리의 끝 부분에 그린 단청, 곧 두단금(頭端錦)
을 말한다. '머리서방'은 맨 처음 결혼한 남편이다. '머리찌르기'
는 열 살 안팎의 여자 아이들이 즐기던 민속놀이로, 엎드린 술래
의 머리를 손으로 찌르면 술래가 그 찌른 아이의 이름을 맞히는
놀이다. 이때 이름을 바로 대면 머리를 찌른 아이가 술래가 된다.
'머리카락사름'은 민속행사의 하나로, 한 해 동안 머리를 빗을 때

빠진 머리칼을 모아 두었다가 정월 초하룻날 저녁에 대문 밖에서 태우는 것을 가리킨다. 우리의 선인들은 이렇게 하면 병마가 물러간다고 믿었다. '머릿병풍'은 머리맡에 치는 작은 병풍으로, 흔히 두 쪽으로 된 것이다. '머릿수'는 인원수, 또는 돈머리의 수다. '머릿수'가 인원수를 가리키는 것은 재미있다. 머릿수는 흔히 한자어로 '인구'라 하여 먹는 입(口)으로 사람을 센다. '머리(頭)'도 인두세(人頭稅)와 같이 사람 수를 나타내기도 하지만 흔히 동물을 셀 때 많이 쓰인다. '소 한 마리, 생선 열 마리'라 하는 것이 그것이다.

'머리'의 복합어는 '머리'가 어두(語頭)에 오는 것도 많지만 어미에 오는 것도 많다. '도리머리, 두께머리, 떠꺼머리, 민머리, 발양머리, 배냇머리, 불땀머리, 배냇머리, 서초머리, 숯머리, 외대머리, 찬바람머리, 체머리, 코머리, 풋머리, 합수머리, 환절(換節)머리' 등이 그것이다.

'도리머리'는 머리를 좌우로 흔들어 부정의 의미나, 싫다는 뜻을 나타내는 말이다. '떠꺼머리'는 혼인할 나이가 지난 총각이나, 처녀의 길게 땋아 늘인 머리, 또는 그런 사람을 가리킨다. 홍명희의 『林巨正』에는 '이때 봉학이와 유복이는 여남은 살씩 되었고 금동이는 이십 여세의 떠꺼머리총각이었다.'란 용례를 보여 준다. '두께머리'는 머리를 잘못 깎아 뚜껑을 덮은 것처럼 층이 진 머리다. 여기 '두께'는 뚜껑을 가리킨다. '민머리'는 벼슬하지 못한 사람을 가리킨다. 벼슬하지 못한 사람은 탕건을 쓰지 못하기 때문이다. 이는 또 정수리까지 벗어진 대머리, 쪽찌지 않은 머리도 아울러 나타낸다. '민'이 일부 명사에 붙어 '그것이 없음'을 나타내는 접두사이기 때문이다. '발양(發陽)머리'는 양기가 왕성하게 일어날 시기, 곧 한창때를 말한다. '배냇머리'는 어머니의 배 안에 있을 때부터 있던 머리다. '불땀머리'는 나무가 자랄 때 남쪽에 정면으로 향했던 부분이다. 이때의 '머리'는 방향을 나타낸다. '서초머리'는 편안도산인 담배 서초(西草)처럼 빛이 누렇고, 나슬나슬한 머리털이다. '숯머리'는 숯의 머리가 아니라, 숯내를 맡아서 아픈 머리다. 이때의 '머리'는 '두통'을 가리킨다. '신곡머리'는 햇곡식(新穀)이 날 무렵이다. '풋머리', '찬바람머리', '환절(換節)머리'의 '머리'도 '무렵'을 나타낸다. '풋머리'는 곡식이나 과실 따위가 이제 겨우 맏물이나 햇것이 나올 무렵이다. '풋머리'가 지나면 찾아오는 것이 '찬바람머리'다. 이는 가을철 싸늘한 바람이 불기 시작할 무렵을 가리킨다. '외대머리'는 정식 혼례를 하지 않고 머리를 쪽진 여자로, 기생, 갈보 등을 지칭한다. '체머리'는 병적으로 흔들려지는 머리다. 한자어로 풍두선(風頭旋)이라 한다. '코머리'는 고을 관아에 속해 있던 우두머리 기생이다. 흔히 행수(行首)기생이라 한다. '합수(合水)머리'는 강물이 합해지는 지점이다.

　'머리'는 이 밖에 어떤 명사에 붙어 그 명사의 뜻을 속되게 나타내는 접사로 많이 쓰인다. 이는 동의(同意)의 두 어휘 체계(語彙體系)를 이루어 문체효과를 드러내게 한다. 이러한 어휘의 예로는

'고집통머리, 골머리, 넌덜머리, 띠앗머리, 버르장머리, 성깔머리, 성정머리, 소갈머리, 소견머리, 싹수머리, 씨알머리, 엉덩머리, 얌통머리, 염통머리, 용두(龍頭)머리, 인정머리, 조짐머리, 주변머리' 등을 들 수 있다. 구체적으로 '씨알'에 대한 '씨알머리'가 속어로 쓰여, 이것이 사람의 종자를 욕으로 이르는 것이 그것이다. "이년 바른대로 말해라. 대관절 네 년의 뱃속에 든 씨가 뉘 놈의 씨알머리냐?"(최인욱, 『전봉준』)라 하는 것이 그 예다. '띠앗머리'는 '(우애하는) 정의(情誼)'를 뜻하는 '띠앗'의 속어다. 이도 "문 영감은 집안 조카들 중에서 유독 그 양반을 곱게 보아 띠앗머리가 친부자보다 더하답니다."와 같이 송기숙의 『암태도』에 그 예가 보인다.

(참고 : '머리'를 나타내는 말은 15세기에 '머리'와 '마리' 두 가지가 있었다. 그 뒤에 '머리'가 머리 일반을 나타내고, '마리'는 주로 동물의 개체를 나타내는 수량대명사로 바뀌었다.)

버선목에 이 잡을 때 보아야 알지

목(頸)

　사람의 전신을 일러 오체(五體)라거나 육체(六體)라 한다. 오체란 불교 용어로 머리와 사지를 이른다. 육체란 머리와 몸통과 사지다. 오장육체(五臟六體)의 육체가 그것이다.

　우리 몸에는 이러한 오체나 육체 외에 또 하나의 신체 부위가 있다. '목'이다. '목'은 척추동물의 머리와 몸통을 이어 주는 잘록한 부분이다. 따라서 제대로 인정을 받지 못하는 신체 부위다. 그럼에도 우리말에서는 이 말이 꽤 많은 복합어와 관용어를 이루고 있는가 하면, 생명과 중요 부분을 뜻하는 말로까지 쓰인다.

　'목'이란 말이 쓰인 단어를 보면 대여섯 가지의 의미 유형으로 나눌 수 있다. ① 신체의 부위, ② 사물의 경부(頸部), ③ 중요 통로나 중요 부분, ④ 목숨·직책, ⑤ 곡물의 이삭 부분, ⑥ 목소리가 그것이다. 이들 유형의 중요한 말로는 다음과 같은 것이 있다.

① 신체 부위를 나타내는 말로는 '목놀림, 목다심, 목걸이, 목도리, 목곧이, 목매기, 목섬, 목잡이, 목말, 목물, 손목, 팔목, 발목' 등이 있다. '목놀림'은 목을 움직이게 하는 것이다. 그러나 그냥 움직이게 하는 것이 아니라, 어린아이가 목축임을 할 만한 정도로 젖을 적게 먹이는 것이다. 그리고 그 정도로 나는 젖의 분량을 말한다. '목다심'은 물을 조금 마시거나 기침을 하거나 하여 거친 목을 고르는 것이다. 이는 노래하기 전에 곧잘 행해진다. "그는 목다심을 하고 멋지게 한 곡 뽑았다."와 같은 것이 그 용례다. '목곧이'는 억지가 세어서 남에게 호락호락 굽히지 않는 사람을 놀림조로 이르는 말이다. 본래 강직하여 굴하지 않는 현령을 이르던 말, 강항령(强項令)도 이와 비슷한 말이다. 목에 힘을 주는 자세다.

'목매기'는 코뚜레를 하기 전, 목에 고삐를 맨 송아지로, '목매기송아지'라고 하는 것이다. 유의어에 '목매아지'가 있다. '목섬'은 목처럼 잘록하게 육지와 이어진 모래섬이다. 한자어로는 항도(項島)라 한다. '목잡이'는 양주별산대놀이에서 두 손으로 뒷목을 잡고 두 다리로만 추는 춤사위다. '목물'은 팔다리를 뻗고 엎드린 사람의 허리 위에서부터 목까지 물을 끼얹어 씻어 주는 일이다. 여름날의 한 피서법으로, 지난날에는 우물가에서 쉽게 볼 수 있었으나 요사이는 잘 볼 수 없다.

② 사물의 경부(經部)를 나타내는 말로는 '목이 긴 병'과 같이

쓰인다. 이런 병은 '목기리병'이라 한다. 복합어로는 '목단지, 목조롱벌, 목항아리, 버선목, 병목, 조롱목, 황새목' 따위가 있다. '목단지'나 '목항아리'는 목의 높이가 그릇 높이의 1/5이상 되는 목이 긴 단지나 항아리다. '목조롱벌'은 '호리병벌'이라고도 하는 벌로, 목이 조롱박이나, 호리병처럼 생겼다 하여 붙여진 이름이다.

'버선목'은 발목에 닿는 버선의 좁은 부분이다. 목이 좁으면 발이 잘 들어가지 않고, 넓으면 버선이 벗겨진다. 발에 맞아야 한다. "버선목에 이 잡을 때 보아야 알지"란 속담은 거지가 되어야 알겠느냐, 지금 잘 산다고 뽐내지 말라고 경계하는 말이다. 예산은 생각지 않고, 무상급식 등 무상의 선심정책(善心政策)이 난무하는 현실을 꼬집는 말 같다. '병목'은 흔히 '병목현상'과 같이 쓰여 목이 좁아지는 현상을 나타낸다.

'조롱목'의 '조롱'은 어린아이가 액막이로 차는 조롱박처럼 생긴 물건이다. 따라서 '조롱목'은 물건의 잘록한 부분을 말한다. 이에 대해 '황새목'은 등롱(燈籠)대의 등롱을 거는 쇠로, 움츠린 황새목처럼 생겼다 하여 붙여진 이름이다.

③ 중요한 통로나 중요 부분을 나타내는 '목'은 '멧돼지가 다니는 목이다', '장사는 목이 좋아야 한다'와 같이 쓰이는 것이다. 이의 대표적인 복합어는 '길목, 긴한목, 요긴목, 줄목' 등이 있다. '길목'은 물론 길의 중요한 통로가 되는 곳이다. '서울에 들어가는 길목', '한국서 나오는 길목'과 같이 쓰인다. '긴(緊)한목'은 요

충지, 또는 생명에 영향을 주기 쉬운 몸의 중요한 부분을 의미하는 말이다. 이는 '요긴목'과 같은 뜻이다. '요긴(要緊)-목'은 요긴한 길목, 곧 중요하고 꼭 필요한 길목이나 대목을 의미한다. '줄목'은 일에 관계되어 나가는 '요긴목'이다. 북쪽에서는 그래서 일의 진행과정에서 가장 요긴한 대목을 '목'의 풀이의 하나로 들고 있다.

이 밖에 '외길목, 외목장사, 외통목, 건널목, 다릿목, 멍에목, 지레목' 등이 있다. '외길목'은 여러 길이 모여 한군데로 빠지게 된 곳으로, '외통목'과 같은 말이다. '외목장사'는 자기 혼자만이 독차지하여 파는 장사이다. '건널목, 다릿목, 지레목'의 '목'은 '목' 앞에 쓰인 명사의 지점이나 장소를 나타낸다.

④ 목숨이나 직책은 '목을 걸다'가 목숨을 바칠 각오를 하다를, '목을 자르다'가 해고하다를 의미해 '목'이 각각 목숨과 직장·직책을 나타내는 경우가 그것이다. 복합어로는 '목숨'이 있다. 이는 '목(頸)-숨(息)'이 합성돼 생명을 의미하는 말로, 기발한 발상의 조어다. 생명이란 현대과학에 의해서도 목에 숨이 붙어 있는 것이기 때문이다. 영어의 Life나, 중국어 '셩밍(生命)'이나 일본어 '이노치(<살다)'와는 차원을 달리한다.

⑤ 곡물의 이삭 부분을 나타내는 말로는 단일어 외에 '갈목, 수수목' 따위를 들 수 있다. '갈목'은 갈대의 이삭이고, '수수목'은 수수 이삭의 목이다.

⑥ 목소리를 나타내는 말로는 '목이 쉬다'로 변성을 의미해

'목'이 목소리를 뜻하는 것을 볼 수 있다. 이밖에 '놀량목, 목내다'가 목소리와 관계가 있는 말이다. '놀량목'은 목소리를 떨어 속되게 내는 소리다. '목내다'는 옛말로 소리를 내다라는 말이다. '목놓아 울다'의 '목'도 목소리로 볼 수 있다. '목놓아'는 방성대곡(放聲大哭)의 '방성'에 대응된다.

이상 '목'과 관련된 낱말을 살펴보았다. 그런데 이 '목'은 외국어와 비교할 때 차이를 보인다. 우선 일본어는 '구비(首·頸)'가 목에서부터 위의 부분, 곧 머리를 의미하기도 하며, 중국어 경(頸)은 베아링을, 영어 neck는 인쇄활자의 면과 어깨 사이의 부분을 의미하기도 한다. '해고·면직'의 뜻은 한일어에만 나타나는 것 같다. 그리고 일본에는 '구비(首)'가 죽음, 참수와 관련된 단어가 많다는 것이 하나의 특징이다. 문화가 다른 것이다.

몸꼴 내다 얼어죽는다

몸

옛날에 인물을 고르던 기준으로 신언서판(身言書判)이란 것이 있었다. 신수, 말씨, 문필, 판단력의 네 가지가 그것이다. 사실 이 네 가지는 사람을 평가하는 일반적인 기준이라 하여 좋을 것이다. 우선 사람은 어느 정도 허우대가 좋아야 하겠고, 속에 품은 뜻을 제대로 표현할 수 있어야 하겠다. 그리고 글을 쓸 줄 알아야 하고, 무엇보다 건전한 가치관, 곧 판단력(判斷力)을 갖추어야 한다.

그런데 요사이는 상류사회를 지향하여 이들 네 기준 가운데 이상적으로 첫째 기준인 신, 곧 '몸'에 신경을 쓰는 것 같다. 그것도 여성이 그러하다. 여성은 선천적으로 미를 추구하게 되어 있어 그렇다고는 하더라도 요즘은 그 정도가 너무 심한 것 같다. 그래서 마침내 지방 흡입(脂肪吸入) 수술을 받다가 고귀한 생명을 잃는 사건까지 발생하였다. 그러니 여자가 "얼굴만 예쁘다고 여자냐, 마음이 고와야 여자지"라는 흘러간 가요의 가사를 되뇐다 하여 이상할 것도 없게 되었다.

'몸'은 '사람이나 동물의 형상을 이루는 전체'라는 것이 기본적 의미이다. 이 밖에 사물의 동체(胴體), 또는 어떤 신분이나 사람임을 나타낸다.

우리는 확실히 사람의 형모(形貌)에 많은 관심을 가지는 것 같다. 그래서 우리말에는 '몸'이 모양이나 맵시와 관련된 말이 많다. '몸꼴, 몸매, 몸맨두리, 몸맵시, 몸빛, 몸씨, 몸집, 몸태, 몸피' 따위가 이러한 것들이다.

'몸꼴'은 몸의 생긴 모양이나 맵시를 이른다. "몸꼴 내다 얼어 죽는다"는 속담의 '몸꼴'이 그것이다. 이는 날씨가 추운데 맵시를 내느라고 옷을 얇게 입어 얼어죽겠다고 비웃는 말이다. 이러한 차림은 오늘날 우리 주변에서 흔히 볼 수 있는 광경이다. '몸매, 몸맵시, 몸씨, 몸태'는 다 같이 몸의 맵시나, 모양새를 나타낸다. '몸매'의 '매'는 고어의 '미'로, '모양', '맵시'를 나타내는 말이다. '맵시'란 보기 좋게 매만진 모양, 태(態)를 나타내는 말로, 이는 '매(貌·樣)'에 접사 '씨'가 합성된 말이라 할 것이다. 이는 몸맵시를 이르는 말이 '몸씨'이고, 이의 고어가 '몸씨'임에서 확인된다. 이는 '솜씨'와 '마음씨'가 '손-씨(用)', '마음-씨(用)'인 것과 구별된다. '몸씨'의 용례로는 고어에 "몸씨죠타(好身量)"「역어유해」, "몸씨 호 민하다(藐窕)"「한청문감」이 보인다. '몸태'는 물론 '몸'의 맵시나, 겉에

284

나타나는 모양새를 이르는 '태(態)'가 결합된 말이다. '태'의 용례로는 다음과 같은 것을 들 수 있다.

- 농월이도 어미를 닮았음인지 차차 자랄수록 얼굴이 태가 나기 시작했다. 〈최인욱, 『전봉준』〉
- "너는 촌색시라도 촌사람의 태가 조금도 없다. 어쩌면 그렇게 예쁘고 맵시가 좋으냐" 〈한용운, 『흑풍』〉

'몸맵두리'는 몸의 모양과 태도를 이르는 말이다. '맵두리'는 '맵드리'의 방언으로 이는 '옷을 입고 매만진 맵시'를 이른다.

    나이 벌써 서른이 넘었는데도 아직도 처녀티가 그대로 남아 몸맵두리가 여간만 싱싱하고 고와 보이는 게 아니었다. 〈윤흥길, 『묵시의 바다』〉

'몸빛'은 체색(體色)이니, 백인종, 황인종, 흑인종과 같은 피부색을 나타내는 말이고, '몸집'이나 '몸피'는 몸의 부피와 관련이 있는 말로, 전자는 몸의 부피를, 후자는 몸통의 굵기를 나타내는 말이다.

우리말에는 '몸'이 이러한 형모를 나타내는 것 외에 이를 가꾸는 것과 관련된 말도 많다. '몸가축, 몸단속, 몸단장, 몸차림, 몸치레, 몸치장'은 치장과 관련된 말이고, '몸닦달, 몸만들기'는 단련과 관련된 말이다. 치장과 관련된 말 가운데 '몸가축, 몸단장, 몸차림, 몸치레, 몸치장'은 몸을 매만지고 다듬는 것이 주가 되고, '몸단속'은 옷차림이 주가 되는 말이다.

이 밖에도 '몸'이 육체의 의미로 쓰이는 것이 많다. 이 가운데 언중에게 다소 익숙지 않은 말로는 '몸거울, 몸결, 몸구실, 몸수고, 몸시계, 몸칼'과 같은 것이 있다. '몸거울'은 체경(體鏡)을 이르는 말로, 면경(面鏡)과 대를 이루는 말이며, 조어 면에서 '손거울'과는 발상을 달리하는 말이다. '몸결'은 몸의 살결을, '몸구실'은 나라에서 사람 단위로 부과하는 군역과 부역을 나타낸다. '구실'이 '세납(稅納)'을 의미하는 말이어, 이는 세금을 돈 아닌 몸으로 대신한다는 말이 된다. '몸수고'는 몸으로 힘들이고 애쓰는 것이고, '몸시계'는 속어 '배꼽시계'와 달리, 몸에 지니는 시계라는 뜻으로, 회중시계를 가리키는 말이다. 이는 일본어 '體時計'를 직역한 냄새가 짙은 말이다. '몸칼'은 몸에 지니는 작은 칼을 이르는 말로, 옛날 양반가의 부녀자들이 호신용으로 차고 있던 은장도 같은 것이다.

이 밖에 '몸'은 여러 가지 특수한 사물을 지칭하기도 한다. 그 가운데 하나는 성(性)과 관련된 완곡한 표현을 한다는 것이다. '몸 가지다, 몸때, 몸엣것, 몸있다'는 전체가 부분을 나타내는 비유인 제유(提喩)로, '몸'이 '월경'을 의미한다. 이는 성(性)을 금기시한 우리 사회의 언어적 단면이다. '몸을 더럽히다, 몸을 팔다'는 몸이

성적인 면의 육체를 나타내는 경우이다. '몸을 허락하다'도 같은 유의 표현이나, 이는 아직 관용어로는 보지 않는다.

이 밖에 '낱몸, 맨몸, 알몸, 홀몸, 홑몸, 암수딴몸, 암수한몸'과 같은 몸의 종류를 뜻하는 말이 있다. '낱몸'은 개체(個體), '맨몸'과 '알몸'은 아무것도 입지 않은 벌거벗은 몸을 의미한다. '맨'은 맨밥, 맨손과 같이 '다른 것이 없는'을, '알'은 알바늘, 알밤과 같이 '겉을 싼 것이 다 벗겨진 모양'을 나타내는 말이기 때문이다. '홀몸'은 독신(獨身), '홑몸'은 단신(單身)을 의미한다. 임신하지 않은 여성의 몸은 홀몸이 아닌 홑몸이다. '암수딴몸'은 자웅이체(雌雄異體), '암수한몸'은 자웅동체(雌雄同體)를 순화한 말이다.

건전한 정신은 건전한 육체에 깃든다고 한다. 그리고 무엇보다 몸이 튼튼해야 활동을 제대로 할 수 있다. 몸꼴 내다 얼어죽을 필요는 없고, 건전한 육체를 단련해야 한다.

물장구 치고 다람쥐 쫓던 어린 시절
물1

"나를 물로 보지 마!"라는 말이 요사이 부쩍 유행하고 있다. 그래서 그런지 신문기사의 표제(表題)에까지 이 말이 자주 등장한다.

'사이버 안티스쿨' 운동 "물로 보지 마." 〈동아일보〉
'대입 면접 물로 보지 마!' 〈중앙일보〉

'물로 보지 마!'는 '사람을 하찮게 보거나 쉽게 생각하다'라는 뜻의 관용어(慣用語)다. 이는 물이 흔하고, 단단하지 않은 데 연유한 표현이다. 이런 뜻을 지닌 관용어에는 또 '물 쓰듯 하다'라는 말이 있다. 이는 물이 많다고 하찮게 생각하고, 헤프게 쓰는 것을 말한다. 이러한 것이 '물'에 대한 우리 문화였다. 그런데 어느 사이에 우리는 '물 부족 국가'로 전락하게 되었다.

물에 관한 우리 문화를 반영하는 말에 '물꼬'라는 말이 있다.

'물꼬'란 논에 물을 대거나, 빼기 위하여 만든 좁은 물의 통로를 가리키는 말이다. 이 말은 '물(水)-고(鼻)'가 변한 것이다. '물꼬'는 '논꼬'라고도 한다. 논의 코(鼻), 곧 논의 입구에 해당한 부분이요, 물을 대는 입구란 말이다. 다른 나라 말에는 이런 경우 '코' 아닌, '입(口)'이란 말을 쓸 것이다. '물볼기'란 말에도 우리의 문화가 스며 있다. 이는 매로 볼기를 치던 태형(笞刑)의 한 가지로, 조선시대에 여자의 볼기를 칠 때 옷에 물을 끼얹어 살에 달라붙게 한 뒤에 매질을 하던 것이다. 변 사또의 수청(守廳)을 거절해 태형(笞刑)을 받은 춘향이도 이런 '물볼기'를 맞았을 것이다.

'물장구 치고 다람쥐 쫓던 어린 시절'이란 동요를 많이 기억하고 있을 것이다. '물장구'는 다 아는 바와 같이 헤엄칠 때 발등으로 물 위를 잇따라 치는 동작이다. 이는 '물(水)-장구(長鼓)'가 변한 말이다. '장구'는 둥글납작한 북이 아니라, 긴 북이라는 뜻에서 이름이 붙여진 악기 이름이다. 따라서 '물장구'의 '장구'는 이런 장구가 아니다. 수영장이나, 혹은 강물이나 바닷물을 장구에 비유한 것이며, 이때 장구채는 물론 사람의 발이다. 그래서 '물장구'는 '발장구'라고도 한다. 물장구는 한자로어로 '수장고(水長鼓)' 아닌 '수고(水鼓)'라 하여 우리말의 구조와 형태를 달리한다. 영어로는 'the beating, the flutter kick, the swash'라 하여 더구나 북이나 장구와는 거리가 멀다.

'우물물'도 우리 민족 나름의 문화가 반영된 말이다. '우물'은 물론 물을 긷기 위하여 땅을 파고 물이 괴게 만든 시설이다. 이는 '움(穴)-물(水)'이 결합된 말이나, 음운의 변화로 말미암아 '우물'이 된 말이다. '움'은 최세진의 『사성통해(四聲通解)』에 '지실(地室)'이라 하였듯, '움집, 움막'을 이르는 말이나, 원래는 '우묵한 곳, 굴혈(穴)'을 뜻하는 말이다. 따라서 '움물'이란 땅속 우묵한 곳에서 나오는 물인데, 뒤에 '우물(井戸)'의 뜻이 된 말이다. 그래서 본래의 '움물'은 여기에 다시 '물'을 더하여 '우물물'이 되었다.

'우물'과 관련된 말로, 재미있는 말에 '볼우물'이란 것이 있다. '볼우물'은 '보조개'와 같은 말로, 웃거나 말할 때 볼에 오목하게 들어가는 자국, 곧 소인(笑印)을 뜻한다. 황순원의 소설 「소나기」에는 다음과 같은 용례가 보인다.

소녀가 허수아비의 줄을 잡더니 흔들어댄다. 허수아비가 자꾸 우쭐거리며 춤을 춘다. 소녀의 왼쪽 볼에 살포시 보조개가 패었다.

소녀가 참으로 귀여웠을 것 같다.

지금의 '보조개'를 옛날에는 '보조개우물'이라 하였다. 이때 '보조개'란 웃을 때 생기는 자국인 소인(笑印)이 아니다. '볼'을 가리킨다. 고어에서는 요즘 말과 달랐다. '보조개' 뒤에 붙은 '우물'은 오늘날과 같은 '우물(井戸)'이다. 따라서 '보조개우물'이란 말은 '볼-우물'로, 오늘날의 '보조개'와 같은 뜻의 말임을 알 수 있다. 오늘날의 '보조개'는 이 '보조개-우물'의 '우물'이 떨어져 나가 형태와 의미가 다 같이 바뀐 말이다.

우리의 '볼우물'은 일본말로 '에쿠보(笑窪)'라 한다. 이는 우리의 '볼우물'과 형태 구조나 의미가 비슷한 말이다. '구보(窪)'는 '구덩이, 우묵하다'의 뜻을 나타내는 말이다. 그래서 혹 우리의 '볼우물'이 이 일본어 '에쿠보(笑窪)'에서 온 것이 아닌가 하는 사람들이 있으나, 그것은 말이 되지 않는다. 조선의 영조(英祖) 때 편찬된 중국어 사전의 일종이라 할 『역어유해(譯語類解)』보(補)(1775)에 이미 '보죠개우물'이란 말이 보이기 때문이다. 요즘 소인(笑印)의 뜻으로 보는 '보조개'는 '볼(頰)-조개(蛤)'의 복합어로 볼이 조개같이 파인다 하여 붙여진 이름이다. 보조개는 영어로 'a dimple'이라 하는데, 이는 '움푹한 곳'을 뜻하는 말이다. 그러니 영어가 좀 더 일본어의 발상과 가깝다 하겠다.

끝으로 '나비물'이란 예쁜 말을 하나 덧붙이기로 한다. 이는 옆으로 확 퍼지게 끼얹는 물을 말한다. 물을 옆으로 끼얹을 때의 모양이 마치 훨훨 나는 나비의 모습과 비슷하다 하여 이런 이름이 붙은 것이다. 우리 민족의 심미안(審美眼)을 엿보게 하는 대목이다.

(참고 : '보조개'는 고어에서 笑印이 아닌 '볼'을 의미하기도 했다. '보죠개 협(頰)'「훈몽자회·왜어유해」)

달밤에 물맴이 맴을 돈단다

물2

물은 액체 상태를 의미한다. 앞에서 살펴본 본 '물꼬, 물볼기, 물장구, 우물' 따위가 이런 것이다. '물'은 또 '물새, 물개'에서와 같이 강이나, 바다, 호수를 나타내거나, '물고구마'와 같이 수분이 많은 것, '물알'과 같이 미숙한 것, '물때, 밀물'과 같이 조수와 관련된 것 등을 나타낸다. 물은 또한 '물장수'와 같이 음료나 술, 또는 '사회 물'과 같이 경험이나 영향 따위를 비유적으로 나타내기도 한다.

우리가 잘 아는 동요 가운데 <달맞이>라는 노래가 있다. 이 노래는 소학교 음악 교과서에도 실려 있던 것으로, 그 가사가 매우 서정적(抒情的)이다.

비단 물결 남실남실 어깨춤 추고
머리 감은 수양버들 거문고 타면

달밤에 소금쟁이 맴을 돈단다.

그런데 이 노래에 쓰인 낱말 소금쟁이는 '물맴이'가 잘못 쓰인 것이다. '소금쟁이'는 못이나 개천과 같은 물에 떼를 지어 사는데, 긴 발끝에 털이 달려 있어 물 위를 쭉쭉 직진을 하지 맴을 돌지는 않는다. 맴을 도는 수충(水蟲)은 '물맴이'다. '물맴이'는 물방개와 비슷하나, 이보다 몸이 작다. 연못 도랑 등에 살며, 물위에서 뺑뺑 도는 습성을 지녔다. '물맴이'란 이름은 물에 살고, 물위에서 뺑뺑 맴을 돈다고 해서 붙은 것이다. 생활환경과 생활 습성에 따라 이름이 붙여진 것이다. '물맴이'는 '무당선두리, 물무당, 물선두리'라고도 한다. '물맴이'를 무당(巫堂)과 관련짓는 것은 물맴이가 맴을 도는 것이 무당이 춤을 추며 도는 것과 비슷한 데 연유한다. 일본어로는 이를 '미즈스마시(水澄)'라 하고, 영어로는 'a whirligig beetle(회전하는 갑충)'이라 한다. 영어 명칭은 우리와 발상(發想)을 같이한다.

'물수제비'란 말도 한국식 발상과 문화가 반영되어 있는 말이다. 이는 '물팔매'라고도 한다. 아마도 많은 사람이 이런 놀이를 경험하였을 것이다. 둥글고 얄팍한 돌을 수면(水面)과 평행선(平行線)을 긋게 던져, 수면 위를 담방담방 스치며 나아가게 하는 팔매다. 그래서 돌이 수면을 튀기는 횟수에 따라 수제비를 몇 개 따먹었다 하고, 놀이에서는 돌이 가라앉지 않고 제일 많이 물을 튀기게 던진 사람이 승자가 된다. '물수제비'란 물 위로 돌을 던져 물을 튀기게 하는 것이 우리 서민들의 음식인 수제비를 만드는 방법과 비슷한 데서 이런 이름이 붙여진 것이다. 이러한 명명(命名)은 '수제비' 문화가 없는 사회에서는 생각할 수 없는 것이다. '밀가루 반죽을 조금씩 떼어 끓는 장국에 넣다'를 '수제비 뜨다'라 하듯, '물수제비'를 만드는 동작은 '물수제비뜨다'라 한다. 강이나 호숫가에 나가 '물수제비'를 뜨게 되면 잡다한 세상 근심을 잠시나마 날려버릴 수 있을 것 같다. '물수제비뜨다'를 영어로는 'play ducks and ducks'라 하여 우리와는 커다란 표현의 차이를 보인다.

'밀물', '썰물'은 바다와 관련된 말로, 간만(干滿)을 나타낸다. '밀물'은 '밀다(推)'의 '밀-'과 '물'이 합성된 것으로, 밀려들어오는 물이다. '썰물'은 옛날에는 '혈물'이라 하던 것이다. 이는 '끌다(引)'를 뜻하는 말로, 이 말이 음운변화(音韻變化)를 거쳐 변한 것이 '썰다'이다. '썰물'은 이 '썰-'에 '물'이 합성된 말로, 조수(潮水)를 바다로 끌어냄을 뜻한다. 밀물과 썰물은 각각 한자말로, 만조(滿潮), 간조(干潮)라 한다. 만조란 조수가 가득 찼다는 말이고, 간조란 물이 빠져 조수가 말랐다는 말이다. 따라서 이들 한자어의 발상은 우리와는 차이가 난다. 그러나 우리에게고 이와 비슷한 표현이 있다. '간물때'와 '찬물때'란 말이 그것이다. 이들은 각각 '가다'와 '차다'로, 저조(低潮)와 고조(高潮)를 뜻하기 때문이다.

우리말의 '물때'는 조수가 들어오고 나가는 때다. 조수가 들어

오고 나가는 것을 각각 '물밀다', '물썰다'라 하며, 간만(干滿) 때를 각각 '썰때', '물때'라 한다. 일본어에서는 간조를 '히키시오(引き潮)', 만조를 '미치시오(滿ち潮)'라 하여, 우리와 부분적으로 발상을 같이 하기도 하고 달리 하기도 한다. 영어로는 각각 'a ebb(low) tide', 'a high(full) tide'라 하여 일본어의 발상과 같이 한다.

물에 관해서는 노자(老子)의 유명한 말이 있다. '이 세상에 물보다 더 무르고 겸손한 것은 없을 것이다. 그러나 딱딱한 것, 흉포한 것 위에 떨어질 때 물보다 더 센 것은 없다. 약한 것은 강한 것을 이긴다.' 사람은 물의 겸손을 배워야 한다. 또 공자(孔子)는 『논어(論語)』의 옹야편(雍也篇)에서 산수(山水)를 대조하여 이렇게 말하고 있다. "지자요수(知者樂水) 인자요산(仁者樂山), 슬기로운 이는 물을 좋아하고, 어진 이는 산을 좋아한다." 이렇게 말하고, 이어서 "지자동(知者動), 인자정(仁者靜), 지자락(知者樂), 인자수(仁者壽)"라 하였다. 슬기로운 이는 동적이고, 어진 이는 정적이며, 슬기로운 이는 즐기고, 어진 이는 수한다. 자신에게 어울리는 인생을 설계할 일이다.

밑지고 판다는 거짓말

밑1

해가 바뀌려 한다. 이런 때가 되면 한 해를 허송세월 한 것 같아 쓸쓸한 마음에 부산을 떨게 된다. 그리고 고향을 떠난 사람은 문득문득 고향 생각도 하게 된다. 문순태의 『타오르는 강』에는 이런 구절이 보인다.

세밑이 가까워 오니 고향 가고 싶은 마음이 부쩍 간절해지기까지 하였다.

'세밑'은 한 해가 끝날 무렵, 설을 앞둔 섣달그믐께를 이른다. 한자어로는 흔히 세모(歲暮)라 한다. 이 밖에 세말(世末), 세종(歲終), 연모(年暮), 연종(年終)이라고도 한다. 세초(歲初)의 대가 되는 말이다. '세밑'은 고유어로 '설밑'이라고도 한다. 이로 미루어 '歲'는 '설'을 의미하는 말임을 알 수 있다. 그렇다면 '세밑'의 '밑'은 무엇을 뜻하는 말일까?

'세밑'은 한자어로 '세저(歲底)'라고도 한다. '설밑'이라 번역될 말이다. 따라서 여기 쓰인 '밑'은 사전의 풀이 가운데 '일의 기초 또는 바탕'을 뜻한다 하겠다. 곧 다가올 '설'의 바탕이 되는 때라는 말이다. 그러니 자연 '섣달그믐께'가 '세밑', 또는 '설밑'이 된다. 이에 대해 '세말, 세종, 연종'은 그 해가 끝난다는 데 초점이 놓인 말이다. '세모(歲暮), 연모(年暮)'는 같은 끝을 의미하되 운치 있게 비유적으로 표현한 말이라 하겠다.

그런데 '밑'이란 말은 언어 운용에 있어 재미있는 면을 보여 준다. 이의 대표적인 것이 '밑도 끝도 없다', '밑도 끝도 모른다'란 관용어(慣用語)다. '밑도 끝도 없다'는 앞뒤 연관 관계 없이 말을 불쑥 꺼내어 갑작스럽거나 갈피를 잡을 수 없을 때 쓰는 말이다. "'너 요즘 애인 생겼다며?' 그는 밑도 끝도 없이 밥을 먹다 말고 내게 물었다."와 같이 쓴다. '밑도 끝도 모르다'는 어찌 된 영문인지 일의 속내를 도무지 알 수 없을 때 쓰는 말이다. "그는 일의 밑도 끝도 모르면서 남의 일에 곧잘 참견을 한다."가 이런 용례. 그렇다면 이들 관용어의 '밑'과 '끝'은 무엇을 뜻하는 말인가?

'밑'은 아래(下, 底), 속(內), 기초(基), 끝(下端) 등을 나타내는 다의어이다. '끝'은 '마지막(終), 물건의 하단, 결과'를 의미한다. 이들 '밑'과 '끝'은 '시도 때도 없다'와 같은 동의 반복일 수도 있고,

'집도 절도 없다'란 열거의 표현일 수도 있다. 이들은 어느 쪽으로나 해석이 가능하다.

　관용어는 구성된 단어를 보탠 뜻이 아니요, 구성된 단어를 곱한 제3의 뜻을 나타낸다고 한다. 그러나 이는 문맥적으로 납득할 만한 논리를 지니고 있을 때 더욱 의미가 분명해진다. 이렇게 본다면 '밑'과 '끝'은 '단말(端末), 결과'로 보기보다는 '본말, 시종'의 대립적 의미를 지닌다고 볼 때 좀더 설득력을 지닌다. 과정과 결론을 갖추지 않고, 또는 내용도 모르고, 종국(終局)만을 기준으로 행동하는 것으로 해석하게 되면 이 관용어는 소기의 표현 효과를 제대로 드러낼 수 없을 것이다. 이런 의미에서 '밑'은 '下, 底, 內, 基, 端'의 의미라기보다 다른 뜻으로 해석하는 것이 좋다. '근본(根本)'의 의미를 나타내는 것으로 보는 것이다. 그것은 '밑동부리'와 '끝동부리'라는 대립어가 잘 설명해 준다. 이들은 건축 용어로 '밑동부리'는 베어낸 통나무의 굵은 쪽 부분을 의미하고, '끝동부리'는 통나무의 위쪽 끄트머리 부분을 의미하는 말이기 때문이다. '밑'이 '단말' 아닌, '근본'을 의미하는 것이다. '밑'이 이렇게 '근본(本, 原), 으뜸(主)'을 의미하는 경우는 우리 옛말에 많다. 고어에서 이 '밑'은 '믿, 밋' 등으로 나타난다.

　　믿겨집(本妻), 믿곧(본고장), 믿나라(本國), 믿셩(本城), 믿스승(元先生), 믿얼굴(本質), 믿집(本家), 믿쳔(本錢), 믿퍼기(本株)/ 밋남진

(本夫), 밋남편(本夫), 밋왏(原産地), 밋짜치(本産物), 밑가락(主調),
밑감(原料), 밑거리(原材料), 밑꼴(本形), 밑머리(原髮), 밑솜(原綿)

이러한 것이 그 예이다. 따라서 '밑도 끝도 없다'는 '本도 末도
없다'란 대조 열거의 표현이 된다. 그래서 '본말이 없다'는 뜻이
된다. 이렇게 되면 '밑'과 '끝'을 '단말'의 동의 표현으로 보는 것
에 비해 설득력을 갖는다. '밑도 끝도 모른다'의 경우도 결과만이
아닌, 전말(顚末)을 모른다는 뜻이 되어 쉽게 이해된다. 동의(同義)
반복으로 해석하는 것은 발상의 과정을 잊고, 그 말의 유연성(有緣
性)을 상실해 의미를 제대로 이해하지 못하게 된 때문이라 하겠다.
　이 밖에 '밑'과 합성된 재미있는 말에 '밑놀이, 밑쇠, 밑천' 등
이 있다.
　'밑놀이'는 농악에서 상모돌리기를 '윗놀이'라 하는 데 대하여,
꽹과리·징·장구·소고 따위로 농악 가락을 치는 놀이를 일컫는
말이다. 여기에서 '밑'은 '위'와 대조되어 기본을 의미한다. '밑쇠'
는 깨어진 쇠붙이 그릇이나 연장을 값을 쳐서 새것과 바꿀 때 그
깨어진 그릇의 쇠를 가리키는 말이다. 광복 후에 쇠그릇이나 놋
그릇을 알루미늄이나 양은 그릇으로 많이 바꾸어 사용하던 적이
있었다. 그런데 이러한 물물교환(物物交換)의 제도가 사라지며 이
말도 이젠 거의 사어(死語)가 되고 말았다.
　'밑천'은 물론 자본을 의미하는 말이다. 그런데 이는 그 의미가

확대된 말이다. '밑'은 '본(本)'을, '천'은 '錢(전)'의 중국음을 차용한 말이다. 그래서 '밑천'의 본래의 뜻은 '本錢', 곧 기본이 되는 돈, 재산을 가리킨다. '錢'을 '천'이라 하는 것은 돈과 양식을 이르는 '천량(錢糧)'이란 말에도 보인다. '밑져야 본전'이란 말의 '밑지다'는 손해를 본다는 말이다. 여기 쓰인 '밑'은 본전을, '지다'는 떨어질 낙(落)을 의미해 본전에서 아래로 떨어지는 것을 나타낸다. 참으로 사실에 부합한 명명(命名)이다. 그러나 장사꾼의 '밑지고 판다'는 말은 대표적인 거짓말의 하나라던가? 말의 변화를 알게 되면 이렇게 세상이 좀더 많이 보인다.

밑도 끝도 모른다
밑2

"여보게, 그러지 말고 그때 신학교에나 들어갔었다면 좋지 않았겠나?"

덕기는 혼자 생각에 팔려서 걷다가 밑도 끝도 없는 말을 불쑥 내노며 웃었다. 〈염상섭, 『삼대』〉

"밑도 끝도 없다"는 말은 관용어이다. 이는 시작도 끝맺음도 없다는 뜻이니 까닭 모를 말을 불쑥 꺼낸다는 말이다. 비슷한 관용어에 "밑도 끝도 모른다"가 있다. 이는 어찌 된 영문인지 일의 속내를 도무지 모른다고 하는 말이다.

이들 관용어에 쓰인 '밑'과 '끝'은 어떻게 된 말인가? 그게 그것으로 같은 것이 아닌가? "밑도 끝도 없다"는 말로 보아 '끝'은 '末'임에 틀림없다. 그러나 '밑'은 '下'의 뜻이 아니다. 그렇다면 '밑'의 본뜻은 무엇인가?

이것이 언어교육에서 말하는 습득(acquisition)과 학습(learning)의 차이다. 습득된 능력은 말을 유창하게 하게 한다. 이에 대해, 학습된 능력은 말을 바로잡아 주는 구실을 한다. '밑'의 의미를 제대로 모른다는 것은 제대로 학습하지 않았다는 것을 의미한다.

이들 관용어의 '밑'은 본말의 '本'을 뜻하는 말이다. 따라서 "밑도 끝도 없다"는 관용어는 본말(本末)이 다 없다는 말이고, "밑도 끝도 모른다"는 '본말'도 모른다는 말이다. 흔히 생각하듯 '밑'은 아래, 下를 뜻하는 말이 아니다. '밑'의 기본적인 뜻은 '기본', '근본'의 '근본 본(本)'이다. 우리 민족은 기본의 '基', 근본의 '本'의 의미로 '밑'이란 말을 따로 가졌던 것이다. 이 '밑'의 의미가 확장된 대표적인 것이 '下'다. 그리고 바닥(底), 처음(初), 뿌리(根), 끝(末)과 같이 그 의미가 다양하게 확장되었다.

그러면 다음에 '밑'이 기본적 의미 '기본, 근본'을 나타내는 말을 보기로 한다. 이러한 말은 참으로 많다. 그리고 그 의미도 다양하게 세분된다. 우선 이 가운데도 '밑'의 기본적 의미인 '기본'과 관련되는 것으로 다음과 같은 말이 있다.

밑돈(基金), 밑마디(基節), 밑말(原語), 밑머리(原髮), 밑바닥(基底), 밑바탕(根基), 밑반찬(基本副食), 밑불(底火), 밑쌀(主米), 밑알(基卵), 밑절미(基礎), 밑점(基点), 밑지다, 밑천(基金), 밑치기버꾸, 밑표(元標), 밑힘(底力)

위에 든 예에 보이듯 '밑'은 대체로 기본(基本)을 뜻하는 한자어 '기(基)'에 대치될 말이다. '밑바닥'이나 '밑바탕'의 '밑'도 본래는 '아래'가 아닌 '기본'을 의미한다고 보아야 한다. '밑불(火), 밑알(卵), 밑술(酒), 밑장(醬)'도 '基'의 의미를 지닌다고 할 것이다. 참고로 이러한 사정을 알기 위해 몇 개의 단어를 살펴보기로 한다.

'밑천'을 기금(基金)이라 했는데, 이는 직역하면 '밑(本)-천(錢)'이 합성된 말이다. '밑'이 '기본'을 의미하는 말이고, '천'은 '錢'의 중국음을 차용한 것이다. '밑지다'는 '밑(本)-디다(落)'의 복합어로 본전보다 적어 손해를 본다는 말이다. '밑치기버꾸'는 '밑치기-법고'가 변한 말로, 농악에서 풍물잡이들이 큰 원을 그리며 놀다가 법꾸잡이만이 원안으로 들어가 두 줄로 마주보고 서서 앞으로 나갔다 물러났다 하는 놀이다. 따라서 다른 풍물잡이는 쉬고, 법고(法鼓) 잡이만이 악기를 치기 때문에 기본이란 의미의 '밑'이 붙은 '밑치기'라 한 것으로 보인다.

그리고 근본, 또는 근원과 관련되는 말에는 '촛밑, 술밑(酒母), 누룩밑(麴母)' 같은 것이 있는데, 이들은 각각 초, 술, 누룩을 만드는 바탕, 곧 원료를 이르는 말이다. '밑거리(原材料), 밑그루(接本), 밑꼴(原形), 밑나무(接本), 밑쇠(原鐵), 말밑(語源)'도 '밑'이 '原', '本'을 의미한다. '밑쇠'는 쇠그릇이나 연장을 새 것으로 바꿀 때 값을 쳐주는, 헌 그릇의 쇠를 가리키는 말이다.

'밑'이 기본적 의미에서 확장되어 기초, 또는 처음(初)을 의미하기도 한다. 이러한 말에는 다음과 같은 것이 있다.

밑간, 밑감(기초재료/주재료), 밑거름, 밑글, 밑솜, 밑씨, 밑조사
(기초조사), 밑칠(애벌칠), 밑그림, 밑그림약, 밑그림칠, 밑벌쓰기(초
벌쓰기)

'밑다짐(지하수 속 건조물의 기초를 다지는 일), 시룻밑(시루의 밑에 끼는 기구)'은
바닥에서 '下'의 뜻으로, '밑돌'은 기초에서 '下'의 뜻으로, '밑동'
은 기본·근간에서 '下'의 뜻으로 의미가 바뀐 것이라 하겠다.

'밑'은 기본, 또는 근본의 의미를 나타내다 보니 자연스럽게 개
념적으로 인접된 '下'의 의미를 나타내게 되었다. 이로 말미암아
일반 언중에게는 위의 기본적 의미보다 이 변화된 의미가 친숙해
져 '밑'이라면 으레 '下'의 뜻을 떠올리게 된 것이다. '아래(下)'의
의미를 나타내는 말에는 많은 것이 있다. 여기서는 그 가운데 몇
가지만 보기로 한다.

귀밑, 날밑, 들때밑, 물밑, 밥밑콩, 산밑, 섯밑(<혓밑), 코밑, 턱
밑, 밑구멍, 밑깎기, 밑깔이짚, 밑두리콧두리, 밑돌다, 밑받침, 밑뿌
리, 밑싣개, 밑씻개, 밋자리, 밑짝, 밑창, 밑털

이렇게 '밑'은 본래 '아래(下)'에 대칭되는 말이 아니다. '아래'와
대칭되는 것은 '위'다. '밑'은 '기본(基本)'이란 말이다. '푸르다'가

본래 초록의 뜻에서 의미가 확장되어 청색을 의미하게 된 것과 같다. 언어는 문화를 반영한다. 우리 민족은 기본·근본을 안 민족이다. 밑과 끝을 모르는 것이 아니라, 잘 안 민족이다.

바늘뼈에 두부살
바늘

우리 고전에 '바늘'과 관련된 작품이 두어 개 있다. 그 하나가 조선조 순조 때 유씨 부인이 지은 『조침문』이고, 다른 하나가 작자 연대 미상의 가전체(假傳體) 작품 『규중칠우쟁론기』다.

『조침문』은 부러진 바늘을 의인화하여 쓴 제문이다. 여기에는 바늘의 모습과 재주가 뛰어남을 찬양하고 있는 부분이 보인다.

아깝다 바늘이여, 어여쁘다 바늘이여. 너는 미묘한 稟質과 특별한 재치를 가졌으니, 物中의 명물이요, 鐵中의 錚錚이라. 민첩하고 날래기는 백대의 俠客이요, 굳세고 곧기는 만고의 忠節이라. 추호 같은 부리는 말하는 듯하고, 뚜렷한 귀는 소리를 듣는 듯한지라. 綾羅와 비단에 鸞鳳을 수놓을 제, 그 민첩하고 신기함은 귀신이 돕는 듯하니 어찌 人力의 미칠 바리오?

'바늘'은 규중(閨中) 칠우(七友)의 하나로, 우리 생활에 없지 못할 것이다. 이는 물론 침선(針線)의 도구이다. 그러나 '바늘'은 이 밖의 다른 의미로도 쓰인다. 시계나 저울 따위의 눈금을 가리키는 뾰족한 물건, 뜨개질 할 때의 막대, 주사침 따위를 가리키는 것이 그것이다. 중국어에서 '針'이 침술을, 일본어에서 'はり(針)'가 '蜂のはり(벌침)', 'ばらのはり(장미가시)'와 같이 '針'이나 '가시'를 의미하는 것은 우리와 다른 점이다.

바늘에는 여러 가지가 있다. 한자어 大針, 中針, 細針에 대응될 고유어로는 '돗바늘, 중바늘, 잔바늘'을 들 수 있을 것이다. '돗바늘'은 '돗자리 바늘'이란 의미로, 매우 크고 굵은 바늘을 가리킨다. 돗자리나 가마니를 꿰매는 데 쓰는 '돗바늘'은 한 뼘쯤 되는, 무쇠로 된 굵은 바늘이다.

이 밖의 바늘의 종류로는 '그물바늘, 시침바늘, 알바늘, 작대기바늘' 따위가 있다. '그물바늘'은 망침(網針)으로, 옛날 그물을 만들 때 쓰던 뼈나 돌로 된 바늘이거나, 그물을 뜨는데 쓰는 흔히 참대로 만든 바늘을 말한다. 이에 대해 '시침바늘'은 시침할 때 천이 움직이지 않게 꽂아 두는 바늘로, 이불이나 요 같은 큰 것을 바느질할 때 이 바늘을 꽂아 두게 된다. '알바늘'은 실을 꿰지 않은 바늘이고, '작대기바늘'은 돗바늘과 같이 길고 굵은 바늘이다.

'바늘귀, 바늘구멍, 바늘허리'는 바늘의 부분 명칭이다. '바늘귀'란 바늘 위쪽에 실을 꿰도록 뚫린 구멍이다. '바늘구멍'도 마찬가

지다. 이를 영어로는 'a needle eye'라 하고, 일본어로는 '針の耳' 또는 'めど(目處)'라 하고, 중국어로는 '針鼻兒', '針眼'이라 하여 우리와 상당한 발상의 차이를 보인다. '바늘허리'는 바늘의 가운데 부분을 이르는 말로, "급하면 바늘허리에 실 매어 쓸까?"와 같이 속담에도 보이는 말이다. 이 속담은 무슨 일에나 일정한 절차와 순서가 있는 것이니, 아무리 급하다고 하더라도 이에 쫓아 하지 않으면 안 된다는 말이다. 이무영의 소설 『농민』에는 다음과 같은 용례가 보인다.

"집을 나간 뒤로 죽었는지 살았는지두 모르는 터에 노형이 그런 소릴 하니 귀가 번쩍 뜨이지 않겠소? 얘길 좀 허시구려."
"허 이 양반 바늘허리 매어서 쓰려 들잖겠나? 먹을 걸 좀 먹어야 얘기두 하잖소?"
일부러처럼 술 한 잔을 더 달래어 마시고야 푸실푸실 이야기를 꺼낸다.

바늘은 작고 위험한 것이어 잘 간수해야 한다. 이는 실패에 꽂아 두기도 하나, 여러 가지 물건에 넣어 두거나, 꽂아 둔다. '바늘겨레, 바늘꽂이, 바늘방석, 바늘집, 바늘통, 반짇고리'가 이런 것이다. '바늘겨레'란 예전에 부녀자들이 바늘을 간수할 목적으로 만든 수(繡) 공예품이다. 거북 모양, 안경집 모양, 호리병 모양, 장방형 등의 것이 있는데, 안경집 모양, 호리병 모양의 것은 바늘을 속에 넣게 된 것이고, 거북 모양, 장방형의 것은 바늘을 꽂게 되어 있는 것이다.

'바늘방석'은 '바늘겨레'와 같은 말이다. 따라서 이는 염라국의 형구나 되는 듯 무시무시하게 생각하지만 그런 것은 아니다. '바늘꼬지'는 문자 그대로 바늘을 쓰지 않을 때 꽂아 두는 물건이다. '바늘집'은 바늘을 몇 개 넣어 몸에 달고 다니는 조그마한 갑을 말한다. 이것이 장식품이 된 것이 '바늘집노리개'다. 이는 크고 작은 바늘집을 각각 하나씩 아래위로 곁들여서 달게 되어 있다.

'바늘통'은 옛날 바늘을 담아두던 뼈로 된 통을 가리킨다. 이는 청동기 시대의 유적에서 나온 것으로, 둥근 동물 뼈의 한쪽 끝을 막아서 만든 것이다. '반짇고리'는 '바느질고리'와 같은 말로, 바늘·실·골무 따위 바느질 도구를 담는 그릇이다. 이 밖에 '바늘쌈'이란 말이 있는데, 이는 바늘 스물네 개를 종이나 납지로 납작하게 싼 뭉치이다. 상품으로서의 바늘은 이렇게 낱개 아닌 쌈으로 싸여 있다.

바늘과 관련된 특수한 말로는 '바늘버나, 바늘비우기, 바늘뼈, 바늘투구' 같은 것을 들 수 있다. '바늘버나'는 사당패 놀이에서 대접을 돌리는 재주의 하나다. 앵두나무 막대 끝에 바늘을 꽂아 돌림으로써 대접이 공중에 떠 있는 것처럼 보이게 하는 것이다.

‘바늘비우기’는 뜨개질한 바탕이 구멍이 나게 코를 비워 놓고 뜨는 것이다.

‘바늘뼈’는 비유적인 말이다. 바늘처럼 가는 뼈라는 뜻으로, 몸이 가늘고 호리호리한 사람의 뼈대를 이른다. 요새 호리호리하다 못해 삼대 같이 마른 모델들을 보게 되는데 이런 사람들의 뼈대가 ‘바늘뼈’이겠다. “바늘뼈에 두부살”이란 관용구가 있거니와, 이는 바늘처럼 뼈가 가늘고, 살이 두부같이 힘없다는 뜻으로, 몸이 아주 연약한 사람을 비유하는 말이다. 이런 사람은 사람 축에 끼이지도 못할는지도 모른다.

‘바늘투구’는 형구의 하나로, 투구 안에 많은 바늘이 꽂혀 있어 이를 씌워 조이거나, 쳐서 고통을 주게 된 형구(刑具)다. ‘바늘방석에 앉은 것 같다’고 하거니와 ‘바늘투구’야말로 바늘에 의한 형벌을 가하는 것이다.

이 밖에 ‘바늘’과 관계가 있는 말로는 ‘바느질집, 삯바느질’과 같은 많은 ‘바느질’과의 합성어가 있다. ‘바느질’은 물론 침선을 뜻하는 말이다.

늦바람이 용마름을 벗긴다

바람

우리집 낭군은 고기잡이를 갔는데
바람아, 강풍아, 석달 열흘만 불어라.

이런 민요가 있다. 고기잡이를 간 남편이 돌아올 수 없게 강풍이 불기를 빌고 있는 노래다. 여인이 바람이 난 것이다. 새 연인과 사랑을 나누려면 남편이 방해가 된다. 그래서 남편이 불귀(不歸)의 객이 되기를 기원하고 있다. 참으로 사랑은 귀한 것이나, 모진 것임에 틀림없다.

공기의 유동(流動)을 '바람'이라 한다. 그러나 바람에는 이러한 뜻만 있는 것이 아니다. '남녀 관계로 생기는 들뜬 마음이나 행동'도 바람이라 한다. 위의 민요의 주인공과 같은 경우를 우리는 '바람이 났다'고 한다. '병이 났다', '탈이 났다'와 같이 '바람이 발생했다'는 말이다. 이런 바람을 일본어로는 '우와키(浮氣)'라 한다. '들뜬 기운, 들뜬 마음'이란 말이겠다. 그런가 하면 바람은 풍병(風病)·중풍(中風)을 가리키기도 한다. 중풍에 걸린 것을 '바람 맞았다'고 하는 것이 그것이다. 고본『춘향전』에 보이는 "저 춘향이 거동 보소. 검은 머리 집어 꽂고, 때묻은 헌 저고리 의복 형상 검게 하고, 짚신짝을 감발하고 바람 맞은 병신 같이, 죽으러 가는 양의 걸음으로 석양 먼 개에 짝잃은 원앙이오, 봄바람 따스한 날에 꽃을 잃은 나비로다."의 '바람 맞은 병신 같이'가 그 예이다. 바람은 또 사회적으로 일어나는 일시적인 유행이나 분위기 또는 사상적 경향 등을 의미한다. '머리에 물들이는 바람', '보수세력을 비판하는 바람'과 같은 것이 그것이다. 바람은 이밖에도 다양한 뜻을 지닌 다의어(多義語)다.

'바람'과 관련된 말은 여러 가지가 있다. 바람이 이는 장소, 계절, 시각, 바람의 성격 등에 따라 여러 가지로 달리 일러진다. 이러한 다양한 바람은 바로 그 언어사회의 문화를 반영한다.

바람은 우선 풍향에 따라 달리 일러진다. '샛바람(東風), 하늬바람(西風), 마파람(南風), 뒤바람(北風), 갈바람(西風), 갈마바람(南西風)'과 같은 것이 그것이다. 이는 본래 뱃사람들이 이르던 말이다. '새, 하늬, 마, 뒤'는 동서남북을 이르는 우리의 고유어이다. '윗바람, 아랫바람'은 물의 상류와 하류 쪽에서 불어오는 바람을 가리킨다. 그러나 이들도 연을 날릴 때에는 각각 서풍과 동풍을 나타낸다.

바람은 불어오는 장소에 따라 '강바람, 갯바람, 골바람, 들바람,

문바람, 물바람, 바닷바람, 벌바람, 산바람'과 같이 다양하게 구분된다. '갯바람'은 바다에서 육지로 부는 짭짤한 바람이다. 시원한 바닷바람과는 차이가 난다. '골바람'은 골짜기에서 산 위로 부는 바람이고, '들바람'은 들에서 불어오는 바람이다. '문바람'은 문이나 문틈으로 들어오는 바람이다. 문구멍으로 황소바람이 들어온다고 한다. '물바람'은 강이나 바다 따위의 물 위에서 불어오는 바람이다. '벌바람'은 벌판에서 부는 바람이다.

불어오는 장소에 따른 바람은 이 밖에 '꽁무니바람, 몽고바람, 바깥바람, 손바람, 속바람'과 같은 것이 있다. '꽁무니바람'은 뒤에서 불어오는 바람을 뜻하고, '몽고바람'은 몽고(蒙古)의 고비사막에서 불어오는 바람을 가리킨다. 봄에 황사를 날라오는 바람은 이 몽고바람이다. '바깥바람'은 바깥에서 부는 바람을 뜻한다. 이는 또 바깥 세상의 기운이나 흐름을 뜻하기도 한다. 그래서 외국의 풍물을 접하고 들어왔을 때 '바깥바람을 쐬고 왔다'고 한다. '손바람'은 손을 흔들어 내는 바람이다. 이는 일을 치러 내는 솜씨나 힘을 의미하기도 한다. '속바람'은 몹시 지친 때에 숨이 차서 숨결이 고르지 못하고 몸이 떨리는 현상을 말한다. 세상을 살아가며 '속바람이 이는 일'이 있어서는 안 되겠다. 박종화의 '금삼의 피'에 보이는 '연산(燕山)은 분함을 못 이기어 사지를 부르르 떨었다. 속바람이 일어날 듯하다'에 보이는 '속바람'이 이러한 것이다. 이는 몸 속에서 이는 바람이란 뜻으로 명명한 말이라 하겠다.

바람은 계절에 따라 '봄바람, 가을바람, 겨울바람, 피죽바람, 박초바람'과 같이 일러지기도 한다. '피죽바람'이란 '피죽도 먹기 어렵게 흉년이 들 바람'이라는 뜻으로, 모낼 무렵 오래 계속하여 부는 아침 동풍과 저녁 서풍을 말한다. 요사이는 '피죽바람' 아닌, 90년만의 '가뭄'이 들어 피죽도 먹기 어려운 흉년이 들지 않을까 염려된다. '피죽'이란 피로 쑨 죽으로, 굶은 사람처럼 맥이 없고 비슬거릴 때 '피죽도 못 먹었나?'라고 조롱하듯, 조악한 음식의 대표격인 것이다. '박초바람'이란 한자말로 '박초풍(舶趠風)'이라고도 하는 것이다. 이는 '배를 빨리 달리게 하는 바람'이란 뜻으로, 음력 오월에 부는 바람이다.

'늦바람, 밤바람, 새벽바람'은 바람이 부는 시각과 관련된 것이다. '늦바람'은 저녁 늦게 부는 바람이다. 뱃사람의 은어로는 '느리게 부는 바람'을 뜻하기도 한다. 그리고 이는 나이 들어 늦게 난 난봉이나 호기를 의미하기도 한다. "늦바람이 용마름을 벗긴다"는 속담의 '늦바람'이 그 예이다. 이는 늦게 불기 시작한 바람이 초가집 용마름을 벗겨 갈 만큼 세다는 뜻으로, 사람이 늙어서 바람이 나면 걷잡을 수 없음을 비유적으로 나타내는 말이다. "사람도 늦바람이 무섭다"가 바로 이런 속담이다. 사람은 일생에 한 번은 바람을 피운다고 한다. 그래서 바람을 피운다면 늦게 피우는 것보다 일찍 피우는 것이 낫다고 한다. 걷잡을 수 없어 가정의 파탄을 몰아 오는 불상사를 피하자는 심정에서다. 그러나 사랑이 이성(理性)이 아닌 감성에 의해 싹트는 것이고 보면, 그것도 말처럼 쉬운 일은 아니다. 나이 들어서 바람 피우는 사람은 '늦바람둥이'라 한다.

요사이는 '늦바람'을 피운 것도 아닌데 황혼이혼을 많이 한다고 한다. 그 이유는 여성해방에 있는 것 같다. 세태의 변화를 실감하게 하는 사태다.

●●●

발을 뻗고 자겠다
발(足)

우리 속담에 "누울 자리 보고 다리를 뻗어라"라는 말이 있다. 누울 자리도 없는데 다리를 뻗으면 그 결과가 어떻게 되겠는가? 이는 앞으로 벌어질 상황이나, 결과를 생각해 가면서 미리 살피고 일을 시작하라는 말이다. "이불 깃 보아 가며 발 뻗친다"도 같은 뜻을 나타내는 속담이다. 그런데 요사이는 국정(國政)이나, 사사로운 일이나 전개될 상황에 대한 배려를 제대로 하지 않고 즉흥적으로 대처하는 경향이 있는 것 같다. 그래서 일을 망치고, 발을 뻗고 잘 수 없게 한다. 근심 걱정을 자초할 일이 아니라, 발을 뻗고 잘 수 있게 일을 처리해야 할 것이다. 걱정되던 일이 다 없어지고 마음이 편하게 됨을 나타내는 "발을 뻗고 자겠다"는 속담이 우리 주변에 자주 쓰이게 되는 상황이 돼야 한다. 그런 의미에서 이번에는 '발'과 관계된 말을 보기로 한다.

국민의 정부 들어서는 개각(改閣)도 부지런히 하였다. 이런 때

자주 등장되는 말에 '마당발'이란 것이 있다. 인간관계가 넓어서 폭넓게 활동하는 사람을 가리키는 말이다. 김종성의 「수국이 있는 풍경」에는 다음과 같은 '마당발'의 용례가 보인다.

강삼연 최고위원은 마당발이라는 별명이 붙을 정도로 정당 문화 사회 단체의 모임에 얼굴을 들이밀지 않는 데가 없었다.

'마당발'의 이러한 뜻은 비유적 의미이다. 그러기에 사전에 따라서는 '마당발'을 '볼이 넓고 바닥이 평평하게 생긴 발. 편평족(扁平足)'이라고만 풀이하고 있다. '마당발'은 발의 볼이 넓다고 하여 붙여진 이름이다. '편평족'은 발바닥이 평평하다는 데 초점이 맞추어진 한자어다. 고유어에도 이러한 말이 있다. 그것은 '납작발'이란 것이다. '마당발'은 영어로 'flatfoot' 또는 'splayfoot'라고 하여 우리의 '납작발' 및 '마당발'과 같은 발상의 말이다. 일본어에는 한자말 '헨페이소쿠(扁平足)' 외엔 다른 말이 없는 것 같다. 우리의 경우 발이 평평하다는 쪽에 초점을 맞춘 말은 따로 하나가 더 있다. '마당발'의 대가 되는 '채발'이란 말이다. 이는 볼이 좁고 길쭉하여 맵시 있게 생긴 발을 가리킨다. 조지훈의 『승무』에서 "돌아설 듯 날아가며 사뿐히 접어 올린 외씨보선이여"라고 노래 불린 외씨보선을 신은 발은 바로 이런 '채발'일 것이다. '채발'은 물론 '채'와 '발'이 합성된 말로, 여기의 '채'는 무채나 오이

채와 같이 가늘고 길게 썬 것을 가리키는 말이다. 따라서 '채발'은 채와 같은 발이란 말이니, 가늘고 긴 것을 의미한다. 이러한 말은 영어나 일어에는 보이지 않는다. 번역이라도 하자면 설명을 붙여 표현해야 할 것이다. 마당발을 뜻하는 '편평족(扁平足)'과 비슷한 말에 '편발(扁-)' 또는 '평발'이 있다. 그러나 이는 뜻이 다른 말이다. '편발'과 '평발'은 같은 뜻의 말로, 이들은 발바닥에 오목 들어간 데가 없이 평평하게 된 발을 가리킨다. 이러한 '평발'을 가진 사람은 걷는 데 불편하여 먼 길을 가지 못한다.

'발'에는 동물의 이름과 합성된 말로, 그 의미가 전성된 것이 꽤 있다. '까치발, 거미발, 괴발개발, 기러기발, 노루발, 오리발' 같은 것이 그것이다. '까치발'에는 두 가지가 있다. 이들은 다 까치(鵲)의 발(足)에 연유하는 말이다. 그 하나는 '발뒤꿈치를 든 발'을 의미한다. 문순태의 『타오르는 강』에 보이는 다음과 같은 용례가 그것이다.

　　그는 까치발을 딛고 서서 강의 여기저기를 두루 굽어보았지만
　　그가 타고 왔던 무곡선은 눈에 띄지 않았다.

다른 하나는 '선반이나 탁자 따위의 널빤지를 버티어 받치기 위하여 수직면에 대는 직각삼각형 모양으로 된 나무나 쇠'를 가리킨다. 이는 직각삼각형의 빗변이 널빤지의 물건이 내려 누르는

힘을 받도록 되어 있는 것이다. 영어로는 브래킷(bracket)이란 것이다. '거미발'은 거미(蜘蛛)의 발(足)에 연유하는 말로, 이는 장신구 따위에 보석이나 진주 알을 박을 때, 빠지지 않게 물리고 겹쳐 오그리게 된 삐죽삐죽한 부분을 이르는 말이다. 이는 알을 물린 여인의 반지에서 쉽게 볼 수 있다. 이는 그 모양이 거미의 발처럼 생긴데서 비유적인 의미를 지니게 된 것이다.

'괴발개발'은 글씨를 함부로 갈겨 쓴 모양을 이르는 말이다. 따라서 그것이 '발(足)'이란 사실조차 의식이 되지 않는다. 그러나 이는 분명히 '발'에서 연유하는 말로, '괴발(猫足)-개발(犬足)'이 그 어원이다. 고양이의 발자국, 개의 발자국처럼 어지럽게 글씨가 쓰였다는 말이다. 그런데 그 어원을 잘 몰라 '개발쇠발', '게발개발', '쇠발개발' 등 다양하게 쓰이고 있다. '괴발개발'의 용례는 심훈의 『상록수』에 보인다.

더구나 새로 글을 깨친 아이들이 어느 틈에 분필과 연필로 예배당 안팎에다가 괴발개발 글씨도 쓰고 지저분하게 환도 친다.

'기러기발'은 거문고나 가야금 따위 현악기의 줄을 고르는 기구를 의미한다. 단단한 나무로 기러기발처럼 만들어서 줄 밑에 괴고, 이것을 위 아래로 움직여 줄의 소리를 고르는 것이다. 그래서 한자어로는 '안족(雁足)' 또는 '안주(雁柱)'라 한다. 일본어로는

'고토지(琴柱)'라 한다.

'노루발'은 노루(獐)의 발(足)에서 연유하는 말로, 이는 몇 가지 기구를 나타낸다. '노루발장도리'와, '재봉틀에서 바늘이 오르내릴 때 바느질감을 눌러 주는 노루발처럼 두 갈래로 갈라진 부속'과, '쟁기의 볏 뒷면 아래쪽에 붙어 있는, 삼각형으로 되고, 삼각형의 구멍이 있는 두 물건'이 그것이다. 그리고 또 이는 노루발과의 상록 여러해살이풀을 가리키기도 한다. 이는 노루발풀, 또는 녹제초(鹿蹄草)라고도 한다.

'오리발'은 물갈퀴를 뜻하는가 하면, 손가락이나 발가락 사이가 달라붙은 손발을 조롱하여 이르는 말이다. 이는 그 기능과 생김새에서 전의된 것이다. 그런데 이와는 달리 "닭 잡아먹고 오리발 내민다"는 속담에서처럼, '오리발'은 또 엉뚱하게 딴전을 부리는 태도를 속되게 이르는 말이기도 하다. 일본말에는 '오리발'에 해당한 '가모아시(鴨足)'와 같은 말이 따로 없는 것 같다. '물갈퀴'는 '미즈가키(水搔)'라 한다.

● ● ●

얼싸 좋네, 아하 좋네 군밤이여!

밤(栗)

명랑한 이 가을 고요한 석양에
저 밤나무 숲으로 나아가지 않으렵니까?

숲속엔 낙엽의 구으는 여운(餘韻)이 맑고
투욱 툭 여문 밤알이 무심히 떨어지노니

언덕에 밤알이 고이 져 안기우듯이
저 숲에 우리의 조그마한 이야기도 간직하고

때가 먼 항해를 하여 오는 날 속삭이기 위한
아름다운 과거를 남기지 않으려늬?

신석정의 시 「추과삼제(秋果三題)」 중 '밤'을 노래한 것으로, 석정
(夕汀)다운 목가적(牧歌的)인 시다. 정서에 메마른 현대인에게 잊혔던

고향, 자연의 푸근함을 일깨워 준다.

경기민요에 「군밤타령」이란 것이 있다. 13절로 된 이 노래에는 후렴에 '군밤' 사설이 나온다.

　　바람이 분다/ 바람이 분다/ 연평 바다에/ 어허얼사 돈 바람 분
　　다(후렴) 얼사 좋네 아하 좋네/ 군밤이여 에라/ 생률 밤이로구나.

이렇게 그 첫 절은 되어 있다. 군밤은 확실히 맛있는 식품이다.

우리말에는 '밤'을 음식의 재료로 한 말이 많다. '밤경단, 밤다식(茶食), 밤단자, 밤떡, 밤밥, 밤설기, 밤암죽, 밤주악, 밤죽, 밤즙, 밤초' 같은 말이 그것이다. 밤으로 많은 음식을 만들어 먹은 것이다. 이들 가운데는 먹어 보지 못한 것은 말할 것도 없고, 그 이름조차 생소한 음식도 여럿 있다. 이는 그만큼 우리의 음식문화가 변해 말이 낯설어진 것이다.

'밤경단'은 경단의 고물을 밤으로 한 것이다. 경단은 찹쌀가루나 찰수수 따위의 가루를 반죽하여 밤톨만한 크기로 둥글둥글 하게 빚어 끓는 물에 삶아낸 후 고물을 묻히거나 꿀이나 엿물을 바른다. '밤단자(團餈)'는 단자(團子·團餈) 겉에 황밤가루를 꿀에 버무려 묻힌 것이다. '단자'는 경단과 비슷한 음식이다. 이는 찹쌀가루를 반죽하여 끓는 물에 삶아 잘 으깬 다음 꿀에 섞은 팥이나 깨로 소를 넣고, 둥글둥글하게 빚어 다시 꿀을 바르고 고물을 묻힌 떡

이다. 이는 중국에도 있고, 일본에도 있다.

일본의 대표적인 동화 '모모타로(桃太郎)'에도 수수 단자인 '기비당고(黍團子)'가 나오는 것을 볼 수 있다. 이로 보아 단자는 동양 삼국의 음식이고, 경단만이 우리 고유의 음식인 듯하다. '밤설기'는 밤을 넣어 만든 설기로, 쌀가루에 밤을 섞어 넣고 꿀물을 내려 켜켜이 시루에 찐 떡이다. '밤암죽'은 쌀과 밤을 갈아 넣어 묽게 쑨 죽이다.

'밤주악'은 찹쌀가루 아닌 황밤가루로 만든 웃기떡이다. '주악'은 찹쌀가루에 대추 따위를 섞어 꿀에 반죽하고, 계피·생강·깨·잣가루 같은 것을 꿀에 버무려 소를 넣은 다음 송편처럼 만들어 기름에 지진 웃기떡이다. 이는 한자어로 각서(角黍), 조각(糙角)이라 한다. '밤죽'은 밤을 삶아서 거른 물이나, 밤 가루를 푼 물에 쌀을 넣고 쑨 죽인 율자죽(栗子粥)을 가리킨다. '밤즙'은 날밤을 물에 담갔다가 맷돌이나 강판에 갈아서 낸 즙을 익혀서 묵처럼 만든 음식이다. '밤초(炒)'는 밤으로 만든 과자다. 황밤이나 생밤을 푹 삶아 꿀을 넣고 조린 뒤 으깨어 계핏가루와 잣가루를 뿌려 만들거나, 삶은 밤을 벗겨 꿀을 넣고 푹 끓인 다음 으깨어 계핏가루를 뿌려 만든다. 이를 보면 우리 민족은 꽤 음식 호사를 하였다.

'밤나무봉산(封山)'이나, '밤나무뿌리'는 우리의 독특한 문화를 반영하는 말이다. 밤나무가 '신주(神主)'를 상징하기 때문이다. '밤나무봉산'은 한자말로 율목봉산(栗木封山)이라 한다. 신주와 신주를 넣는 궤를 만드는 데 쓰려고 산에 밤나무를 심고, 그 산을 봉하여 잡인이 들어가지 못하게 하는 것이다. 우리 조상은 밤나무를 신성한 나무로 생각했다. 그래서 신주나, 위패(位牌)를 밤나무로 만들었다. 마을의 수호신인 장승의 재료도 대개 밤나무로 했다. 백제 무령왕릉(武零王陵)의 목관, 경주 천마총(天馬塚)의 목곽도 이 밤나무다. '밤나무뿌리'는 신주(神主)를 낮잡아 이르는 말이다. '밤나무뿌리'가 이런 의미를 가지게 된 것은 물론 밤나무로 신주를 만들기 때문이다.

'밤'은 빛깔을 나타내는 말로 많이 쓰인다. 밤이 지닌 검은 빛을 띤 갈색을 '밤빛', '밤색'이라 하는 것이 그것이다. 이는 구체적인 사물로 빛깔을 나타내는 경우로, 일본의 '구리이로(栗色)'도 마찬 가지다. '밤빛', '밤색'의 두 말 가운데는 '밤색'과 합성된 말이 많다. 그것도 북쪽의 동식물명에 압도적으로 많은 것은 이채롭다.

다음에는 '밤'과 합성된 좀 색다른 말을 몇 개 보기로 한다. '밤볼, 밤우리, 밤엿, 밤윷, 회오리밤'이 그것이다.

'밤볼'은 입안에 밤을 문 것처럼 살이 볼록하게 찐 볼을 말한다. '밤볼이 지다'는 관용어로 이렇게 되는 것을 나타낸다. 송기숙의 『녹두장군』에서 "제 어미를 닮아 예쁘게 밤볼이 진 사촌 누이의 머루같이 까만 눈에 눈물이 괴었다."가 그 예다. '밤우리'는 밤을 가둔 우리라는 뜻으로, 밤이나 도토리 따위를 썩지 않게 하기 위해 땅 위에 둥글게, 용수 모양으로 둘러친 가리를 가리킨다. 우리 나름의 저장법(貯藏法)이다.

'밤엿'은 밤으로 만든 엿이 아니다. 재료가 밤이 아니라 작은 엿이란 말이다. 밤톨은 관용적으로 작은 것을 비유한다. '밤엿'은 흰엿을 밤톨만 하게 잘라 깨나 콩고물을 묻힌 것이다. 서울 지방의 노래로, 「밤엿타령」이란 것이 있는데, 이는 "호초 양념에 밤엿이오, 밤엿"으로 시작된다. '밤윷'도 밤을 쪼갠 조각처럼 잘고 뭉툭하게 만든 윷짝이다. '회오리밤'은 밤송이 속에 외톨로 들어 앉아 있는 동그랗게 생긴 밤이다. 회오리 같기도 하고 심장 같기도 하다. 영어 'chestnut'의 chest는 심장을 가리키는 것이겠다. 따라서 우리의 '회오리'와는 발상을 달리하고 있다.

밤의 모양을 가리키는 말로는 이 밖에 '녹두밤, 덕석밤, 빈대밤, 왕밤, 쭈그렁밤' 같은 것이 있다. '녹두밤'은 알이 잘고 동글동글한 밤이고, '덕석밤'은 넓적하고 크게 생긴 밤을 이른다. '빈대밤'은 물론 알이 잘고 납작하게 생긴 밤이다. 참으로 명명도 재미있게 했다.

줄밥에 매로구나
밥1

속언에 "밥이 보약"이란 말이 있다. 병에는 약보다 밥을 먹고 힘을 차려야 한다 하여 이르는 말이다. 밥은 서양과는 달리 우리의 주식으로, 우리의 식생활의 주가 되는 음식이다. 밥은 허연 쌀밥이 동경의 대상이었다. 그래서 『흥부전』에도 보면 굶주려 있는 가운데 "어머니 나는 육개장에다 허연 쌀밥을 좀 말아 주시오" 하는 대목이 보인다.

우리말의 '밥'은 여러 가지 뜻을 지닌다. 쌀이나 보리 따위 곡식을 끓여 익힌 음식이나, 끼니로 먹는 음식이란 것이 기본적 의미이다. 그러나 밥은 이 밖에 고양이 밥, 돼지 밥과 같이 동물의 먹이라는 뜻을 나타내기도 하고, 나누어 가지는 모가치를 가리키기도 한다. "제 밥도 못 찾아먹는구나!"와 같이 쓰이는 것이 그것이다. '밥'은 또 남에게 눌려지내거나, 이용만 당하는 사람을 비유적으로 이른다. "가출 소녀는 포주의 밥이 되었다."가 그 예이다. 이 밖에 '밥'은 '낚싯밥'과 같이 속어로 미끼의 뜻도 지닌다.

'밥'은 여러 가지 합성어를 이루어 낸다. 그 가운데 '밥'을 핵어(核語)로 하는 명사는 크게 취사(炊事)와 끽반(喫飯)의 두 가지 뜻을 나타내는 것으로 볼 수 있다. 취사는 밥을 짓는 재료, 밥의 용도, 취사 방식, 취사 결과 등의 다양한 의미를 나타낸다.

- 재료 : 보리밥, 꽁보리밥, 쌀밥, 멥쌀밥, 찹쌀밥, 햅쌀밥, 이밥, 기장밥, 메밀밥, 수수밥, 옥수수밥, 조밥, 강조밥, 차조밥, 피밥, 강피밥, 녹두밥, 콩밥, 팥밥, 잡곡밥, 오곡밥, 감자밥, 나물밥, 콩나물밥, 무밥, 밤밥, 굴밥, 조개밥, 송이밥, 쑥밥, 상수리밥, 김밥, 초밥, 국수장국밥
- 용도 : 강정밥, 젯밥, 잿밥, 사잣밥, 제삿밥, 술밥, 낚싯밥
- 취사 방식 : 됫밥, 섬밥, 말밥, 언덕밥, 지에밥
- 취사 결과 : 엿밥, 눌은밥, 마른밥, 된밥, 고두밥
- 기타 : 물밥, 주먹밥, 별밥(別飯), 흰밥

취사 재료는 그것이 밥의 전체 재료를 나타내는 경우와, 일부 특수 재료를 나타내는 경우의 두 가지가 있다. 이들은 바로 우리 식생활 문화를 단적으로 보여 주는 것이다. 용도는 밥이 어디 쓰이느냐를 나타내는 것이다. 예를 들어 '강정밥'은 '강정'을 만들기 위해 찹쌀을 시루에 찐 지에밥을 나타내는 것이 그것이다. 취사 방식 가운데 '됫밥, 말밥, 섬밥'은 바로 밥을 짓는 쌀의 양을 나

타내는 것이요, '언덕밥'은 문자 그대로 취사 방식을 보여 주는 말이다. 이는 '솥 안에 있는 쌀을 언덕이 지게 하여, 한쪽은 질게, 한쪽은 되게 지은 밥'을 이르는 말이기 때문이다. 이는 밥을 한 가지로만 짓지 아니하고, 한번에 진밥과 된밥을 아울러 지음으로 취향이 다른 가족의 불평을 해소할 수 있는 슬기로운 취사(炊事) 방법이다.

취사 결과의 '엿밥'은 엿물을 짜 낸 밥 찌끼, 이박(飴粕)을 가리킨다. 기타의 '물밥'은 물에 말아먹는 밥을 가리키는 말이 아니다. 이는 굿을 하거나 물릴 때, 귀신에게 준다며 물에 조금 말아 던지는 밥으로, 특수한 우리 민속을 반영하는 말이다. 김동리의『무녀도』에 다음과 같은 예가 보인다.

더구나 누구의 객귀에 물밥을 내 주는 것쯤은 목마른 사람에게
물 한 그릇을 주는 것만큼이나 당연하고 손쉬운 일로만 여겨왔다.

이에 대해 끽반은 밥을 먹는 시기, 밥이 놓인 장소, 담는 방식, 먹는 방법 등에 따라 여러 가지 의미를 드러낸다.

- 시기 : 아침밥, 점심밥, 저녁밥, 샛밥, 참밥, 새벽밥, 밤밥, 군밥, 한밥, 첫국밥, 못밥
- 위치 : 상밥(床飯), 여동밥, 탁잣밥(卓子-), 줄밥

- 담는 방식 : 뚜껑밥, 고봉밥(高捧-), 감투밥, 국밥, 비빔밥, 장
  국밥, 닭고기덮밥
- 먹는 방법 : 강밥, 눈칫밥, 비빔밥, 소나기밥
- 차린 모양 : 맨밥, 소금엣밥, 소밥(素-)
- 기타 : 찬밥, 불공밥(佛供-), 퇴식밥(退食-), 구메밥

시기는 밥을 아침, 점심, 저녁과 같이 언제 먹느냐 하는 것을 나타낸다. '한밥'은 끼니때가 지난 뒤에 차린 밥을 이르고, '첫국밥'은 해산 후 산모가 처음으로 먹는 미역국과 밥을 이르는 말이다. '못밥'은 모내기 할 때에 일을 하다가 들에서 먹는 밥을 가리킨다. 따라서 '못밥'은 샛밥이요, 곁두리라 할 것이다. 위치의 '여동밥'은 중이 귀신에게 주기 위해 밥을 먹기 전에 밥그릇인 여동대에 한술씩 떠놓는 밥을 이르고, '줄밥'은 갓 잡은 매를 길들일 때 줄의 한 끝에 매어 주는 먹이를 이르는 말이다. "줄밥에 매로구나"란 속담에 이 용례가 보인다. 이는 작은 재물을 탐하여 남의 이용물이 됨을 비유하는 말이다. 담는 방식의 '뚜껑밥'은 걸작인 낱말이다. 이는 사발 안에 다른 작은 그릇을 엎어놓고 많이 보이도록 담는 방식을 이른다. 외화(外華)를 노린 것이다. '감투밥'은 '고봉밥'과 마찬가지로 수북하게 높이 담은 밥이다. 먹는 방법의 '강밥'은 강다짐으로 먹는 밥을, '소나기밥'은 평소에 얼마 먹지 않던 사람이 어떤 때에 갑자기 많이 먹는 밥을 이르는 말이

다. 차린 모양의 '소금엣밥'이나 '소밥'은 다 소반(素飯)을 이르는 말이다. 기타의 '퇴식밥(退食-)'은 부처님 앞에 올렸다 물린 밥으로, '불공밥'과 같은 뜻의 말이다. '구메밥'은 죄수에게 벽 구멍으로 몰래 들여보내는 밥을 이른다. 월매가 옥에 갇힌 춘향에게 건넨 밥도 바로 이 '구메밥'이다.

밥에도 못 먹는 밥이 있다

밥2

음식으로서의 '밥'은 크게 보아 취사와 끽반의 두 가지 의미를 드러낸다고 하였다. 그런데 이와 다른 형태와 뜻의 '밥'도 있다. 그것은 '밥'이 관형어로 쓰이는 경우와, 그 뜻이 '식사'와 거리가 먼 경우이다. 이러한 말들에도 우리 문화의 특수성을 드러내는 것이 많다.

'밥'은 우선 생명의 양식을 뜻한다. 무속(巫俗) 신화에는 딸의 정절(貞節)을 지키기 위하여 부모가 딸을 감금하는 일이 자주 벌어진다. 이때 정절만큼이나 또한 생명을 지키는 것이 소중하기 때문에 감금해 놓고는 '구멍밥'을 먹게 된다. 제주도 무속 신화 초공 본풀이에는 임정국 대감과 그의 딸의 이야기가 보인다. 임 대감은 옥황상제의 명을 받아 공사(公事)를 살러 집을 떠나야 했다. 그런데 과년한 딸이 걱정이었다. 그래서 두 부부는 의논 끝에 딸을 방안에 가두고 자물쇠를 채운 뒤 계집종으로 하여금 구멍밥을 주도록 하였다. 계집종은 아가씨에게 구멍밥을 주며 잘 보살폈다. 이렇게 밥은 생명의 양식이다.

'밥벌이, 밥줄, 밥걱정, 밥물림, 밥빼기, 밥받이, 밥쇠, 밥시간' 같은 '밥'을 관형어로 하는 말이 바로 생명의 양식과 직접 관련을 갖는 것이다.

'밥벌이'는 '먹고 살기 위해 하는 일'을 뜻하는 말이다. '벌어서 먹고 살 수 있는 방법이나 수단'은 '밥줄'이라 한다. '밥걱정'은 끼니를 먹는 일에 대한 걱정을 나타낸다. '보릿고개' 같은 역경이 닥쳐오면 이런 걱정을 하지 않을 수 없을 것이다. '밥물림'은 이유기(離乳期)의 먹이 제공 방법을 나타내는 말이다. 이는 '아기에게 처음으로 밥을 먹일 때에 미리 씹어서 되먹이는 것'을 의미한다. 아직 밥을 먹고 소화시킬 능력이 없는 어린 생명이기에 그 생명을 유지·보존하게 하기 위하여 어머니가 자선을 베푸는 이유식이다.

'밥빼기'는 '밥물림'의 다음 단계라 하겠다. 이는 동생이 생긴 뒤에 샘내느라고 밥을 많이 먹는 아이를 뜻하기 때문이다. 동생에게 어머니의 사랑을 빼앗긴 아이는 젖 대신 밥이라도 많이 먹으며 힘든 인생 길을 살아가지 않으면 안 될 것이다. '밥받이'는 '죄인에게 형벌을 주어 그 자백을 받아내던 일'을 뜻하는 말이다. 이는 '밥'이 미끼가 되었음을 알게 한다. '밥쇠'는 절에서 끼니 때를 알리기 위하여 다섯번 치는 종을 나타낸다. 수도하는 중도 생명을 유지하기 위하여는 먹어야 한다. '밥시간'은 물론 끼니때를 나타내는 말이다. 우리 조상은 때(時) 가운데 끼니때를 가장 중요하게 생각했다. 그러기에 때를 의미하는 말이 곧 식사를 뜻하는 말로 변하기까지 하였다. "한 끼, 두끼, 끼(니)를 거르지 말라." 이렇게 쓰이는 '끼'가 그것이다.

이 밖에 '밥도둑, 밥벌레, 밥병신, 밥쇠, 밥자루, 밥주머니, 밥술, 밥자리, 밥잔치, 밥투정' 같은 말도 밥이 생명의 양식, 또는 생계와 관련이 있는 말이다. '밥도둑'은 '일하지 않고 놀고 먹는 사람'을 비유적으로 이르는 말이다. 우리말에는 이러한 뜻의 말이 많다. '밥벌레, 밥버러지, 밥병신, 밥쇠, 밥자루, 밥주머니'와 같은 말이 다 이러한 것이다. 일을 하지 않고 밥만 축내는 것을 얼마나 타기(唾棄)하였는지 가히 짐작할 수 있다. '밥술'은 바로 생계를 비유적으로 이르는 말이고, '밥자리'는 '일자리'를 속되게 이르는 말이다. '밥투정'은 밥이 먹기 싫어서, 또는 밥을 더 달라며 짜증을 부리는 것이다. 밥은 이렇게 생명의 양식 또는 생계 및 생활과 관련을 갖는다.

그런데 이와는 달리 '밥'은 그 의미가 바뀌어 '식사'와는 거리가 먼 것을 나타내는 경우도 많다. 우리의 수수께끼 가운데 "밥도 밥도 못 먹는 밥이 무엇이냐?"고 물으면 "톱밥, 대팻밥"이라 답하는 것이 그것이다. '밥'은 이렇게 부스러기나, 그 밖의 것을 나타내기도 한다.

- 부스러기 : 가윗밥, 끌밥, 대팻밥, 자귓밥, 줄밥, 톱밥, 가랫밥, 먼가랫밥, 볏밥, 도맛밥
- 기타 : 귓밥, 꽃밥, 정자꽃밥(丁字形葯), 뱃밥, 뱀밥, 실밥, 연밥, 가시연밥, 녹밥, 개구리밥, 꿩의밥

　부스러기를 의미한다는 '밥'은 '도맛밥'을 제외하고, '가윗밥' 이하 모두가 연장을 사용하여 사물을 자르거나 깎거나 파거나 썰거나 갈거나 할 때 거기서 생기는 광의의 부스러기를 의미하는 말이다. 이는 이들 연장의 구실을 '먹는 것'으로 본 것이다. '가윗밥'은 가위질할 때 생기는 헝겊 쪼가리를, '끌밥'은 끌로 나무를 팔 때 생기는 부스러기를, '대팻밥'은 대패질할 때에 깎여 나오는 얇은 나무오리를 의미한다. '자귓밥'이 자귀로 깎아낸 나뭇조각, 비목(飛木)을, '줄밥'이 줄질할 때 쓸려 떨어지는 부스러기를, '톱밥'이 톱으로 켜거나 자를 때 쓸려 나오는 가루, 거설(鋸屑)을 의미하는 것도 마찬가지다. '가랫밥'은 가래로 뜬 흙을, 볏밥은 논밭을 보습으로 갈 때 볏으로 넘어가는 흙덩이를 뜻해 앞엣 것과 약간의 차이를 보인다. 이에 대해 '도맛밥'은 칼로 도마질 할 때 생기는 도마의 나무 부스러기를 의미해 앞엣 것과는 조어 및 의미상 큰 차이를 보인다. 도마 위에 자를 물건을 얹어 놓고 칼질을 할 때 생기는 물건의 부스러기는 '칼밥'이라 할 만한 것이다. 그런데 이 말은 국어 사전에는 실려 있지 않고, 북한 사전에만 올

라 있다.

　기타의 '개구리밥, 꿩의밥'은 식물 자체를, '꽃밥, 정자꽃밥, 뱀밥'은 식물의 부위를, '연밥, 가시연밥'은 열매를 뜻하는 말이다. 이에 대해 '귓밥, 뱃밥, 실밥, 녹밥'의 경우는 '밥'이 독특한 의미를 드러낸다. '귓밥'은 귓불의 두께를, '뱃밥'은 배의 틈으로 물이 새어 들지 못하도록 틈을 메우는 물건을, 실밥은 옷이나 수술한 곳을 꿰맨 실의 드러난 부분을 뜻하기 때문이다. '녹밥'은 '실밥'과 관련이 있는 말로, 가죽신의 신울이나 바닥을 꿰맨 실을 뜻하는 말이다. '밥'은 이렇게 먹지 못하는 밥을 의미하기도 한다.

　그리고 여기 덧붙일 것은 밥이 생명의 양식이지만 서양에서는 일반적으로 빵을 생명의 양식이라 한다는 것이다. 그리고 밥이란 말도 따로 없고, 영어의 경우 'rice' 하나로 '벼, 쌀, 밥'을 다같이 나타낸다. 커다란 문화의 차이다.

짚방석 내지 마라, 낙엽엔들 못 앉으랴?

방석

> 짚방석(方席) 내지 마라 落葉(낙엽)엔들 못 앉으랴?
> 솔불 혀지 마라 어제 진 달 돋아온다.
> 아해야, 濁酒(탁주) 山菜(산채)일망정 없다 말고 내여라.

이는 조선조 중종 때 명필 한석봉(韓石峯)이 지은 시조다. 소탈한 묵객(墨客)의 시정이 꾸밈없이 잘 드러나 있다.

시조에는 '짚방석'이란 말이 보인다. 이는 짚으로 만든 방석이란 말이다. '방석'은 말할 것도 없이 배기거나 바닥이 찰 때, 또는 더울 때 깔고 앉는 깔개다. 이는 좌욕(坐褥)이라고도 한다. 역사적으로는 『삼국사기』의 잡지, 거기(車騎) 신라조에 수레의 깔개에 대한 기록이 있는 것으로 보아 일찍부터 깔개를 사용했던 것으로 보인다.

'방석'이란 말은 중국의 한자어인가, 아니면 우리말인가? 중국어로는 방석을 주로 'zuodian(坐墊)'이라 하지, 'fangxi(方席)'라 하지 않는다. 거기에다 한어의 대사서(大辭書)에도 이 말은 표제어로 올라 있지 않다. 일본에서는 이를 'zabuton(座蒲團)'이라 한다. 『삼국사기』의 기록은 '방석'을 '坐子(좌자)'라 적고 있다. 이로 볼 때 '방석'은 우리가 만든 한자어로 보인다. '모난 돗, 방석'이다. 그러나 둥근 방석도 있고 보면 조선시대 중국에 공물로 바치기 위해 조직됐던 방물석자계(方物席子契)의, '지방 특산물인 자리'를 뜻하는 '방물석자(方物席子)'의 준말 '방석'이 혹 그 어원일는지도 모른다.

방석에 대해서는 조선조 영조의 계비 정순왕후(貞純王后)의 재미있는 일화가 전한다. 영조가 간선(揀選)하는 자리였다. 김한구(金漢耉)의 딸인 이 소저(小姐)는 다른 규수들과는 달리 방석을 밀치고, 방석 옆에 앉아 있었다. 영조가 이상히 여겨 그 연유를 물었다.

"제 부친의 이름이 방석 위에 쓰여 있사온데, 자식 된 몸으로 어찌 아비의 이름을 깔고 앉겠습니까?"

소저는 그 다음 영조의 몇 가지 질문에도 영특하게 대답해 왕비로 간택되었다.

방석은 그 종류가 다양하다. 우선 재료로 볼 때 '부들방석, 왕골방석, 죽순방석, 줄방석, 짚방석, 털방석, 호피방석' 따위가 있다. '부들방석'은 개울가나 연못가에 나는 부들로 만든 방석, 포단(蒲團)이다. 일본의 zabuton이 이것이다. '왕골방석'은 왕골껍질로 만든 방석이고, '죽순방석'은 짚을 죽순(竹筍)의 껍질로 싸서 만든 것이다. '줄방석'은 못이나 물가에 나는 볏과의 줄을 엮어 만든 것이다. '털방석'은 털로 짜거나 속에 털을 넣어 만든 것이고, '호피방석'은 호피(虎皮)로 만든 방석이다. '털방석, 호피방석'은 보온을 위한 것이고, 나머지는 모두 식물을 소재로 하여, 시원함을 누리기 위한 것이라 하겠다.

'꽃방석, 두트레방석, 뒤트레방석, 보료방석, 트레방석'은 제조 방식과 관련이 있는 것이다. '꽃방석'은 꽃무늬를 놓아 짜거나, 수를 놓은 왕골방석이다. 화문석(花紋席) 같은 방석이다. 이에 대해 '두트레방석'은 짚으로 둥글고 두툼하게 엮은 것이다. 이는 독을 덮거나, 깔고 앉는 데 쓴다. '뒤트레방석'은 똬리같이 새끼를 돌돌 감아서 만든 것이니, 뒤틀어 만들었다 하여 '뒤트레'라 한 것이다.

'보료방석'은 보료처럼 두툼하고 화려하게 만든 큼직한 방석이다. 보료는 솜이나 짐승의 털 따위로 속을 넣어 두툼하게 만든 요(褥)다. '트레방석'은 주로 짚을 나선형(螺旋形)으로 빙빙 '틀어' 만든 방석이다. 이는 김칫독 따위를 덮는데 사용한다. 이 밖에 '가맛방석, 바늘방석'이 있다. '가맛방석'은 가마를 탈 때 까는 것이다. '바늘방석'은 앉아 있기에 불안한 자리를 비유하여 이르는 말이다. 이는 비유적 의미 외에 '바늘겨레'를 뜻하기도 한다. '바늘겨레'란 바늘을 꽂아 두게 만든 침선(針線) 용구다.

'방석'은 이와 같이 사람이 깔고 앉는 깔개이나, 사물의 깔개, 혹은 덮개 등의 의미로도 사용되었다. '맷방석, 시룻방석, 도래방석'도 이러한 것이다. '맷방석'은 맷돌이나 매통 밑에 까는 방석으로, 짚으로 둥글게 만들며 전이 있다. '시룻방석'은 시루 덮개로, 두껍고 둥글게 틀어 만든 것이다. '도래방석'은 주로 곡식을 널어 말리기 위해 짚으로 둥글게 짠 방석이다. '도래'는 '도래송곳'과 같이 돌리는 것을 뜻한다.

이 밖에 방석에는 또 '곁방석, 살방석'이 있는데, 이들은 비유적 의미를 지닌 말이다. '곁방석'은 본래 주인 곁에 앉는 자리란 말로, 세력 있는 사람에게 붙어 가까이 지내는 사람을 이른다. 정관계(政官界)에 이런 사람들이 많다. '살방석'이란 화살을 닦는, 방석 모양의 물건이다.

'방석'이 어두(語頭)에 오는 복합어도 여럿 있다. 이 가운데 대표적인 것이 '방석니, 방석돌이, 방석둘레, 방석예수, 방석집, 방석코, 방석화랑이' 같은 말이다. '방석니'는 송곳니 다음의 첫 어금니로, 전구치(前臼齒)다. 이 도령이 춘향을 남원에 두고 상경한다니 춘향은 송곳니가 '방석니'가 되도록 갈았다. '방석돌이'는 민속예술 용어로 빙빙 도는 데서 붙여진 이름이겠다. 이는 두 가지 의미를 지닌다. 하나는 진주 검무(劍舞)에서 팔을 들었다 내리며 뒤로 젖히고, 무릎을 굽혀 앉았다 일어서는 춤사위다. 다른 하나는 전남 해안지방 등에서 부녀자들이 절굿공이를 들고 번갈아 절구질을 하며 부르는 경쾌한 노래다.

'방석둘레'는 건축용어로, 단청할 때 둥근 방석 모양으로 그린 무늬다. '방석 예수(禮數)'는 하급 관리가 상급 관리에게 절하고 물러나 방석에 앉을 때에 다시 머리를 숙이며 읍하는 예다. 깍듯한 인사다. '방석집'은 물론 요정(料亭)을 속되게 이르는 말이다. '방석코'는 코가 방석처럼 둥글고 크거나, 그런 사람을 말한다. '방석화랑(花郞)이'는 굿을 할 때 굿판에서 잔심부름을 하는 사람이다.

새해에는 벽두부터 속욕(俗慾)으로 세상이 시끄러울 것 같다. '짚방석 내지 말라'는 소박한 마음으로, 자연의 품에 좀 안길 수 있었으면 좋겠다.

아들을 바꾸는 '방아다리양자'

방아(碓)

가을이다. 이제 머지않아 추수를 하겠고, 사람들은 겨울을 나기 위해 곡식을 찧을 것이다. 이렇게 곡식을 찧거나 빻는 전통적 기구를 '방아'라 한다.

『삼국사기』에 의하면 신라 자비왕(慈悲王, ?-479) 때 백결(百結) 선생이란 가난한 음악가가 있었다. 어느 해 섣달그믐께 이웃 떡방아 소리는 요란한데, 부인은 가난해 떡을 할 수가 없으므로 푸념을 하였다. 이에 백결 선생은 거문고(琴)를 타 방아 소리를 내어 그 아내를 위로하였다. 이것이 세상에 알려져 세인이 이를 대악(碓樂), 곧 방아타령이라 했다고 한다. 이러한 기록에 대해 안악(安岳)의 고구려 고분 벽화(347년)는 디딜방아 그림을 보여 준다. 이로 보아 우리나라에 방아는 적어도 4세기 초에는 있었던 것으로 추정된다.

방아는 그 종류가 여러 가지다. 전통적 방아인 '디딜방아, 물방아, 물레방아, 연자방아' 따위와 새로운 기계문명의 산물인 '기계방아'가 그것이다. '디딜방아'는 발로 디뎌 곡식을 찧거나 빻게 되어 있는 기구로, 외다리방아와 두다리방아가 있다. '죽은 시어미도 방아 찧을 때는 생각난다'는 속담의 방아는 둘이 같이 찧을 수 있는 Y자형의 두다리방아겠다. '물방아'와 '물레방아'는 구별된다. 둘이 다 물을 이용하나, '물레방아'는 물레바퀴(水車)를 이용하는 것이고, '물방아'는 물레가 없는 것이다. 이효석의 유명한 단편소설「메밀꽃 필 무렵」에서 뜻밖의 인연을 맺고, 허 생원(許生員)으로 하여금 평생 봉평 장을 맴돌게 한 낭만의 장소는 바로 이들 가운데 '물방앗간'으로 되어 있다.

'연자방아(研子-)'는 '연자매(研子-)'와 같은 말로, 말이나 소가 매의 윗돌을 끌어 돌림으로 곡식을 찧게 되어 있는 커다란 돌매(방아)다. 이는 매의 원리를 이용한 도정(搗精) 기구다. 그러나 매의 위짝을 누이는 것이 아니라 세운다는 것이 일반 매와는 다르다. 제주도에는 '방앗돌-굴리는 노래'가 전해지는데 이는 다름 아닌 연자방아를 만들, 집채같이 큰 돌을 산에서 마을로 운반하며 부르던 노래다. 이는 마을 주민의 협동심과 힘을 과시하는 일종의 노동요(勞動謠)다.

방아는 또 '금방아, 떡방아, 보리방아, 쌍방아, 횟방아' 같은 것이 있다. '금방아'는 채금(採金)하는 과정에서 물을 이용하여 석금(石金)을 찧는 방아다. '떡방아'는 말할 것도 없이 떡살을 빻는 방아다. '쌍방아'는 한 쌍의 방아로 되어 두 개의 방앗공이가 엇바꾸어 가며 내리 찧게 되어 있는 것이다. 따라서 그만큼 기능적인 방아다. '횟방아'는 토목공사에서 석회(石灰)에 모래를 섞어 물을 치고 찧는 방아다. '붓방아, 엉덩방아'는 사람의 행위를 방아에 비유해 나타내는 말이다. '붓방아'는 글을 쓸 때 미처 생각이 나지 않아 붓대만 놀리는 것을 말한다. 그래서 '붓방아를 찧는다'는 말은 미처 생각이 나지 않아 글을 쓰지 못하고 망설이고, 고심함을 나타낸다. '엉덩방아'는 넘어져 엉덩이를 바닥에 부딪듯 주저앉는 것임은 말할 것도 없다.

방아를 어두로 한 복합어도 많다. '방아굴대, 방아채, 방아허리, 방아확, 방앗공이' 같은 말은 방아의 일부, 또는 그 부품을 나타낸다. '방아굴대'는 물레방아 바퀴의 가운데를 가로지르는 굵은 나무이고, '방아채'는 방아의 몸체로, 두다리방아의 경우 Y자로 생긴 굵고 긴 나무를 말한다. '방아허리'는 긴 방아채의 중간 부분을 가리킨다. '방아확'은 절구의 우묵하게 팬 구멍이고, '방앗공이'는 방아채의 끝에 박혀 확 속의 물건을 찧게 되어 있는, 절굿공이 같은 몽둥이다. 이에 대해 '방아질, 방아품, 방앗삯'은 방아꾼과 관련된 일과 삯을 나타내는 말들이다.

방아는 이 밖에 많은 사물에 비유적으로 쓰인다. '방아깨비, 방아다리, 방아다리노리개, 방아다리양자, 방아두레박, 방아쇠'가 그 것이다. '방아깨비'는 곤충의 이름으로, 다리 끝을 잡으면 방아채처럼 끄떡거림에서 비유된 이름이다. '방아다리'는 금·은·옥 따위로 만든 Y자형 장신구이며, '방아다리노리개'는 같은 Y자형 장신구이나 귀이개를 곁들여 꾸민 것이다.

'방아다리양자'는 좀 색다른 말이다. 이는 두 집에서 서로 아들을 바꾸어 양자(養子)를 하는 것을 말한다. 양자를 들인 집에서 나중에 아들을 낳고, 양자를 준 집에서는 오히려 아들이 모두 요절하여 대를 이을 아들이 없을 때, 양자를 들인 집에서 나중에 낳은 아들을 양자로 삼는 것이다. 이런 사실을 보고 인생은 요지경 속이라 하게 된다.

'방아두레박'은 지렛대를 사용하여 물을 푸는 두레박이다. 우물 옆에 기둥을 세우고, 여기에 긴 나무를 방아처럼 걸친 다음, 한쪽 끝에 줄을 늘여 두레박을 매어달고, 다른 쪽 끝을 눌렀다 놓았다 하며 물을 푸게 된 것이다. 방아다리를 밟으면 방아 머리가 위로 올라가고, 발을 떼면 방아확을 찧는 원리에 근거하여 '방아'란 말이 붙은 것이다. '방아쇠'도 그 기능이 굽은 쇠가 탄약을 맞히는 것이 방앗공이가 방아확을 맞히는 것과 비슷해 붙여진 비유적 명칭이다.

이 밖에 하나 더 덧붙일 것은 '방아타령'이다. '방아타령'은 방아를 주제로 한 민요인데 여러 가지가 있다. 다음은 충남지방의 민요이다.

덜커덩 껄꺼덩 찧는 방애
언제나 다 찧고 밤 마실갈까(마을갈까)?
방애를 찌라면 껄꺼덩 찌고(찧고)
물을 질루(길러) 가라면 바가지만 덕덕 긁네.

방아를 찧는 것은 힘든 노동이다. 그러기에 아낙네들은 이 일
을 빨리 끝내고 마을을 가 즐겁게 놀고자 했다. 삼국유사에 전하
는 문헌상 최초의 속담 "내 일 바빠 한댁 방아(己事之忙 大家之春促)"
의 방아도 주인이 계집종 욱면(郁面)이 염불하는 것을 미워해 시킨
일이었다. 그러나 욱면은 부지런히 벼를 찧고 열심히 염불해 극
락세계로 갔다. 이 속담은 내 일이 급해 부득이 남의 일을 서두
르는 것을 의미한다. 목마른 놈이 샘을 파야 하니 어쩔 수 없지
않은가?

고양이 목에 방울 달기
방울(鈴)

우리말에 "고양이 목에 방울 달기"란 속담이 있다. 『순오지(旬五志)』에는 이 속담을 '묘항현령(猫項懸鈴)'이라 내걸고, 다음과 같은 풀이를 하고 있다.

뭇 쥐가 모여 고양이의 폐해를 어떻게 막을 것인가 상의를 하였다. 한 쥐가 고양이의 목에 방울을 달면 그가 오는 것을 알 수 있을 것이라 했다. 모든 쥐가 좋은 생각이라 했다. 그러자 한 쥐가 좋은 수이기는 하다, 그러면 누가 고양이 목에 방울을 달겠는가 했다. 이는 어려운 일로 꾀할 수 없는 일임을 비유한 것이다.

세상에는 묘수이기는 하나 도모할 수 없는 일이 많다. 여기에 인생의 고민이 있다. 인사도 국정도 마찬가지다.

'방울'은 몇 개의 동음이의어가 있다. 사전에는 두어 개의 단어를 들고 있으나, 적어도 鈴(bell), 滴(drop), 球(ball)와 같은 뜻의 서너 개는 된다. '방울'은 본래 흔들면 소리가 나는 둥근 물건이었을 것이다. 이것이 공이나 구슬과 같은 원형의 것과, 물방울과 같은 것으로 전의·분화된 것으로 보인다.

먼저 쇠붙이로 둥글게 만들어, 흔들면 소리가 나게 된 물건인 방울(鈴)에 해당한 말을 보자. 이런 말로는 '말방울, 말종방울, 매방울, 왕방울, 퉁방울' 같은 것이 있다. 방울은 이렇게 흔히 동물의 목에 다는 것이다. '말방울'은 말의 목에 다는 방울이다. '말종방울'은 종 모양으로 생겼고 위에 꼭지가 달린 것으로, 말의 가슴걸이에 매달아 달릴 때 소리가 나게 된 장식품이다.

신라 때 무관(武官)의 말방울은 영(鈴)이라 했는데, 이는 지위에 따라 방울의 재료와 크기가 달랐다. 대감(大監)의 것은 황금으로 주위가 한자 두 치, 대장척 당주(大匠尺幢主)의 것은 아홉 치, 제감(弟監)의 것은 은으로 아홉 치, 소감(少監)의 것은 백통으로 여섯 치 되는 것이었다.

소에 다는 방울은 따로 방울 아닌, '워낭'이라 한다. 얼마 전에 화제가 되었던 <워낭 소리>라는 영화의 '워낭'이 그것이다. '워낭'은 지역에 따라 풍경(風磬), 또는 핑경이라 하기도 한다. '매방울'은 사냥하는 매의 꽁지에 다는 것이다. '왕방울'은 큰 방울로, "왕방울로 솥 가시듯"이란 속담은 왁자지껄하게 떠드는 것을 비유적으로 나타낸다. '퉁방울'은 동(銅)의 옛 발음이 '퉁'으로, 구리로 만든 방울을 가리킨다. 흔히 '눈이 퉁방울만하다'와 같이 쓰인다.

'방울낚시, 방울띠, 방울북, 방울신, 방울알, 방울잔, 방울춤' 따위는 '방울'과 직접 관련을 갖는 말이다. '방울낚시'는 낚싯줄에 방울을 달아, 딸랑딸랑하는 방울 소리를 듣고 고기를 잡는 낚시다. 줄낚시나 밤낚시에 주로 사용된다. '방울띠'는 방울을 꿰어 만들거나, 방울로 장식한 허리띠다. '방울북'은 탬버린이 처음 들어왔을 때의 이름으로, 한자어 영고(鈴鼓)의 번역어이다. '방울신'은 방울이 달린 신 영리(鈴履)고, '방울알'은 방울 속의 알(鈴丸)이다.

'방울잔'은 고대의 잔으로, 잔 밑에 흙으로 만든 방울알을 넣어 흔들면 소리가 나도록 되어 있는 토기다. 가야 토기(伽倻土器)에서 이런 것을 볼 수 있다. '방울춤'은 방울을 들고 추는 춤으로, 무녀의 춤에서 볼 수 있는 것이다. 이와는 달리 '방울벌레'는 귀뚜라밋과의 곤충으로, 수컷이 가을에 날개를 비벼 고운 방울소리를 내어 방울이란 말이 비유적으로 쓰인 것이다.

둘째로, 물방울(水滴)을 나타내는 '방울'로는 '땀방울(汗珠), 빗방울(雨滴), 이슬방울(露珠)' 등이 있다. 이들 방울은 한자로 물방울 적(滴)자 외에 구슬 주(珠)자로 나타내기도 한다. 물방울의 영롱함이 구슬 같아 그렇게 표현하게 된 것이리라. 수적과 관련된 말에는 '방울병, 방울눈약, 방울약' 등이 있다. 이들에 쓰인 '방울'은 물이나 약이 한 방울씩 떨어지는, 점적상(點滴狀)을 나타낸다.

셋째, 구형(球形)을 의미하는 방울로는 '눈방울, 솔방울, 죽방울, 콧방울'이 있다. 이 가운데 '눈방울'은 정기(精氣)가 있어 보이는 눈알을 말한다. 이 세상에서 가장 큰 방울이 무엇이냐는 수수께끼의 정답이 되는 말이다. '죽방울'은 장구(長鼓) 모양의 작은 나무토막에 실을 맨 공을 공중으로 던져 올렸다 받았다 하며 노는 장난감이다. '콧방울'은 물론 코끝 좌우로 둥글게 내민 부분이다. 방울처럼 끝이 동그란 코를 북에서는 '방울코'라 한다.

이밖에 공과 같이 둥근 방울과 관련이 있는 말로는 '방울강정, 방울꽃, 방울눈, 방울등, 방울떡, 방울뜨기, 방울뱀, 방울손잡이, 방울열매, 방울증편, 방울진, 방울진굿, 방울집게' 같은 것이 있다. '방울강정, 방울꽃, 방울등, 방울떡, 방울증편'은 각각 둥글게 생긴 강정, 꽃, 등(燈), 떡, 증병(蒸餠)을 가리킨다. '방울눈'은 방울처럼 둥글고 부리부리하게 큰 눈이다. '방울뜨기'는 코바늘뜨기에서 여러 코를 한 번에 빼어 방울 무늬로 뜨는 것이다. '방울뱀'은 꼬리 끝에 방울 모양의 각질이 있고, 위험할 때는 그 꼬리를 흔들어 소리를 내는 뱀이다. '방울손잡이'는 고두리손잡이로, 방울처럼 둥글게 생긴 손잡이다. 양옥이나 아파트 문의 손잡이가 흔히 이렇게 생겼다.

'방울열매'는 솔방울이나 잣송이와 같은 구과(毬果)이다. '방울진'

은 도래진, 고리진이라고도 하는 것으로, 둥근 모양으로 치는 진
(陣)이다. 이는 농악놀이에서 한 줄로 죽 서서 나사모양으로 돌아
들어 치거나, 거꾸로 풀어 나오는 진을 이르기도 한다. 강강수월
래에서도 이런 것을 볼 수 있다. '방울진굿'도 같은 것이다. '방울
집게'는 집게의 하나로, 못대가리를 잡는 부리 부분이 둥글게 되
어 있는 것이다.

이밖에 옛날 공치기 운동인 격구(擊毬)에 '구을방울'과 '도돌방
울'이란 용어가 있다. '구을방울'은 전령(轉鈴), '도돌방울'은 도령(挑
鈴)이란 공치기 방식을 말한다. 이 밖에 '방울목'이란 말이 있는데
이는 판소리 창법의 하나로, 방울처럼 굴려서 내는 성음(聲音)이다.
둥글둥글 소리를 굴리는 데서 방울이란 말이 비유적으로 쓰인 것
이다.

굿에서 방울은 신을 부르는 강신(降神) 용구이고, 부채는 신의
위엄(威嚴)을 나타내는 용구라 한다. '방울'을 흔들어 이 나라의 가
호(加護)를 기원한다.

남새밭에 똥 싼 개

밭

　요사이는 참으로 세상이 시끄럽다. 불만도 많고 요구도 많다. 어느 때보다 그 정도가 심한 것 같다. 그래서 엉뚱하게 옛날 덕(德)으로 나라를 다스렸다는 요순 시대(堯舜時代)를 떠올리게 된다. 이때는 태평시대로, 서민들까지 별 불만이 없었던 것 같다. 그래서 당시 8, 90세 되는 노옹(老翁)은 땅을 치며 격양가(擊壤歌)를 불렀다 한다.

　　입출이작(日出而作)
　　일입이식(日入而息)
　　착정이음(鑿井而飮)
　　경전이식(耕田而食)
　　제력우아하유재(帝力于我何有哉)

"해가 뜨면 나가 일하고, 해가 지면 들어와 쉬고, 우물 파서 물을 마시고, 논밭을 갈아 밥을 먹으니, 임금님의 힘이 어찌 내게 미칠까보냐"라 노래한 것이다. 정부를 비판하는 입장에서 보면 요순시대란 부럽기 이를 데 없는 시대라 할 것이다.

그런데 이 격양가에서 '경전이식(耕田而食)'의 '경전'은 밭을 가는 것인가, 아니면 논을 가는 것인가? 이것이 문제가 된다. 우리로서는 '밭 전(田)'자이니 당연히 '밭을 가는 것'이라고 할는지 모른다. 그러나 과연 그럴까?

우리는 논밭을 '전답(田畓)'이라 한다. 이에 대해 중국은 '티엔디(田地)', 일본은 '다하타(田畑)'라 한다. 우리가 '밭'이라 하는 '田'이 '밭' 아닌, 오히려 '논'이다. 중국에서는 물론 '田'이 '토지의 범칭'으로 '전원(田園), 전리(田里)'와 같이 쓰인다(辭源). 중국에는 밭을 나타내는 한자가 따로 없다. '田野'는 논과 들이고 '田園'은 논과 남새밭이며, '田螺'는 우렁이다. 그런데 묘한 것은 우리는 '논'을 나타내기 위해 따로 국자 '답(畓)'자를 만들었고, 일본은 밭을 나타내기 위해 따로 '畑(전), 畠(전)' 두 자를 만들었다는 것이다. '畓'은 물론 논을 이르는 '水田'을 합친 글자다. 이에 대해 밭인 '하타케' '畑'은 水田인 '담보'에 대해 물이 없으므로 '火田'이라 하여 만든 글자이며, '畠'은 하얗게 흙이 말랐다 하여 '白田'을 합쳐 만든 글자이다. 그러니 우리만이 같은 말(글자 '田')에서 의미의 전이가 생겨났다. 이런 것이 언어와 문화다.

'밭'은 본래 물을 대지 아니하고 야채나 곡류를 심어 가꾸는 땅이다. '남새밭, 배추밭, 원두밭, 보리밭, 밀밭, 콩밭'이 그 예다. '남새밭'은 채소밭을 이르는 고유어로, 속담에 '남새밭에 똥 싼 개를 보면 저 개 저 개 한다'는 것이 있다. 이는 한번 좋지 못한 짓을 한 사람은 계속 지탄을 받는다는 말이다. '나물밭'은 표준어가 아니다. '원두밭'은 오이나 참외 수박 따위를 심은 밭이다. '원두(園頭)'가 밭에 심은 참외, 수박, 호박 등을 총칭하는 말이기 때문이다.

'밭'은 이러한 기본 의미에서 너덧 가지 다른 의미로 분화되었다. 첫째, 식물이 들어박혀서 무성한 땅을 이른다. '갈대밭, 억새밭, 솔밭, 쑥대밭, 잔디밭, 풀밭'이 그 예다. 둘째는 무엇이 많이 들어찬 평지를 가리킨다. '눈밭, 돌밭, 모래밭, 자갈밭, 조약밭(조약돌 밭)'이 그 예다. 셋째는 장기나 고누, 윷놀이 등에서 말이 머무는 자리, 곧 '말밭'을 이른다. '윷밭'에서 '돗밭, 걸밭, 앞밭, 쨀밭, 날밭'이라 하는 것이 이런 것이다. 넷째, 여자나 여자의 생식기를 남자의 씨에 상대하여 비유적으로 나타낸다. 관용어 '밭이 다르다'가 배다른 어머니를 나타내거나, '밭팔다'가 속어로 여자가 정조를 팔아 생활하다를 의미하는 것이 이런 것이다.

이 밖에 색다른 문화를 반영하는 말로 '밭갈이소리, 밭고누, 밭담, 밭머리쉼, 밭밟는노래, 밭쟁이' 같은 것이 있다.

'밭갈이소리'는 논밭을 쟁기나 극쟁이로 갈면서 부르는 노래이니, 고유한 일종의 노동요(勞動謠)이다. '밭고누'는 밭 전(田)자 모양의 고누밭을 그려 각각 세 마리의 말을 가지고 움직이다가 말의 갈 길이 없게 되면 지는 놀이다. 다른 고누도 그렇지만 이 고누는 요사이 두는 것을 거의 볼 수 없어 이름만 남기고, 사라지는 것이나 아닌지 모르겠다. '밭담, 밭밟는노래'는 제주도(濟州道)와 관련이 있는 말이다. '밭담'은 제주도에서 밭의 가장자리를 돌로 쌓은 둑을 말한다. 이는 밭의 경계도 짓고, 바람으로부터 곡식을 보호하기도 한다. '밭밟는노래'는 제주도의 농부들이 조의 씨를 뿌린 다음 말이나 소의 떼와 함께 밭을 밟아 다지며 부르는 노래다. 밭을 다지는 것은 씨가 바람에 날아가지 않게 하기 위함이겠다. '밭머리쉼'은 일하다가 잠시 밭머리에 나와 쉬는 것이다. 우리의 논밭에는 농막(農幕)이 별로 설치되어 있지 않기 때문에 '밭머리'가 유일한 휴식 공간이었다. 여기서 담배도 피우고, 한담도 나누며 쉬는 것이다. 암행어사가 된 이 도령은 '밭머리쉼'을 하는 농부들에게 관장(官長)의 정사(政事)와 민심을 염탐하기도 하였다. '밭쟁이'는 밭농사 가운데도 채소 농사를 전업으로 하는 사람을 가리킨다.

'그루밭, 사래밭, 고지논, 배메깃논'은 논밭의 종류를 이른다. '그루밭'은 한해에 같은 땅에서 두 번 농사를 짓는 밭이다. 밭에서 그루갈이를 할 때 먼저 재배한 것은 '밭앞그루', 뒤에 재배한 것은 '밭뒷그루'라 한다. 채소를 거두어들인 뒤 보리를 심는 것이 이런 것이다. '사래밭'은 묘지기나 마름이 보수로 얻어서 부쳐 먹는 밭이다. 한자어로는 사경전(私耕田)이라 한다. 이런 논은 '사래논'이라 한다. '고지논'은 고지로 내놓은 논이다. '고지'란 논 한 마지기에 얼마씩 값을 정하여 모내기로부터 마지막 김매기까지의 일을 해 주기로 하고 미리 받아쓰는 쌀, 또는 그 일을 말한다. 그러니 '고지논'이란 선금을 받고 벼농사를 지어 주기로 한 논이다. '배메깃논'은 지주(地主)와 소작인(小作人)이 소출을 똑같이 나누기로 하고 부치는 논이다. 이는 알기 쉽게 말해 병작(倂作)하는 논이다. 이들은 제도를 반영한 말이다.

끝으로 여기 덧붙일 것은 한어(漢語) '田'에는 수렵의 의미가 있어 '田犬'은 사냥개, '田漁'는 사냥과 고기잡이를 의미한다는 것이다. 그리고 우리가 농가(農家)를 뜻하는 '田舍'는 중국에서 '시골집, 농가' 외에 '시골, 촌'을 의미하기도 한다. 일본에서는 '田舍'를 '이나카'라 하여 아예 시골을 의미한다. 같은 표기의 말이 이렇게 서로 다르다.

돌담 배부른 것

배(腹)1

　우리가 잘 아는 이솝우화에 청개구리가 황소와 같이 커지려고 배를 불리다가 마침내 배가 터지는 이야기가 있다. 이러한 '배 (belly)'는 서양에서는 '식욕의 왕성'이란 이미지를 나타낸다. 그리고 이는 품위 없는 말로 취급된다. 'Have a belly laugh(哄笑)', 'a pat belly(올챙이배)'가 이러한 예이다. 이에 대해 동양에서는 배가 생명의 중심이 되고, 배불뚝이는 부를 상징해 차이를 보인다.

　'배'는 물론 복부(腹部)를 나타내는 말이다. 그러나 이것이 전부는 아니다. 재미있는 의미의 확장도 보인다. '긴 물건 가운데의 불룩한 부분'도 '배'라고 한다. 이는 형태적인 유사에서 의미변화가 일어난 것이다. 아무 데도 소용이 없고 도리어 해로운 것을 의미하는 속담의 "돌담 배부른 것"이 이러한 예이다. 또 재미있는 것은 '짐승이 새끼를 낳거나 알을 까는 횟수를 세는 단위'도 '배'라고 한다는 것이다. '새끼를 두 배 낳았다', '세 배 낳았다'

356

하는 것이 그것이다. 배에서 새끼가 자라고, 알을 품는 것이 배이기 때문이다. '한배', '각배'라는 말은 이러한 '배'를 바탕으로 합성된 말이다. '한배'는 한 태(胎)에서 태어나거나, 한때에 한 암컷이 낳거나 깐 새끼를 이른다. '각배'는 아버지는 같으나, 어머니가 다른 이복(異腹)이거나, 같은 어미이긴 하나 낳은 시기가 다른 새끼다. 형제 자매는 같으나 어머니가 다르다는 뜻의 '배다르다'란 말도 이러한 '배(腹)가 다르다(異)', 곧 이복(異腹)이란 의미를 드러내는 말이다. 이 밖에 '맏배, 첫배, 중배, 종배, 늦배' 따위는 각각 까거나 낳은 순서에 따라 붙여지는 새끼를 가리킨다. 그리고 여기 덧붙일 것은 '뱃속에 아이나 새끼를 가지다'란 뜻의 '배다'란 말의 조어(造語)다. 이는 명사 '배(腹)'에 조사 '(이)다'가 결합되어 동사를 이루고 있는 것이다. 임신은 배 안에서 이루어지기에 '배(腹)-다[妊]'란 동사를 생성해 낸 것이다. '새(東)-다[曙], 안(內)-다[抱], 품(胸)-다[懷]'도 다 이러한 구조의 말이다.

'배'와 관계된 말로는 우선 많은 재미있는 관용어를 볼 수 있다. '배가 붙다'는 먹은 것이 없어 배가 홀쭉하고 허기진다는 뜻의 풍자적인 말이다. 배를 곯은 것이다. '배가 맞다'는 남 모르게 남녀가 몸을 허락한다는 뜻을 나타내는 완곡한 표현이다. "며느리 년은 서방이 군대 나간 사이에 어느 놈하고 배가 맞아 도망갔다.(김승옥, 『동두천』)"가 이러한 예이다. 몹시 우쭐거린다는 뜻을 나타내는 '배를 내밀다', 사리사욕을 채운다는 뜻의 '배를 채우다', 살

357

림이 넉넉해지다란 뜻의 '배에 기름이 오르다'는 실감을 안겨 주는 표현이다. 남이 잘되는 것을 시샘하여 속을 태운다는 뜻의 '배를 앓다'나, 남이 잘 되어 심술이 난다는 뜻의 '배가 아프다'는 인간의 시샘하는 심리를 풍자적으로 드러내는 말이다. 이러한 심리는 "사촌이 땅을 샀나, 배를 왜 앓아"란 속담에 잘 반영되어 있다. 우리의 관용어는 이렇게 익살스럽고 풍자적이다.

'배'와 합성된 말에는 '배꼽', '배내'가 있고, 그리고 이들과 합성된 말이 참으로 많다. '배꼽'은 탯줄이 떨어지면서 배의 한 가운데 생긴 자리다. 이는 문자 그대로의 의미를 드러내는 말이다. '배꼽'은 '빗복'이 변한 말로, '복'은 '핵(核)'을 의미하기 때문이다. 이런 발상의 조어는 우리말 말고는 달리 없을 것이다. '배꼽'과 합성된 재미있는 말에는 '배꼽마당, 배꼽시계, 배꼽점, 배꼽참외, 배꼽춤' 같은 것이 있다. '배꼽마당'은 동네에 있는 작은 마당이다. 주객이 전도됐다는 뜻으로 "배보다 배꼽이 크다"는 말을 하는데 '배꼽마당'은 이러한 상황과는 거리가 먼 말이다. '배꼽'이 생긴 그대로 작은 것을 의미하기 때문이다. '배꼽시계'는 배가 고픈 것으로 끼니 때 따위를 짐작하는 일을 비유적으로 이르는 말이다. "배꼽시계를 보니까 점심 시간이 된 모양인데……" 이렇게 쓰이는 것이 그것이다. '배꼽점'은 바둑판 한 가운데의 점, 또는 그 자리에 놓은 바둑돌이다. 이는 '배꼽'이 배의 한 가운데 있듯 점이나, 바둑돌이 바둑판 한 가운데 있는 데서 비유적 표현을 한 것이다. '배꼽참외'는 꽃받침이 떨어진 자리가 유달리 볼록 내민 참외를 이른다. 심한 경우는 배보다 배꼽이 큰 경우도 있다. '배꼽춤'은 산대놀이에서 왜장녀가 배를 내놓고 미친 듯이 추는 춤이다. 이를 보면 우리도 꽤나 야한 춤을 즐긴 민족인 것 같다. '배꼽춤'의 또 하나는 '벨리 댄스(belly dance)'로, 배와 허리를 굼틀거리며 반나체로 추는 춤을 이른다. 'Belly'를 '배' 아닌 '배꼽'으로 바꾸어 번역한 것이 이채롭다.

'배내'는 두 개의 단어가 있는데, 그 하나는 '배냇소'와 같이 남의 가축을 길러서 가축이 다 자라거나 새끼를 낸 뒤에 주인과 나누어 가지는 제도, 곧 반양(半養)을 뜻하는 말이다. 이러한 말에는 '배냇소' 외에 '배냇닭, 배냇돼지' 같은 말이 있다. 이는 '배(腹)-낳(生)-이(접사)'가 '배나이>배내'로 변한 것이다. 다른 하나는 태어날 때부터의 병신을 뜻하는 '배냇병신'과 같이 '배안에 있을 때부터'의 뜻을 나타내는 말이다. 이는 '배(腹)-내(內)'를 뜻하는 접두사이다. 이는 겉으로 드러나지 아니한 속마음이나 일의 내막을 이르는 '속-내(內)'와 구조를 같이 하는 말이다. 이러한 말로는 '배냇병신' 외에 '배내똥, 배내옷, 배내털, 배냇교인(敎人), 배냇냄새, 배냇니, 배냇머리, 배냇버릇, 배냇불행, 배냇저고리, 배냇적, 배냇짓'과 같은 말이 있다.

이 설움 저 설움 해도 배고픈 설움이 제일

배(腹)2

　우리 속담에 "이 설움 저 설움 해도 배고픈 설움이 제일"이란 말이 있다. 사람은 이런 저런 고통을 다 견디어 낼 수 있으나 배 곯고 굶주리는 것만은 견디기 힘들다는 뜻을 나타내는 말이다. 더구나 '단배'를 곯릴 때는 더할 것이다. '단배'란 음식을 달게 많이 먹을 수 있는 배이기 때문이다. '단배를 곯리거나, 단배를 주리는' 일이 있어서는 안 된다.

　그런데 '배고프다'는 현상은 어떤 것인가? 이는 뱃속이 비어 음식이 먹고 싶은 상태를 말한다. 이러한 뜻은 이 말의 어원을 살펴볼 때 쉽게 알 수 있다. 이는 '배(腹)-고프다(飢)'가 합성된 말로, '고프다'는 '곯-브-다'가 변한 말이다. '곯'은 '배를 곯다'와 같이 '굶다(飢)'의 뜻을 나타내는 '곯다'의 어간이고, '브'는 형용사를 만들어주는 접사이며, '다'는 물론 어미이다. 따라서 '배고프다'는 굶주려 음식을 먹고 싶은 상태를 나타내는 말이다. 우리 조상들은 '배고프다'란 생리적 현상을 정확하게 낱말로 풀이한 것이다. 그리고 여기서 좀 나아가 해석을 하면 '굶다'를 뜻하는 '곯다'는 '속이 물크러져 상하다'를 뜻하는 '곯다'란 말에 이어진다는 것이다. '골탕먹다'의 '골탕(<곯당)'이나, '골병들다'의 '골병(<곯병)'은 여기서 파생된 말이다. 곯게 되면 '골탕'을 먹고, '골병'이 들 것임은 자명한 이치다.

'배'와 합성된 말에는 이 밖에도 우리 조상의 발상(發想)의 자취나 문화를 엿볼 수 있는 말들이 여럿 있다. '배알, 뱃덧, 배흘림, 배래기'같은 말이 이러한 것이다.

'배알'은 '배알이 나다, 배알이 꼬이다'와 같이 쓰이는 말로, 사람의 창자나, 부아, 속마음, 배짱 등을 나타내는 말이다. 박완서의 『미망』에는 다음과 같은 용례가 보인다.

"그래도 우린 느이 집에 대한 원한 요만큼도 읎다. 왠 줄 아냐? 우리가 남보담 착하거나 배알이 읎어서가 아냐. 느이 할아버님께서 생전에 인지상정으로 우리한테 진 빚은 다 갚아 주고 돌아가셨기 때문이란다."

여기 '배알'은 '부아', 곧 마음이나 입맛에 맞지 않는 일로 일어나는 노엽거나 분한 마음을 나타내고 있다.

'배알'은 15세기의 '빗솕'이 변한 말이다. 이는 '빗(腹)-솕(肉)'이 합성된 것으로, '배의 살'을 의미한다. '빈솛'의 '솛'은 뒤에 '솛>올>알'로 변해 오늘의 '배알'이 되었다. 그런데 이 말은 구조상 '배의 살'을 의미하는 말이나 15세기의 용례를 보면 배의 표면 아닌, 배의 속살, 곧 내장을 의미하고 있다. 우리 조상들은 내장을 '배의 살'이라 규정한 것이다. 이것이 오늘에 이어진 것이 '창자'를 의미하는 '배알'이다. '창자'를 '배알'이라 하는 발상은 우릴 두고 달리 없지 않을까 한다. '배알'의 나머지 뜻은 의미가 확장된 것이다.

'뱃덧'은 먹은 것이 체하여 음식이 잘 받지 않는 증세다. 이는 흔히 쓰는 '뱃병'과 구별되는 말로 많이 쓰일 법한 말임에도 제대로 쓰이지 않아 거의 사어(死語)가 된 말이다. 이 말은 '배(腹)-ㅅ(사잇소리)-덧(中毒)'이 합성된 말이다. '덧'은 임신 중독증의 하나인 '입덧'에도 쓰인 것을 볼 수 있다. 신경 쓸 일이 많아 체하기도 잘 하는 현대이고 보면 '뱃덧'은 새로 살려 써야 할 말임에 틀림없다.

배가 불룩하게 나온 사람을 전에는 '사장님'이라 하였고, 그런 배를 속칭 '사장님 배'라 하였다. 이러한 발상도 바로 배를 곯은 탓에 생겨난 것일 게다. 그래서 요사이는 배가 불룩하게 나온 것을 부러워한다기보다 멸시한다. 문자 그대로 '똥배'라 생각한다. 그런데 이렇게 배가 불룩하게 나온 사람을 이르는 말이 우리말에는 여럿 있다. 가장 대표적인 것이 '배불뚝이'이고, 이 밖에, '배부장나리', '올챙이배', '복(鰒)의배' 같은 말이다. '올챙이배'와 '복의배'는 비유적 표현으로, '복의배'는 특히 '재산이 많은 사람'을 놀리는 말이기도 하다. 이 밖에 '배퉁이'는 제 구실을 못하면서 배가 커서 밥을 많이 먹는 사람을 놀림조로 이르는 말이며, '배재기'는 아이를 배어 배가 부른 여자를 놀림조로 이르는 말이다. 이는 애를 배에 재었다(積)는 의미로 쓰인 것이겠다.

배부른 것과 관련이 있는 말에는 또 '배부름'과 '배흘림'이라는 말도 있다. 이들은 같은 뜻의 말로, 기둥의 중간이 배가 부르고 아래위로 가면서 점점 가늘어지게 만드는 건축법을 이른다. 이는 구조의 안정과 착시현상을 바로잡기 위한 수법으로 우리나라를 위시하여 그리스, 로마, 중국, 일본 등의 고대 건축에서 흔히 볼 수 있는 것이다. 이러한 공법의 기둥은 '배흘림기둥'이라 하며, 영어로는 '엔타시스(entasis)'라 한다.

이 밖에 재미있는 말로는 또 '배래', '배붙이기', '배사람'이라는 말이 있다. '배래'는 '배래기'라고도 하는 말이다. 이들은 본래는 '물고기의 배의 부분'을 뜻하는 말이나, 나아가 '한복 소매 아래쪽에 물고기의 배처럼 불룩하게 둥글린 부분'을 아울러 이르는 말이다. 소매의 아래로 불룩하게 쳐진 곡선은 특히 '배래기선'이라 한다. 이러한 곡선은 한복의 아름다움을 더하는 것이요, 한국미(韓國美)의 특징으로 일러지는 것이다. 이 '배래', 또는 '배래기'란 말은 '배'를 이르는 속어 '배때' 또는 '배때기'가 변음된 것이라 하겠다. '배붙이기'는 직조와 관련된 재미있는 말이다. 이는 명주 올이 거죽으로, 무명 올이 안으로 가게 짠 피륙이다. 이러한 명명은 명주 올과 무명 올이 배를 붙여다고 본 것이다. 씨름에서 서로 배를 대는 것을 '배붙이다'라 하는 것과 같은 발상이다. '배사림'은 땅재주에서 팔을 짚고 다리를 뻗으면서 배를 땅에 살짝 닿게 하는 동작을 이른다. 이는 우리 민속놀이의 용어이니 우리만의 말이다.

●　●　●

'배따라기'의 슬픈 상념

배(船)

　　김동인의 소설에 『배따라기』란 슬픈 이야기가 있다. 자기 아내와 아우가 불미한 관계를 가진 것으로 오해한 주인공은 이들에게 폭행을 가하였고, 아내는 마침내 자살을 하고 아우는 집을 나간다. 그 뒤 주인공은 자기의 과오를 깨닫고, 후회와 참회 속에 아우를 찾아 배를 타고 떠돌게 된다. 이런 이야기가 '배따라기'를 배경으로 전개된다. 소설 『배따라기』를 읽고 난 독자는 한동안 안타까운 사연, 슬픈 상념에 마음을 진정치 못하리라.

　　'배따라기'는 이선악(離船樂)으로 서경악부(西京樂府) 열두 가지 중의 하나이며, 서도민요(西道民謠)의 하나다. 그런데 '배따라기'가 왜 이선의 노래가 되는지 아는 사람은 많지 않을 것 같다. 그것은 '배따라기'라는 말이 변한 말이기 때문이다. 이는 '배떠나기'가 원말이다. 이렇게 되면 응, 그렇구나 하고 이해가 될 것이다.

　　'배따라기'와 같이 배와 관련된 노래를 가리키는 말로는 또 '뱃

노래, 뱃소리'가 있다. 이들은 배를 저어가며 부르는 노래로, 전자가 가요(歌謠)의 냄새가 짙게 풍긴다면, 후자는 창(唱)의 냄새가 짙게 난다. 이런 의미에서 후자가 더 구성지고 슬프게 느껴진다.

'배'와 관련이 있는 전통적인 말로는 '배다리, 배치성, 뱃밥, 뱃자반, 뱃장수, 뱃장작'과 같은 것이 있다. '배다리'는 배를 한 줄로 촘촘히 띄워 그 위에 널빤지를 얹은 다리, 곧 선교(船橋), 선창(船艙)을 의미한다. 일시에 많은 사람이 강을 건너거나, 많은 짐을 운반하기 위해 설치하는 것이다. 한강다리가 끊기고 노량진에는 이 '배다리'가 놓였었다. 그래서 한 동안 사람들은 이 배다리를 건너 강의 남북을 오고갔다.

이 '배다리'에 대해서는 일화가 많다. 나라에서 한강에 '배다리'를 놓아야 할 때는 마포(麻浦)에서 배를 징발하였다. 선주(船主)들은 이것이 신경이 쓰였다. 오랫동안 배를 징발 당하게 되면 손해가 이만저만이 아니기 때문이다. 그래서 이 정보를 얻기 위해 뇌물을 주고받기도 했다.

이 뿐이 아니다. 현대식 한강 다리가 최초로 가설되었을 때의 이야기다. 다리가 가설되자 백성들은 높은 다리 위로 걸어다니게 되고, 임금은 다리를 이용하지 않고, 다리 아래 배다리로 한강을 건넜다. 그래서 행인의 위아래가 바뀌었다. 이는 있을 수 없는 일이었다. 그래서 한강다리는 철거되는 웃지 못할 일이 벌어지기도 했다.

'배다리'는 이 밖에 교각을 세우지 않고 널조각을 걸쳐놓은 나무다리를 의미하기도 한다. '배다릿집'이 그 예이다. '배다릿집'이란 대문 앞에 배다리를 걸쳐놓아 건너게 되어 있는 집을 가리키기 때문이다. 앞에 개울이 있거나, 언덕진 집 앞에 이 '배다리'가 놓였다.

'배치성'은 무사고와 행운을 비는 우리의 치성(致誠) 문화를 반영하는 말이다. 이는 우리 민속에 뱃일을 할 때에 무사고와 행운을 빌기 위하여 배에서 비는 치성을 의미한다. 꽤나 치성을 좋아한 민족임을 알 수 있다. 하기야 서양에서도 조선(造船)을 하고 진수식을 한다.

'뱃밥'은 배에서 먹는 밥을 가리키는 말이 아니다. 이는 배가 물에 가라앉지 않게, 배의 틈으로 물이 새어들지 못하도록 틈을 메우는 물건을 가리킨다. 이때 흔히 천이나 대의 얇은 껍질을 사용한다. 뱃밥을 먹이는 일은 전에 뱃놀이 할 때에도 곧잘 하던 일이다. 배가 물에 가라앉지 않게 하기 위하여……

'뱃자반'은 저장식품이 발달된 우리의 식품문화(食品文化)를 반영하는 말이다. 이는 생선이 상하지 않게 잡은 곳에서 바로 소금에 절여 만든 자반을 의미한다. 배에서 바로 소금에 절인 자반이다.

'뱃장사'는 물건을 배에 싣고 다니며 파는 장사를 가리킨다. 이는 강변이나 해변과 같이 물길이 더 편한 지역의 상행위를 반영하는 말이다. '뱃장작'은 이러한 상행위의 상품의 하나다. 이는 배로 운반해 온 장작을 의미하기 때문이다. '뱃장작'은 육로보다 뱃길이 편하던 때의 문화를 반영하는 말이다.

이 밖에 '배'와 관련된 것에 '배낚시, 뱃고동, 뱃고물, 뱃놀이, 뱃도랑, 뱃말, 뱃바람, 뱃사람말, 뱃줄, 뱃지게'와 같은 말이 있다. '배낚시'는 뭍이 아닌 배에서 하는 낚시이고, '뱃고동'은 배에서 신호로 내는 '붕'하는 고동으로 꽤나 낭만적인 것이다. '붕'하고 우는 소리는 향수를 불러일으키기도 한다. 그래서 '뱃고동'은 흘러간 가요에서도 노래 불리고 있다. '뱃고물'은 선미(船尾)를 이르는 말이며, 이에 대해 선수(船首)는 '이물'이라 한다.

'뱃놀이'는 물론 선유(船遊)이고, '뱃도랑'은 선거(船渠)로, 선박의 건조나 수리, 또는 하물(荷物)을 싣거나 부리기 위해 도랑처럼 파놓은 설비를 말한다. 이는 선거에 밀리고, 또 도크(dock)에 밀려 거의 사어가 되지 않았나 생각된다.

'뱃말'은 배에서 쓰는 말(語)이 아니라, 배를 매어 두는 말뚝을 의미한다. '말뚝'은 본래 '말'이라 하였고, '뚝'은 뒤에 첨가된 것이다. '뱃바람'은 배를 타고 쐬는 바람을 의미한다. 여름날의 '뱃바람'은 시원하나, 요즘과 같은 가을날의 '뱃바람'은 스산하겠다.

'뱃사람'은 물론 선인이고, '뱃사람말'은 이런 선인의 말이다. 남풍을 '마파람', 동풍을 '샛바람'이라 하는 따위가 그것이다. '뱃삯'은 선임이고, '뱃줄'은 배를 끌거나, 매어 두는 데 쓰는 줄이다. '뱃지게'는 배에서 짐 같은 것을 나르는 데 쓰는 지게를 특별히 이르는 말이다.

배의 대표적인 것에는 '거룻배, 돛단배, 물윗배, 쪽배, 통나무배'와 같은 것이 있다. '거룻배'는 돛 없는 작은 배를 의미하고, '돛단배'는 물론 돛을 단 범선(帆船)을 가리킨다. '물윗배'는 수상선으로, 강에서 나룻배로 쓰이는, 뱃전이 낮고 몸이 평평한 배를 이른다. '쪽배'는 통나무를 쪼개어 한 쪽의 속을 파서 만든 배를 가리킨다. 이에 대해 '통나무배'는 통나무로 만든 배다. '배'는 만남의 기회도 가져다주련만, 우리의 '배'는 고려의 속요 「서경별곡」에서처럼 역시 이별의 슬픔과 좀더 밀접한 관계를 가지는 것 같다.

한복에는 버선이 제격
버선

임진년(壬辰年)의 새해가 밝아오려 한다. 설날이 되면 평소에 보지 못하던 진풍경이 벌어진다. 남녀노소할 것 없이 장롱 깊숙이 넣어 두었던 한복(韓服)을 이 날만은 곱게 차려 입고 길거리를 활보하는 것이다. 마치 우리의 전통 의상을 그간 잊은 것은 아니라는 듯이.

한복에는 버선을 신어야 제격이다. 그래야 한복이 지니는 곡선미와 조화를 이루어 제멋이 나고 맵시가 난다. 특히 여성의 경우 더욱 그러하다. 요사이는 편리함을 좇아 양말을 많이 신지만, 이는 아무래도 한복과 짝이 맞지 않아 보기에 어색하다.

'버선'을 언제부터 신었는지는 분명치 않으나, 『삼국사기』에 의하면 삼국시대에는 이미 신고 있었다. 버선의 모양은 조선의 중기 이전에는 편하게 만들어 신었고, 중기 이후에 단원(檀園)의 풍속화 등에 보이듯 멋을 부리게 된 것으로 보인다.

버선은 여러 가지가 있다. 이는 용도와 모양에 따라 나누어 볼 수 있다. 용도에 따른 것으로는 '겉버선, 속버선, 덧버선, 길목버선' 등이 있다. '겉버선'은 솜버선 겉에 신는 홑겹으로 된 것이고, '속버선'은 솜버선 속에 끼어 신는 것이다. 이에 대해 '덧버선'은 버선 위에 덧신는 큰 버선이다. '길목버선'은 먼 길을 갈 때 신는 허름한 버선이다. 지난날 먼 길을 가는 길품꾼이나, 일꾼들의 버선에 이런 것이 많았다.

이에 대해 모양에 따른 버선으로는 '겹버선, 꽃버선, 누비버선, 뚜께버선, 백릉버선, 솜버선, 수룽버선, 외씨버선, 홀태버선, 홑버선' 등이 있다. '홑버선'은 한 겹으로, '겹버선'은 솜을 두지 않고 겹으로 만든 버선이다. '솜버선'은 솜을 넣어 두껍게 만든 것이다. '꽃버선'은 여러 가지 색깔로 꾸미거나 수를 놓은 것고, '누비버선'은 누벼 만든 버선이다.

'뚜께버선'은 오래 신어 바닥이 다 해어지고 등 부분만 남은 버선이다. 여기 '뚜께'란 뚜껑의 방언으로 버선 바닥이 다 해어져 뚜껑과 같이 된 버선이란 말이다. '뚜께'의 다른 용례로는 '뚜께머리'가 있다. 이는 머리를 잘못 깎아 뚜껑을 덮은 것처럼 층이 진 머리를 가리킨다. '백릉(白綾)버선'은 무늬가 있는 흰 색깔의 비단으로 만든 것이다. 이는 호사를 한 것으로 옛날에는 궁중에서나 신던 것이다.

'외씨버선'은 조지훈의 시 「승무(僧舞)」에 보인다. '외씨버선'이란 말이 나오는 「승무」의 앞부분을 보면 다음과 같다.

얇은 紗 하이얀 고깔은/ 고이 접어서 나빌레라.//
파르라니 깎은 머리/ 薄紗 고깔에 감추오고//
두 볼에 흐르는 빛이/ 정작으로 고와서 서러워라//
빈 臺에 黃燭불이 말없이 녹는 밤에/ 오동잎 잎새마다 달이 지
는데//
소매는 길어서 하늘은 넓고/ 돌아설듯 날아가며 사뿐이 접어
올린 외씨버선이여.//

'외씨버선'은 승무를 출 때의 예쁜 버선발을 노래한 것이다. '외씨버선'은 볼이 외씨처럼 조붓하고 갸름한 버선으로 날렵하고 맵시가 나는 것이다. 버선은 단순히 발을 보호하기 위해서만 신은 것이 아니다. 발의 맵시를 내기 위해서도 신었다. 신이나 버선이나 볼이 넓으면 보기가 싫다. 조붓해야 맵시가 난다. 이는 남자의 고무신과 여자의 고무신을 비교해 볼 때 쉽게 알 수 있다. '홀태버선'은 이런 의미에서 '외씨버선'과 동류의 것이다. 이는 볼이 좁은 버선을 뜻하기 때문이다. '홀태'란 뱃속에 알이나 이리가 들지 않아 배가 홀쭉한 생선을 가리킨다. '홀태버선'은 이 '홀태'가 비유에 의해 전의된 것이다. '홀태바지'의 경우도 마찬가지다.

버선에는 또한 '수눅버선, 수버선, 타래버선'이 있는데 이들은

372

용도와 모양 양쪽에 관련되는 것이라 하겠다. '수눅버선'은 누비어 수를 놓은 어린아이의 버선이고, '수버선'은 수(繡)를 놓아 만든 젖먹이의 버선이며, '타래버선'은 돌 전후의 어린이가 신는 누비버선의 하나다. '타래버선'은 양쪽 등에 수를 놓고, 버선코에는 색실로 술을 달았다. 이렇게 우리 조상은 어린 아이의 것은 버선까지도 예쁘게 치장하여 지었다.

버선에는 이 밖에 '버선'이란 말이 쓰이지 않은 '다로기, 목달이, 오목달이'라는 것도 있었다. '다로기'는 피말(皮襪)로, 가죽의 털이 안으로 들어가게 길게 지은 것으로, 추운 지방에서 겨울에 신었다. '목달이'는 버선목의 안 헝겊이 겉으로 걸쳐 넘어와 목이 된 버선을 말한다. '오목달이'는 누비어 지은 어린이의 버선으로, 보통 앞에는 꽃을 수놓고, 목에는 대님을 달았다.

버선의 부위를 가리키는 말로는 '버선꿈치, 버선등, 버선목, 버선코'와 같은 말이 있다. 이들은 다 인체에 비유된 이름들이다. '버선꿈치'는 발꿈치에 닿이는 버선의 부분이고, '버선등'은 발등에, '버선목'은 발목에 닿이는 부분이다. 이 가운데 '버선목'은 몇 개의 재미있는 속담을 보여 준다. "버선목에 이 잡을 때 보아야 알지"와 "버선목이라 뒤집어 보이나?"라는 것이 그것이다.

앞의 속담은 지금은 모르더라도 장차 거지가 되어 버선목의 이를 잡을 처지가 되면 알게 된다는 말이니, 지금 잘 산다고 너무 뽐내지 말라고 경계하는 말이다. 뒤의 속담은 버선목처럼 뒤집어 보일 수도 없어 답답하다는 말이다. 이는 버선은 만들 때 반드시 뒤집어야 하기 때문에 더 묘미가 있는 속담이다. '버선코'는 버선 앞쪽 끝의 뾰족하게 나온 부분이다. 이는 앞쪽에 튀어나와 있어 코에 비유된 것으로, 버선의 어느 부분보다 맵시를 내고, 멋을 부리기 위해 새부리 모양으로 지은 것이다.

이 밖에 버선과 관련된 말 '버선발'은 버선만 신고, 신을 신지 않은 발로, 흔히 반가운 사람을 맞을 때 '버선발로 뛰어나갔다.'와 같이 연어(連語)를 이루어 쓰인다. 새해에는 버선발로 뛰어나갈 좋은 일이 많았으면 한다.

벼는 남의 벼가 커 보인다
벼(稻)

지난 5월말 중국에 가 두만강변의 한(朝)·중(中)·러(露) 삼국 국경 지역을 둘러보았다. 논에서는 모를 심고 있었다. 기계로 심는 것이 아니라, 지난날 우리가 하듯 줄을 맞추어 손으로 심는다. 정겨운 풍경이었다. 이때 한국에서는 아직 모를 심는 것 같지 않다는 생각이 불현듯 떠올랐다. 모는 북쪽에서부터 심어 내려오고, 벼는 남쪽에서부터 베어 올라간다던가? 하나의 진리가 체험으로 다가왔다.

'벼'가 우리나라에 들어온 경로는 확실치 않다. 대체로 아시아 대륙 동남부의 열대와 아열대 지역에서 중국(中國)을 거쳐 약 2,000여 년 전 우리나라에 들어온 것으로 보인다. 삼국시대에는 이미 벼·보리·콩 같은 농작물이 생산되었다. 『삼국지』 위지 동이전(東夷傳)의 변진조(弁辰條)에 보면 "오곡과 벼농사하기에 알맞다(宜種五穀及稻)"고 하여 삼한(三韓) 시대에 이미 벼농사가 행해지고 있었음을 추측케 한다.

'벼'는 볏과의 한해살이 풀이며, 벼의 열매다. 벼의 껍질을 벗긴 알맹이는 '쌀'이라 한다. 이는 우리가 쌀을 주식으로 하는 민족이기에 이러한 분화가 이루어진 것이라 하겠다. 그것은 영어 세계에서는 벼와 쌀과 밥이 구별되지 않고 다같이 Rice라 일러지는 것을 보아 쉽게 알 수 있다. 그리고 하나 주의할 것은 오곡을 흔히 벼·보리·콩·조·기장이라 하나, 위의 『삼국지』의 기록처럼 벼가 오곡에 들어가지 않기도 한다는 것이다. 이는 벼가 밭 작물이 아닌, 논 작물이기 때문에 경작이 늦어진 데 연유하는 것으로 보인다.

고유어로 된 벼의 종류는 많지 않다. '그루벼, 껄끄렁벼, 논벼, 늦벼, 대추벼, 메벼, 몽근벼, 밭벼, 버들올벼, 산올벼, 올벼, 움벼, 찰벼, 풋벼' 등이 있다. 이들은 우선 메벼와 찰벼, 논벼와 밭벼, 늦벼와 올벼, 몽근벼와 껄끄렁벼가 대를 이룬다. '메벼'와 '찰벼'는 찰기에 의해 구분된다. '메벼'는 밥을 지어 먹는 찰기가 없는 갱도(秔稻)이고, '찰벼'는 찰떡을 만드는 차진 나도(糯稻)다.

'논벼'는 논에 심는 수도(水稻)이고, '밭벼'는 밭에 심는 벼로, 산도(山稻)·육도(陸稻)·한도(旱稻)라 하는 것이다. '늦벼'는 늦게 익는 만도(晩稻)요, '올벼'는 철이 이르게 익는 조도(早稻)·조양(早穰)이다. '대추벼'는 늦벼의 일종으로, 까끄라기가 없고, 빛이 붉은 것이다. 이에 대해 '버들올벼, 산올벼'는 그 이름에도 나타나듯 올벼에 속한다. '버들올벼'는 한식(寒食) 뒤에 심는 것으로, 빛이 미황색이고, 이삭에 까끄라기가 있다. '산올벼'는 쌀알이 잔 올벼의 일종이다. 올벼와 관련된 말에는 '올벼신미(新味)'란 색다른 단어가 하나 있다. 이는 민속에 그 해 올벼쌀을 처음 맛보거나, 맛보는 풍속을 이른다. 특히 영남과 호남 지방에서는 칠팔월 중에 좋은 날을 가려 그 해 지은 햇벼를 가마솥에 말려 떡과 밥을 하여 안방에 차려 놓고 조상에 제사를 드린다. '오례송편'은 '올벼의 송편'이 준말이다. '몽근벼'와 '껄끄렁벼'는 까끄라기 유무에 의해 구별된다. '몽근벼'는 까끄라기가 없는 것이며, '껄끄렁벼'는 잘 몽글리지 않아 꺼끄러기가 많이 섞여 있는 벼다.

이 밖에 '풋벼'는 아직 덜 익은 벼이며, '물벼'는 말리지 않은 벼이고, '그루벼'는 보리를 베어낸 논에 심는 그루갈이한 벼다. 이에 대해 '움벼'는 가을에 베어낸 그루에서 움이 자란 벼다. 따라서 '그루벼'는 이모작을 하는 것이고, '움벼'는 경작이 아닌, 다만 베어낸 그루에서 움이 돋아난 것일 뿐이다. 미작(米作), 도작(稻作)은 '벼농사'라 하는데 옛날에는 '녀름지싀(>여름지이)'라 했다. 여기서 '녀름'은 여름 내지 열매를 의미하는 말이다. 여름에 농사를 짓는다는 말이요, 열매를 가꾸어 내는 작업이란 말이다.

'벼'와 관련된 복합어는 여러 가지가 있다. 이 가운데 중요한 것으로 '벼메뚜기, 벼훑이, 볏가리, 볏가릿대, 볏가을, 볏담불, 볏모, 볏목, 볏술' 같은 것이 있다.

'벼메뚜기'는 몸이 황록색이며, 머리와 가슴이 황갈색인 곤충으로, 벼 잎을 갉아먹는 해충이다. 그러나 이는 단백질의 공급원으로 식용하며, 제왕(帝王)들이 정력제로 복용했던 것이기도 하다. '벼훑이'는 벼의 알을 훑어내는, 기계화 이전의 농기구다. 두 개의 나뭇가지로 집게처럼 만든 것이다.

'볏가리'는 볏단을 쌓은 더미를 말하나, 이와 다른 민속적 '볏가리'도 있다. 이는 음력 정월 보름날 아침, 경상도에서 행하는 풍속으로, 풍년을 비는 뜻에서 장대에 짚 꾸러미를 달아 가늘게 쪼갠 대오리를 늘이고, 거기에 벼이삭을 상징하는 흰 종이를 다는 것이다. 이는 '보름대', 또는 '오지붕이'라고도 한다. '볏가릿대'는 음력 보름이나 하루 전날 풍년을 기원하여 짚으로 둑처럼 만들고, 벼·수수·조 등의 이삭을 싸서 세우는 장대다. 도간(稻竿)·화간(禾竿)·화적(禾積)이라고도 한다. '볏가을'은 익은 벼를 거두어 타작하는 일이다. 줄여 '볏갈'이라고도 한다. 이것이 동사로 쓰일 때 '볏가을하다, 볏갈하다'라 한다. 고어에서는 '수확하다'를 '가을하다'라 하였다. 가을이 수확하는 계절이기 때문이다.

'볏담불'은 벼를 쌓은 무더기를 이르는 말이고, '볏모'는 옮겨 심기 위해 기른 벼의 싹, 모를 말한다. 이는 한자어로 도묘(稻苗), 앙묘(秧苗), 앙도(秧稻), 종화(種禾), 화묘(禾苗) 등으로 일러진다. '볏목'은 '벼의 목'으로 이삭이 달린 벼의 줄기다. 벼가 익을수록 고개를 숙인다는 말은 이 '볏목'이 벼의 무게에 따라 구부러지는 것이다. '볏술'은 민속을 반영하는 색다른 말이다. 이는 가을에 벼로 갚기로 하고 마시는 외상술을 가리키기 때문이다.

이밖에 벼를 나타내는 말에 '나락'이 있다. 이는 '볍씨'의 방언이나, "귀신 씨나락 까먹는 소리"란 속담도 보여 준다. 보이지 않는 곳에서 무어라고 알 수 없는 소리로 소곤거린다는 말이다. 신라에서 '나락'으로 녹(祿)을 주었다고 해서 '나락'이 '나록(羅祿)'에서 나왔다고 하는 어원설(語源說)이 있으나, 이는 속설이다.

"자식은 내 자식이 커 보이고, 벼는 남의 벼가 커 보인다"고 한다. 자식은 내 자식이 좋게 보이나, 재물은 남이 가진 것이 좋아 보이고 탐난다는 말이다. 볏모를 내는 계절에 인생 무소유(無所有)를 생각해 보게 된다.

별 헤는 밤
별

별 하나에 追憶과/ 별 하나에 사랑과/ 별 하나에 쓸쓸함과/ 별 하나에 憧憬과/ 별 하나에 詩와/ 별 하나에 어머니, 어머니

어머님, 나는 별 하나에 아름다운 말 한마디씩 불러봅니다/ 小學校 때 冊床을 같이 했든 아이들의 이름과, 佩, 鏡, 玉 이런 異國 少女들의 이름과, 벌써 아기 어머니 된 계집애들의 이름과 가난한 이웃 사람들의 이름과, 비둘기, 강아지, 토끼, 노새, 노루, "프랑시스·잠" "라이너·마리아·릴케" 이런 詩人들의 이름을 불러봅니다.

이네들은 너무나 멀리 있읍니다./ 별이 아슬이 멀듯이,

어머님/ 그리고 당신은 멀리 北間島에 게십니다.

나는 무엇인지 그리워/ 이 많은 별빛이 나린 언덕 우에/ 내 이름자를 써 보고,/ 흙으로 덮어 버리었읍니다.

딴은 밤을 새워 우는 벌레는/ 부끄러운 이름을 슬퍼하는 까닭입니다.

그러나 겨울이 지나고 나의 별에도 봄이 오면/ 무덤우에 파란 잔디가 피어나듯이/ 내 이름자 묻힌 언덕우에도/ 자랑처럼 풀이 무성할게외다.

윤동주의 「별 헤는 밤」의 일절이다. 요사이 '꿈 별'이란 말이 유행하듯이 별은 꿈과 추억을 안겨 준다. 윤동주도 암울한 일제 (日帝) 하에 추억을 더듬으며 내일의 자랑스러운 꿈을 꾸었다.

우리말에서 '별'은 그 '큰 대(大)'자 모양의 도형과 관련해서 동식물의 이름에 많이 쓰이는 것을 볼 수 있다. 동식물 가운데도 곤충의 이름에 많이 쓰인다. '별꼬리하루살이, 별꽃등에, 별나나니, 별무늬-꼬마거미, 별박이-노린재, 별박이-명주잠자리, 별박이-세줄나비, 별박이-안주홍불나방, 별박이-왕잠자리, 별박이-자나방, 별벌레(星蟲), 별수시렁이, 별쌍살벌, 별쌕쌔기, 별점-반날개베짱이, 별파리, 별풍덩이파리'와 같은 많은 이름은 곤충의 이름이다. '별넙치, 별망둑, 별보배-조개, 별복, 별불가사리, 별빙어, 별삼광어, 별상어, 별성대, 별우럭, 별죽지성대, 별쥐치'는 어류(魚類)의 이름이다. 이 밖에 식물의 이름으로는 '별고사리, 별꽃, 별꽃풀, 별꿩의밥, 별사초, 별선인장, 별이끼' 같은 것이 보인다.

별과 관련된 전통문화(傳統文化)로는 '별거리놀이'가 있다. 이는 경남 사천(泗川)지방의 농악 판굿의 하나다. 다드래기 가락을 한참 치다가 상쇠의 신호로 일시에 멈추고, 상쇠가 "별 따자, 별 따자 하늘 멀리 별 따자" 하는 구호를 외치면 모두 다시 다드래기 가락을 치는 놀이이다.

'달별, 떠돌이별, 별똥별, 샛별, 어둠별, 살별'과 같은 별들의 이름은 우리 나름의 발상과 문화를 반영하고 있다. 그 중 대표적인 것이 '샛별'이다. 이는 신성을 의미하는 말이 아니다. 금성(金星), 곧 Venus를 가리키는 말이다. 금성은 태양계에서 두번째로 큰 행성이다. 이는 동쪽 하늘에서 유달리 반짝반짝 빛나 사람의 시선을 끄는 별이다. 그래서 어느 별보다 사랑을 받는다. 금성은 아침과 저녁에 따라 그 이름을 달리한다. 저녁에 비치는 금성은 '개밥바라기', 또는 태백성(太白星)이라 하고, 새벽에 비치는 것은 '샛별', 또는 계명성(啓明星)이라 한다. '샛별'은 동방의 별이란 말이다. 이는 '새(東)'와 '별(星)'이 합성된 것이다. 낱말 사이의 시옷은 두 말을 이어 주는 말이다. 금성이 이렇게 동방의 별을 의미하기에 우리 동요에서는 "샛별이 등대란다 길을 찾아라"라 노래 불리고 있다.

그런데 금성의 金은 오행설에서 서쪽을 의미한다 따라서 우리의 발상과 다르다. 그리고 여기 덧붙일 것은 금성의 金자가 '쇠 금(金)'자이기에 '샛별'은 '새-별(東星)' 아닌, '쇠-별(鐵星)'이 변한 말이란 추정도 가능하다는 것이다. 그리고 저녁 때의 금성을 '개밥-바라기'라 한다는 것은 태백성이 떠오를 때쯤이면 저녁 밥이 기다려지는 시각이라는 것과 관련을 갖는다. 그것은 '개밥바라기'를 달리 일러 '어둠별'이라고도 한다는 데서 더욱 그 가능성을 찾을 수 있다. '개밥바라기'는 금성이 개가 밥을 기다리는 시각에 뜬다 하여 붙여진 이름이라는 것이다. 개가 밥 주기를 바란다는 의미의 말이다.

'별똥별'은 유성(遊星)을 통속적으로 이르는 말이다. 유성은 우주에 떠 있던 물체가 대기권에 진입할 때 마찰에 의해 빛을 내면서 떨어지는 것이다. 여름날 밤하늘에 한 줄기 섬광을 발하며 떨어지는 것을 우리는 쉽게 볼 수 있다. 이런 유성을 '별똥별'이라 한 것이다. 별이 변을 보는 것으로 받아들인 것이다. 그래서 땅위에 떨어진 운석은 '별똥돌'이라 하였다. 조금은 황당한, 통속적 발상의 말이라 하겠다.

'떠돌이별'은 행성(行星)을 의미한다. 행성은 태양 주위를 공전(公轉)하는 천체이다. 행성이란 말은 고정되어 있지 않고, 공전한다는 데에 초점을 맞춘 것이다. 행성은 유성(遊星), 또는 혹성(惑星)이라고도 한다. '떠돌이-별'도 고정되어 있지 않고 떠돌아다닌다는 특성에 따른 이름이다. 그런데 한자어 '행성'의 '다닐 행(行)'자에 비하면 '떠돈다'는 말이 시적이다. 별이 서정적·시적 대상이고 보면 '행성'보다는 '떠돌이별'이 확실히 운치 있는 이름이다. 더구나 '떠돌이별'은 '항성(恒星)'을 '붙박이별'이라고 하는 것을 떠올릴 때 더욱 그러하다. 영어로는 행성을 Planet, 항성을 Fixed star라 한다.

'살별'은 혜성(彗星)을 가리킨다. 혜성은 불길한 징조를 나타내는 것으로 보았다. 그리하여 신라 진평왕(眞平王) 때의 중 융천사(融天師)는 혜성이 나타났을 때「혜성가」를 지어 이를 없애는가 하면 침노한 왜구(倭寇)도 물러가게 하였다. '혜성'은 반점 또는 성운 모양으로 보이고, 때로는 태양의 반대쪽을 향한 꼬리를 수반하는 태양계의 천체이다. '살별'이란 이 혜성의 꼬리에 초점을 맞춘 이름이다. 혜성의 '彗'자는 '비 혜(竹彗)'자로 대나무 비를 가리키는 말이다. 따라서 혜성(彗星)은 화살과 같은 살(矢) 아닌 비 추(箒)에 초점을 맞춘 명명이라 하겠다. '달별'은 위성(衛星)을 이른다. 위성은 행성의 인력에 의하여 그 행성을 도는 별로, 지구에 대한 달이 그 대표적인 것이다. 그러기에 '달별'은 제유(提喩)에 의한 명명이라 할 것이다.

팔자땜 '보쌈'

보(褓)

우리말에는 '보'라는 동음어가 여러 개 있다. 이 가운데 대표적인 것이 한자어 '보(褓)'와 '보(洑)', 그리고 고유어 접사 '보'다. '褓'는 보자기를 나타내는 말이요, '洑'는 논에 물을 대기 위하여 냇물을 막아 놓은 것을 이르는 말이다. 그리고 고유어 접사 '보'는 '먹보, 잠보, 떡보'와 같이 어떤 것을 몹시 즐기거나, '울보, 겁보, 털보'와 같이 어떤 것의 정도가 심한 사람을 얕잡아 이르는 말이다. 그런데, 이들 한자어 '보'는 거의 한자어라는 의식이 없이 사용되고 있다. '봇짐'이나 '봇도랑'에서 '褓'와 '洑'를 머리에 떠 올리는 사람은 거의 없을 것이다. 이에 이번에는 고유어화한 '褓'에 대해 살펴보기로 한다.

'褓(보)'는 보자기라고도 한다. '보자기'는 '褓子-아기'가 준 말이다. '褓子'는 보자기를 이르는 한자말이고, '아기[兒]'는 작은 것을 의미하는 말이다. 우리는 '褓', 또는 '보자기'라고 할 때 흔히 '책보'나 '이불보'를 떠올린다. 그만큼 褓의 대표적인 것이 '책보'와 '이불보'다. '책보'는 작은 보이고, 이불보는 큰 보다. 그리고 '책보'는 '이불보'와는 달리 작은 보를 총칭하는 말이기도 하다. 그래서 이 '책보'가 지난날에는 주로 책을 싸는 데 쓰였으나, 요사이는 거의 다른 용도로 쓰이고 있다. 흔히 선물 꾸러미를 싸는 데 이용된다. 이는 일본의 경우와 대조된다. 일본의 경우는 우리의 '책보'를 '후로시키(風呂敷き)'라 하여 욕의(浴衣) 등을 싸는 보자기를 가리킨다. 그래서 일본에서는 우리와는 달리 '책보'로 책을 싸는 것이 아니라, 욕의(浴衣) 보자기로 책을 싼다고 한다. 언어문화가 다르다.

'이불보'는 물론 이불을 싸는 보자기다. 이렇게 어떤 물건을 싼다는 의미의 '보'에는 '옷보', '들보', '사주보', '상보', '책상보', '횃댓보'가 있다. '옷보'는 물론 옷을 싸는 보이다. '들보'는 듣기에 좀 생소할 것이다. 이는 남자의 음경이나 항문에 병에 생겼을 때 사타구니에 차는 헝겊을 말한다. '상보, 책상보, 횃댓보'는 그 의미가 약간 변한 말이다. '상보'는 상을, '책상보'는 책상을 덮는 보, 곧 커버(cover)를 의미하기 때문이다. '횃댓보'는 옷을 걸어 놓는 횃대를 덮는 보자기다. '횃대'는 막대기를 옆으로 걸쳐 놓은 전통 옷걸이다. 이 밖에 '약보(藥褓)'가 있는데, 이는 비유적인 말이다. 이는 약을 많이 써서 여간한 약으로는 그 효과가 나타나지 않는 일을 의미하기 때문이다. 이 약 저 약 많은 약을 쓴 병자를, 약을 싸 두는 보자기에 비유한 것이다.

우리말에는 '보(褓)'를 어두로 하여 보로 싸는 것, 또는 보로 쌓은 사물을 뜻하는 말도 많다. '보꾸러미, 보따리, 봇짐, 보퉁이'는 보로 싼 물건을 가리킨다. '보꾸러미'는 보자기에 물건을 싼 꾸러미를 의미하고, '보따리'는 보자기로 물건을 싸서 꾸린 뭉치를 의미한다. '보퉁이'는 물건을 보에 싼 것을 가리킨다. 이들 용어는 명절에 귀향하는 귀성객의 모습을 묘사할 때 흔히 사용되는 말이다. '손에 손에 선물 보따리를 든 귀성객' 운운하는 것이 그것이다.

'보꾸러미'는 흔히 '선물 꾸러미'라 일러진다. 그만큼 좀 생소한 말이다. '봇짐'은 등에 지기 위해 물건을 보자기에 싸서 꾸린 짐이다. '봇짐을 싸다', '봇짐을 내어 주며 앉으라 한다'는 관용어가 이런 것이다. '봇짐'은 또 '봇짐장사', '봇짐장수'와 같은 복합어를 이루기도 한다. 이들은 물건을 보자기에 싸서 메고 다니며 파는 장사, 또는 장수를 의미하는 말이다. '보따리장수'는 '봇짐장수'와 비슷한 뜻의 말이나, '보따리장수'의 물건 규모가 작다고 하겠다.

'보부상(褓負商)'은 봇짐장수(褓商)와 등짐장수(負商)를 아울러 이르는 말이다. 이들의 활동은 고대부터 있었으나, 조직화된 것은 조선조에 들어와서다. 이들은 평소에는 상업에 종사하였고, 국가 유사시에는 동원되어 정치적 활동을 하였다. 임진왜란(壬辰倭亂) 때

행주산성(幸州山城) 전투에 식량과 무기를 나르고, 직접 전투에도 참가하였는가 하면, 정조(正祖) 때에는 수원성(水原城)을 축조할 때 석재와 목재를 날랐다. 1866년 병인양요(丙寅洋擾) 때에는 상병단(商兵團)을 조직하여 강화도에 군량미를 날라 프랑스군을 물리치는 데 이바지하기도 하였다. '보부청'은 이러한 보부상을 관장하기 위해 조선 말기에 조직한 단체이다.

이 밖에 '보쌈'이란 민속 문화와 관련된 말도 있다. '보쌈'에는 서너 가지 뜻이 다른 말이 있다. 첫째는 양반집 딸이 둘 이상의 남편을 섬겨야 할 팔자인 경우에 팔자땜을 하기 위해 남의 남자를 몰래 보에 싸서 잡아다가 딸과 재운 뒤에 죽이는 것이다. 고전소설『정수경전』의 정수경은 바로 이런 보쌈에 걸려 죽을 번하다가 요행이 살아나 출세한 이야기를 그린 것이다. '보쌈'이라면 흔히 과부 보쌈을 생각하는데, 총각 보쌈이 오히려 전통적인 것이다. 과부 보쌈은 개가 금지(改嫁禁止)의 탈출구로 생겨 난 악습이다.

다른 '보쌈'은 삶아서 뼈를 추려 낸 돼지 따위의 머리 고기를 보에 싸서 무거운 것으로 눌러 단단하게 만든 뒤 썰어서 먹는 음식을 말한다. 오늘날 흔히 배추김치 따위로 돼지고기를 싸 먹는 것을 '보쌈'이라 하는 것은 이의 의미가 잘못 변한 것이다.

셋째의 '보쌈'은 물고기를 잡는 도구의 하나다. 양푼만한 그릇에 먹이를 넣고 물고기가 들어갈 만한 구멍을 뚫은 보로 그릇을 싸 물속에 담가 두었다가 여기에 들어간 물고기를 잡는 것이다.

이 밖에 '보쌈김치, 보쌈질'과 같은 '보쌈'과 합성된 말도 있다. '보쌈김치'는 김치의 일종으로, 배추 무 등에 갖은 양념을 한 소를 배추 잎에 싸서 담근 김치를 말한다. '보쌈김치'로는 개성(開城) 보쌈김치가 유명하다. '보쌈질'은 다림질할 옷을 물에 축인 보에 싸서 눅눅하게 하는 것이다. 다림질이 잘 되게 하기 위한 선인들의 지혜다. 끝으로 하나 덧붙일 것은 '보찜만두(褓-饅頭)'다. 이는 여러 개의 만두를 보에 싸서 찐 것을 말한다. 흔히 '찐만두'라는 것이 이런 것이다.

보는 지난날 우리 일상생활에 필요한 용구였다. 그런데 이것이 오늘날은 거의 사라져가고 있다. 문화도 언어도 변하는 것이다.

노들강변 봄버들 휘휘 늘어진 가지에다
봄

　　봄, 봄이란 말의 어감은 여성적이고, 신비로운 매력을 머금은 말이다. 봄아지랭이, 봄비, 봄나비, 봄나물, 봄밤, 봄하늘, 봄바다, 봄바람, 봄동산, 봄나들이, 봄노래, 봄잔치, 봄놀이, 봄처녀, 봄맞이 등 '봄'이 붙는 말엔 봄의 향기와 더불어 새롭고 신선한 맛이 감돈다. 〈양명문 「봄의 축제」〉

　　'봄'은 확실히 정서적 계절이요, 사랑의 계절이다. 그것도 '남비추 여희춘(男悲秋 女喜春)'이라고 여인의 계절이기도 하다. 이러한 정서적인 계절 봄, 이 '봄'이란 말은 어떻게 이루어진 것이며, 여기 담긴 우리 문화는 어떤 것일까?

　　우리말 '봄'은 그 어원이 분명치 않다. 이 말은 터키어 bahar에 소급되는 '볼'이라 보기도 하고, '보(見)-ㅁ(접미사)', 또는 '봄(陽)-옴'에서 온 말이라 하기도 한다. 그러나 이러한 설과는 달리 어떤 동작을 나타내는 말이었을 가능성이 크다. 그것은 '뛰놀다'란 뜻의 우리의 옛말 '봄놀다'의 '봄'과 관련이 있는 것으로 보이기 때문이다. 두보(杜甫)의 시를 번역한 『두시언해(杜詩諺解)』에는 다음과 같은 구절이 보인다.

믌겨리 드위부치니 거믄 龍ㅣ 봄놀오(濤飜黑蛟躍)

'물결이 뒤집히니 검은 용이 뛰놀고'란 뜻의 시구다. 이렇게 '봄놀다'는 '도(跳)·약(躍)·용(踊)·상(翔)·등(騰)' 등의 의미를 나타낸다. '봄놀다'는 '뛰놀다'와 같은 복합어일 것이다. 그것은 '놀다'가 '움직이다'의 뜻을 가진 동사이기 때문이다. 따라서 '봄'은 어떤 동작을 나타내는 동사의 파생명사일 가능성이 짙다. 이러한 추정은 다른 언어의 '봄'이란 말의 어원을 살펴볼 때 더욱 설득력을 갖게 한다.

영어의 봄 'spring'은 '뛰다, 튀다, 솟아오르다'란 뜻의 동사 'spring'과 어원을 같이 하는 말이다. Spring은 물이 솟아나오는 데서 '샘'의 의미를 지니게 되고, 싹이 나는 계절, 또는 한 해의 시작에서 '봄'의 의미를 지니게 된 말이다. 이는 고어에서 봄을 'springing time(14세기), spring time(15세기)'이라 한 데서 저간의 사정을 알 수 있다. 일본어 '하루(春)'도 동사 '하루(發·張)'에 소급하는 것으로 보인다. 그리고 봄을 뜻하는 한자 '춘(春)'자 또한 『설문해자

(說文解字)』에 의하면 '꿈틀거림(蠢)'을 뜻하는 것으로 되어 있다. 그리고 『상서대전(尙書大典)』에는 '봄은 태어남이라, 만물의 태어남이라(春出也. 萬物之出也)'라 한다. 이렇게 '봄'은 동서양을 가릴 것 없이 '생동(生動)', '약동(躍動)'의 의미를 바탕에 깔고 있는 말이다.

'봄'과 합성된 말은 앞에서 인용한 시인의 글에 보이듯 여러 가지가 있다. 이러한 복합어 가운데 우리 문화를 반영하는 대표적인 말로는 '봄갈이, 봄낳이, 봄누에, 봄볕, 봄보리, 봄추위' 같은 것을 들 수 있을 것이다. '봄갈이, 봄보리'는 춘경(春耕), 춘맥(春麥)으로, '가을갈이 가을보리'에 대가 되는 말이다. 이는 이모작(二毛作)을 하는 우리 농촌생활을 반영한 말이다. '봄낳이'는 '가을낳이'에 대가 되는 말로, 봄에 짠 무명을 가리킨다. 낳는 것이 무명만이 아니겠으나, 이것이 일반화하여 우리 직조문화(織造文化)의 주소를 알게 한다. '봄누에'는 춘잠(春蠶)으로 추잠(秋蠶)의 대를 이루어, 양잠을 일 년에 두 번 하였음을 알려 준다. '봄추위'는 춘한(春寒)으로, 사계절이 있는 우리나라의 기후상황을 반영한다. 그런데 이러한 추위 가운데는 '꽃샘, 잎샘, 꽃샘잎샘'이란 멋있는 말도 있다. 춘한(春寒)을 꽃이나 잎에 대한 시샘으로 본 것이다. 이는 참으로 운치 있는 표현이요, 멋있는 말이다. 아름다운 꽃, 예쁘게 피어나는 새잎은 확실히 시샘의 대상이 되기에 충분하다. 일본어는 이런 경우 '하나비에(花冷え)'라고 하여 '꽃추위' 쯤으로 표현하고 있어 그 발상은 우리와 비슷하나, 운치에 있어서는 비교가 안 된다.

‘봄볕’이란 춘양(春陽)으로, 이는 우리의 사랑의 단면을 보여 주는 말이다. 우리 속담에 “가을볕에는 딸을 쬐이고, 봄볕에는 며느리를 쬐인다”, “딸 손자는 가을볕에 놀리고, 아들 손자는 봄볕에 놀린다”고 한다. 이는 가족 간의 애정관계를 드러내 준다. 봄볕은 가을볕보다 강해 좀더 살갗이 타고 거칠어진다. 그래서 사랑하는 딸과 외손자는 가을볕을, 미움의 대상인 며느리와 친손자는 봄볕을 쬐게 한다는 것이다. 이는 우리의 전통적 애정관이라 할 수 있다.

  봄은 ‘새봄’이라 하듯 신생(新生)을 상징한다. 그래서 ‘봄나물, 봄배추, 봄버들, 봄풀’이란 말은 봄이 되어 새로 피어나는 것을 말한다. 잎이 피고 난 뒤에는 온갖 꽃이 피어난다. 그렇게 되면 풍류를 좋아하는 우리민족은 춘흥(春興)을 못 이겨 ‘화류 가자’고 했다. ‘화류(花柳)놀이’를 하자는 것이다. 이를 반영하는 말이 ‘봄맞이’요, ‘봄단장’, ‘봄나들이’이며, ‘봄놀이’다. 이때에는 흥겨운 가락과 함께 흥겨운 춤사위가 따르게 마련이다.

  노들강변 봄버들 휘휘 늘어진 가지에다
  무정세월 한 허리를 친친 동여매어 볼까.
  에헤요 봄버들도 못 믿으리로다.
  푸르른 저기 저 물만 흘러 흘러서 가노라.

만담가 신불출(申不出)이 작사한 신민요 <노들강변(鷺梁江邊)>이다. 이는 화류놀이에 빠지지 않는 민요다. 그런데 여기에 심상찮은 부분이 있다. '노들강변의 봄버들'이란 것이다. 이는 '노량진 강변의 봄버들'이다. 그렇다면 이는 '노들(野)' 아닌, '노돌(梁)'이 돼야 한다. '노들'은 '울돌(鳴梁)', '손돌(窄梁)'과 같이 '노돌'로, 이는 '돌 량(梁)'의 '돌'이다. '돌'은 '돌 량(梁)', '돌 거(渠)'에 보이는 '돌'로, '도랑'이다. '돌치고 가재 잡는다'는 '돌'이다. 이는 작은 개울만을 의미하지 않았다. '노돌(鷺梁)'처럼 서울의 오강(五江)에 버금가는 물목도 의미하고, 명량대첩(鳴梁大捷)의 '울돌(鳴梁)'이나, 강화군과 김포군 사이의 '손돌(窄梁 손돌 「용비어천가」)'처럼 해협(海峽)도 의미했다. 이렇게 '노들강변의 봄버들'은 한강의 물목인 '노돌(鷺梁)' 강변의 봄버들을 노래한 것이다. '노들나루'도 '노돌나루'다. 그래서 한자어로 '노량진(鷺梁津)'이라 하는 것이다. 이 '노들'이 언제부터인가 '노돌'로 바뀐 것이다. 따라서 '노들강변'의 봄버들'은 '노돌 강변의 봄버들 휘휘 늘어진 가지에다'라 노래할 때 비로소 흥겨워 너울너울 춤을 출 것 같다.

여름 부채, 겨울 책력(册曆)
부채

하선동력(夏扇冬曆)이라는 말이 있다. 여름 선물로는 부채를 좋아하고, 겨울에는 새해의 책력을 좋아한다는 말이다. 이와는 달리 하로동선(夏爐冬扇)은 여름 화로와 겨울 부채라는 뜻으로 격이나 철에 맞지 않거나, 쓸 데 없는 것을 비유적으로 이르는 말이다.

'부채'는 확실히 여름에 필요한 물건이다. 이는 '부치다'의 고어 '부츠다'의 어간 '부츠(扇-)'에 접사 '-애'가 결합된 말로, 부쳐서 주로 더위를 식히는데 사용된다. 그래서 흔히 부채의 양면에는 시구나 산수화, 화조 등의 그림을 그려 맑고 서늘한 기운을 더한다.

그러나 부채의 쓰임은 물론 더위를 식히는 데만 있는 것은 아니다. 불을 일으키는 데도 쓰이고, 햇빛을 가리거나 신부가 차면(遮面)하는 데도 쓰인다. 『춘향전』에서 암행어사 이 도령은 '살만 남은 헌 부채에 솔방울 선추(扇錘) 달아 일광(日光)을 가리고' 전라도로 내려갔다. 부채는 또 부채춤을 추거나, 무당이 굿을 하거나, 판소리를 하거나, 줄타기를 할 때에도 쓰인다. 부채의 용도는 이렇게 다양했다.

부채는 크게 두 종류가 있다. 쥘부채(摺扇)와 둥글부채(團扇)가 그것이다. '쥘부채'란 접었다 폈다 할 수 있는 부채이고, '둥글부채'란 비단이나 종이 따위로 둥글게 만든 것이다. 꼽장선(曲頭扇), 승두선(僧頭扇), 합죽선(合竹扇) 같은 것은 쥘부채이고, 까치선(扇), 미선(尾扇), 백우선(白羽扇), 태극선(太極扇), 팔덕선(八德扇), 파초선(芭蕉扇) 같은 것은 둥글부채다.

'꼽장선(曲頭扇)'은 부챗살이 교차되는 부분에 박힌 못 같은 물건, 곧 사북 근처의 겉살에 굽은 뼈나 검은 나뭇조각을 붙인 것이고, '승두선'은 부채 머리가 중의 머리처럼 동그랗게 된 것이다. '합죽선'은 대표적인 쥘부채로, 얇게 깎은 겉대를 맞붙여 살을 만든 쥘부채다. 한지에 기름을 먹인 쥘부채로는 전주(全州) 합죽선이 유명하다. '까치선'은 부채 바닥을 X자형으로 나누어 위아래는 붉은 색, 왼편은 노란색, 오른편은 푸른색을 칠하고, 가운데는 태극 무늬를 넣은 팔각(八角), 또는 둥근 모양의 부채다.

'미선'은 대오리의 한 끝을 가늘게 쪼개어 둥글게 펴고 실로 엮은 뒤 그 앞뒤에 종이를 바른 둥그스름한 부채다. 우리가 흔히 보게 되는 둥근 부채다. 미선은 또 전날 대궐에서 정재(呈才)할 때 쓰던 자루가 긴 부채 모양의 의장(儀仗)을 가리키기도 한다. '백우선'은 새의 흰 깃으로 만든 부채이고, '태극선'은 태극 모양을 그린 부채다. '팔덕선'은 개울가에 나는 부들(香草)로 만든 부채로, 한 끝은 엮고, 손에 쥐는 다른 한 끝은 모아 묶어서 만든 것이다. 고유어로는 '부들부채'라 한다.

부채의 이름은 앞에서 본 바와 같이 대부분 한자어로 되어 있고, 고유어로 된 것은 둥글부채, 쥘부채 외에 '봄부채, 부들부채, 불부채, 세살부채' 정도가 있을 뿐이다. '봄부채'는 아이들이 봄에 가지고 노는 장난감의 하나다. 이는 얇은 종이로 자그마하게 둥근 부채처럼 만들고, 그림을 그려 넣은 것이다. '불부채'는 불을 부치는 데 사용하는 화선(火扇)이고, '세살부채'는 부챗살이 매우 가늘거나(細살), 부챗살의 수가 적은 부채를 말한다. 양식(洋式) 쥘부채에 이런 것이 많다.

'부채'와 합성된 말은 크게 두 가지로 나누어 볼 수 있다. 그 하나는 '부채'가 부채 자체를 의미하는 것이고, 다른 하나는 '부채'가 부채 형태를 비유적으로 나타내는 관형어로 쓰인 것이다. '부채고리, 부채꼭지, 부채꼴, 부채잡이, 부채종이, 부채질, 부채춤, 부채형'은 '부채'가 부채 자체를 의미하는 것이다. '부채잡이'는 소경이 부채를 왼손에 쥐는 데서 소경의 왼쪽을 이르는 말이다. 이에 대해 소경의 오른쪽을 '막대잡이'라 한다. 이는 소경이 오른손에 막대를 잡기 때문이다.

'부채종이'는 부채에 바르는 종이, 선자지(扇子紙)다. '부채춤'은 흔히 부채를 들고 추는 전래의 민속춤으로 알고 있으나, 실은 신무용(新舞踊) 계열의 창작무용이다. 무용가 김백봉(金白峰)이 창작한 정(靜)과 동(動)이 짜임새 있게 조화를 이룬 화려한 무용이다. 이밖에 '부채고리'는 쥘부채의 사북에 꿰어 놓은 고리, 선축(扇軸)이고, '부채꼭지'는 사북이 박힌 부채 대가리 부분이다. 이는 그 모양에 따라 승두(僧頭), 어두(魚頭), 사두(蛇頭) 같은 것이 있다.

이에 대해 '범부채, 앉은부채, 부채괴불이끼, 부챗말, 부채붓꽃'은 식물의 잎 모양이 부채 같아 비유적으로 이르는 것이다. 다만 '부채붓꽃'은 이파리 아닌, 잎 전체의 형상이 부채꼴을 이루는 것이다. '부채게, 부채바다지렁이, 부채새우, 부채장수잠자리'는 이들 동물의 신체의 일부가 부채꼴을 취하고 있어 비유적으로 명명된 것이다. '부채궁륭, 부채도끼, 부채빗, 부채장부, 부챗골톱니바퀴'는 건축 양식, 또는 기계나 기구의 모양이 부채꼴을 취하고 있는 것이다.

또한 부채의 뼈대를 이루는 여러 개의 대오리 '부챗살(扇骨)'의 형상을 한 것은 '부챗살'과 복합어를 이루고 있다. '부챗살골, 부챗살맥, 부챗살빛'이 그것이다. '부챗살골'은 꼬막 따위의 껍데기 겉면에 부챗살처럼 퍼진 골(谷)이다. '부챗살맥'은 '사출맥(射出脈)'으로, 잎자루의 맨 끝에서 부채꼴로 뻗어나간 잎맥을 말한다. 종려(棕櫚)의 잎맥 따위가 이런 경우다. '부챗살빛'은 일몰(日沒) 직전이나 직후에 보이는 부챗살 모양으로 비치는 햇빛을 말한다.

우리의 부채는 고구려의 고분 벽화에 나오는 것으로 보아 그 역사가 오랜 것이다. 고려시대에는 하늘의 노여움을 산다하여 가뭄에는 여러 차례 나라에서 부채 사용을 금하기도 하였다. 이 시대에는 살이 500개나 되는 다골선(多骨扇)을 쓰기도 하였는데, 이 쥘부채가 중국에 전해져 고려선(高麗扇)이라 일러졌다. 조선조에 와서는 부채가 실용의 도를 넘어 사치하는 경향을 보이기도 했다. 부채고리에 늘어뜨리는 장식 선추(扇錘)를 금, 은, 주옥 따위로 한 것이 그것이다. 또한 조선조에는 공조(工曹)에서 부채를 만들어 임금께 진상하였는데, 이를 '단오부채'라 하여 임금은 단오(端午) 때 각 궁에 속한 하인과 재상 시종신(侍從臣) 등에게 나누어 주었다. 하선동력(夏扇冬曆)이 좋은 선물이거니와 '단오부채(端午扇)'는 여름날의 좋은 선물이었다. 이러한 부채가 실용면에서는 선풍기와 에어컨에 밀려 점점 사라지고 있다.

'불꽃'과 '하나비(花火)'의 발상

불(火)

　　아아 춤을 춘다, 싯벌건 불덩이가 춤을 춘다. 잠잠한 城門 우에서 나려다보니, 물냄새 모랫냄새 밤을 깨물고 하늘을 깨무는, 횃불이 그래도 무엇이 不足하야 제몸까지 물고 뜯을 때, 혼자서 어두운 가슴 품은 젊은 사람은, 過去의 퍼런 꿈을 찬 江물 우에 내어던지나, 無情한 물결이 그 그림자를 멈출 리가 있으랴? (중략) …… 할 적에 퉁, 탕 불띄를 날리면서 튀어나는 매화포, 펄떡 精神을 차리니, 우구구 떠드는 구경군의 소리가 저를 비웃는듯, 꾸짖는듯. 아아 좀더 强烈한 情熱에 살고 싶다. 저기 저 횃불처럼 엉기는 煙氣, 숨막히는 불꽃의 苦痛속에서라도 더욱 뜨거운 삶을 살고 싶다고 뜻밖에 가슴 두근거리는 것은 나의 마음……

　　주요한의 「불놀이」의 한 연이다. 가신 님에 대한 상심이 축제와 대조를 이루며 처절하게 노래 불리고 있다. 그러나 여기에는 불의 정화(淨化)와 재생, 정열이 이면에서 강렬하게 끓어오른다.

사전에 의하면 '불'은 '높은 온도로 빛과 열을 내면서 타는 것', '화재(火災)', '빛을 내어 어둠을 밝히는 물체', '불이 타듯 열렬하고 거세게 타오르는 정열이나 감정'을 나타내는 것으로 되어 있다. 그러나 이것이 전부는 아니다. "불 차인 중놈 달아나듯"이란 속담의 '불'도 다름 아닌 이 '불(火)'이다. 속담의 '불'은 물론 고환 곧 '불알'을 가리킨다. 일본어에서 이를 금 구슬이란 뜻의 '긴타마(金玉)'라 하듯, 우리는 이를 생성과 정열의 '불'로 파악한 것이다. '불까기, 불거웃, 불두덩, 불친소' 같은 말의 '불'도 이러한 것이다. 이들은 각각 '거세(去勢), 신모(腎毛), 신구(腎丘), 악대소'를 뜻한다.

'불'은 또한 접두사로 쓰여 '몹시, 심히'의 뜻을 나타낸다. 이때의 '불'도 어원은 '불(火)'에 소급하는 것이다. '불가물, 불강도, 불걸음, 불깍쟁이, 불더위, 불망나니, 불벼락, 불상년, 불상놈, 불호령' 같은 말의 '불'이 그것이다. 이러한 발상은 일본어나 영어에는 보이지 않는 것 같다.

'불가물'은 아주 심한 가물을 뜻하는 말이다. 우리 속담에 "불난 끝은 있어도 물난 끝은 없다"고 화재(火災)보다 수재(水災)가 더 무섭다고 한다. 그런데 '가물', 그것도 '불가물'이 들면 농사는 어떻게 될까? 물난 끝은 몰라도 적어도 불난 끝과 같은 피해는 입을 것 같다. '불강도'는 '날강도'와 같은 뜻의 말로, 아주 악독한 강도를 뜻하는 말이다. 요사이는 흔히 '불강도' 아닌, '날강도'란 말이 쓰이고 있다. '불걸음'은 매우 재게 빨리 걷는 걸음을 비유적으로 이르는 말이다. '불깍쟁이'는 깍쟁이 가운데 아주 지독한 깍쟁이를 뜻한다. '불더위'는 '불볕더위'와 같은 뜻의 말로, 몹시 뜨겁게 내려 쬐는 더위다. 7, 8월의 더위가 이런 것이다. 이런 때는 어디 시원한 곳으로 피서를 가는 것이 좋다. '불망나니'는 망나니 가운데 망나니로, 성질이나 하는 짓이 지독하게 못되어 고약한 사람을 낮잡아 하는 말이다. '망나니'는 물론 죄인의 목을 베던 사람을 이른다. '불벼락'은 호된 꾸중이나 책망을 비유적으로 이르는 말이고, '불호령'은 갑작스럽게 내리는 무섭고 급한 호령을 뜻한다. '불호령'이 내리면 이를 거행하는 시종의 발걸음은 '불걸음'이 될 것이다. '불상년, 불상놈'은 각각 아주 몹쓸 여자와 남자를 비속하게 이르는 말이다. '상놈'의 강도가 높아지면 '불상놈', '불상놈'의 강도가 높아지면 '불쌍놈'이 된다.

또 '불'은 불이 붉은 빛을 띠는 데서 '붉은 빛깔을 가진'이란 뜻의 접두사로 쓰인다. 이러한 발상도 우리만의 특수한 것인 것 같다. 영어나 일어에서는 'fire'나 '히(火)'가 붉은 빛깔을 나타내지 않는 것은 아니나 우리처럼 흔치 않다. 이러한 말로는 '불개미, 불곰, 불구슬, 불밤송이, 불암소, 불여우, 불콩, 불호박(-琥珀)' 같은 것이 있다. 이들은 모두 '개미, 거웃, 곰, 구슬, 밤송이, 암소, 여우, 콩, 호박'이 붉기 때문에 이렇게 명명된 것이다. '불밤송이'는 채 익기도 전에 말라 떨어진 붉은 밤송이를 이르는 말이다. 심훈의 『상록수』에는 이 말이 비유적으로 쓰이고 있다.

싹 깎은 머리가 자라서 불밤송이처럼 일어났는데, 형만 못지 않게 건강한 몸집은 올해 스물 두 살이라면 누구나 곧이 안 들을 만하게 우람스럽다.

'불곰'을 일본어로 '히구마(火熊)'라 하는 것은 우리와 발상을 같이 하는 것이다. 그러나 이는 '아카구마(赤熊)'라고도 하여 직접 색채어를 써서 나타내기도 한다. '불개미, 불구슬'도 '아카아리(赤蟻), 아카다마(赤玉)'라 하여 직접 색채어를 써서 나타내고 있다.

앞에서 인용한 '불놀이'는 '불'이 '놀이'와 합성된 말이다. 이때의 '불'은 문자 그대로 '빛과 열을 내면서 타는 것'을 뜻한다. '불'과 합성된 말은 이러한 것이 대부분이다. '불구경, 불구덩이, 불기운, 불꽃놀이, 불놀이, 불똥, 불목, 불배(火船), 불병풍, 불빛, 부삽(<불삽), 불씨, 불조심, 불침, 불티, 불화로' 같은 말이 이러한 것이다. '불놀이'는 '등불을 많이 켜거나, 쥐불을 놓거나 불꽃놀이 따위를 하며 노는 일'을 뜻하는 말이다. 이에 대해 '불꽃놀이'는 경축행사 때 공중으로 화포(花砲)를 쏘아 불꽃이 일어나게 하는 놀이를 뜻한다. "밤하늘을 화려하게 장식하고도 흔적도 없이 사라져버리는 불꽃놀이……"(이병주, 『지리산』)가 그 예다. 따라서 '불놀이'가 '불꽃놀이'보다 의미의 폭이 넓다. '불꽃놀이'는 일본어로는 '하나비아소비(花火あそび)'라 하여 우리와 발상을 달리한다. 우리는 화형(花型)의 축포와 화염을 다 같이 '불꽃'이라 하는데, 일본은 이

를 '하나비(花火)'와 '히바나(火花)'로 구분해 표현한다. 우리말 '꽃불'은 이런 뜻의 말이 아니다. 이는 '이글이글 타오르는 파란 불'을 의미한다. '불병풍'은 등산객이나 알지 않을까 생각되는 말이다. 이는 바람받이에 놓아 화로 쪽으로 불어오는 바람을 막기 위해 둘러치는 병풍을 가리킨다. 바람 부는 날이면 꼭 필요한 장구다. 흔히 조그마하게 세 쪽으로 만들어져 있다.

'좆불'만도 못한 녀석

불(陰囊)

   세상이 어지럽다 보니 별일이 다 많다. 얼마 전까지만 해도 학교의 공원화라 하여 담장을 없애더니, 요사이는 '개방 통제'라 하여 문을 꽁꽁 닫아 걸었다. 초등학생 성폭행 사건이 잇따라 발생하며 외부인의 출입을 통제하게 된 것이다. 옛날에는 '남성(男性)'은 생산과 풍요의 상징으로 신앙의 대상이었다. 그러던 것이 오늘날은 거세의 대상으로까지 논의된다.

   성은 금기의 대상이다. 그래서 성관계 용어는 금기어(taboo word)가 되어 있다. 욕을 할 때 쓰는 것 외에는 입에 잘 올리지 않는다. 그런데 한 반세기 전까지만 해도 거세를 뜻하는 우리말이 으름장을 놓는 농으로도 곧잘 쓰였다. 아이들이 말을 잘 안 듣거나, 심한 장난을 하게 되면 "이놈, 그러면 불알을 깐다."고 했다. 그런데 이들 성 관계 말을 금기하다 보니 고유어는 잊혀지고, 한자어와 외래어로 바뀌어 간다. '불'은 이런 말 가운데 하나다.

'불'은 거의 기본적 의미를 잃어버린 것 같다. 사전의 풀이대로 '불알을 싸고 있는 살로 된 주머니'라고 하면, '응, 그렇구나!' 하는 사람이 많을 정도다. 특히 젊은이의 경우 그러하다. 한자를 아는 사람은 오히려 '음낭(陰囊)'이라고 해야 이해한다. '불'이 고환(睾丸)을 의미하는 것은 '불알'이란 말이 줄어든 경우다.

농기구 가운데도 '불'이 있는데, 이것도 음낭을 의미하는 '불'과 어원을 같이 할 것으로 보인다. 이는 걸채나 옹구 등의 아래로 늘어져 물건을 싣게 되어 있는 것이다. '불'은 바로 이렇게 '늘어진 것'을 의미하기도 한다. 음낭은 체외에 늘어져 있는 것이다. 이러한 의미의 단적인 예가 '귓불'이다. '귓불'은 귓바퀴의 아래쪽으로 늘어진 살, 이수(耳垂), 이타(耳朶)를 가리킨다.

'불'이 늘어진 것을 보이는 대표적 용례는 "오뉴월 황소 불 떨어지기" 계통의 속담에서 볼 수 있다. 이는 도저히 가망이 없는 것을 헛되이 바란다는 뜻의 속담인데, 이 속담은 더운 여름날 불이 축 늘어져 곧 떨어질 것 같이 매달려 있는 데 연유한다. "오뉴월 쇠불알 떨어지기를 기다린다", "쇠불알 떨어지면 구워먹기", "쇠불알 떨어질까 하고 제 장작 지고 다닌다", "황소 불알 떨어지면 구워먹으려고 다리미 불 담아 다닌다"가 다 이런 것이다. 농기구로서의 '불'은 '걸챗불(=발챗불), 옹구 불' 형태의 말이 있다.

'불'을 어두로 한 복합어에는 '불거웃, 불두덩, 불두덩뼈, 불씹장이, 불알, 불알망태, 불줄기, 불친소' 등이 있다. '불거웃'은 불두덩에 난 털을 의미하며, '불것'은 이의 준말이다. '불두덩'은 사전에 남녀 성기 주변의 두두룩한 부분을 의미하는 것으로 되어 있다. 그러나 '불'이 본래 음낭을 의미하므로, 이는 '씹 두덩'과는 구별되는 말이라 하겠다. '불두덩뼈'는 물론 치골(恥骨)이고, 줄여 '두덩뼈'라 한다. '불씹장이'는 '남녀추니'를 잘못 하는 말이다. 이는 남녀 생식기를 둘 다 가지고 있는 사람으로, 달리는 '어지자지', 고녀(睾女)라 한다. 화제의 트랜스젠더가 이와 관련이 있는 사람들이라 하겠다.

'불알망태'는 음낭을 속되게 이르는 말로 불알이 들어 있는 망태(網橐)라는 말이다. '불줄기'는 불알 밑에서 항문까지 잇닿는 힘줄을 말한다. '불줄'은 이의 준말이다. '불친소'는 주로 고기를 먹기 위해 불을 까서 기른 소, 악대소를 말한다. 돼지는 종돈(種豚)이 많이 필요치 않으므로 수놈은 대부분 거세하였다. 거세하는 것은 이미 용례에 드러났듯, 고유어로 '불(알)을 까다'라 한다. 달리는 '불을 치다. 불을 앗다'라고도 한다. 전통적으로 거세할 때는 사금파리(사기의 파편)를 이용하였다.

'불', 또는 '불알'에 관형어가 붙은 말을 보면, 이들 용례는 앞에서 살펴본 '귓불' 외에 '개불, 개불알꽃, 개불알풀' 정도가 고작이다. '개불'은 바다 밑 모래에 구멍을 파고 사는 10~30cm의 둥근 통 모양의 동물이다. 이는 누런 갈색으로 되어 있어 그 생긴 모양이 개의 신(腎)과 비슷하게 생겨 이러한 이름이 붙은 것으로 보인다. 중국어로는 바다의 창자란 뜻의 하이창(海腸)이라 한다. 발상이 다르고 문화가 다르다. '개불알꽃'은 난초과의 여러해살이풀로, 5~6월에 붉은 보라색 꽃이 개의 불알 모양으로 줄기 끝에 한 송이씩 피어 이런 이름이 붙은 것이다. '개불알풀'은 현삼과(玄蔘科)의 두해살이풀로 5~6월에 붉은 보라색 꽃이 피고, 개 불알 모양의 열매가 잎겨드랑이에 하나씩 달리는 식물이다.

끝으로 살펴보아야 할 것에 '개뿔'과 '쥐뿔'이 있다. 이들은 어원을 잘못 파악하게 하는 말이다. '개뿔'과 '쥐뿔'은 있으나마나한 보잘것없는 것을 나타내는 말로, '개(犬)-뿔(角), 쥐(鼠)-뿔(角)'이 합성된 말이 아니다. 오히려 '개(犬)-불(陰囊), 쥐(鼠)-불(陰囊)'이 합성된 말이다. 이들이 '뿔'이 된 것은 합성되며 된소리가 나기 때문이다. 이를 맞춤법에 따라 표기하면 '갯불, 쥣불'이 될 말이다.

'개뿔'과 '쥐뿔'은 관용어를 이루어 쓰이는데, '개뿔도 모른다, 개뿔도 없다, 개뿔도 아니다'와, '쥐뿔도 모른다, 쥐뿔도 없다, 쥐뿔만도 못하다, 쥐뿔이 나다, 쥐뿔이나 있어야지'가 그것이다. 이들 관용어의 '개뿔'은 사전에는 올라 있지 않으나 모두 '개 좆'으로 대체해서 써도 되는 말이다. 이런 점에서 '불'이 음낭의 의미란 것이 더욱 분명해진다. '쥐뿔'의 경우는 '개뿔'에는 없는 '쥐뿔이 나다'란 색다른 관용어가 보인다. 이는 '보잘것없는 사람이 같잖은 짓을 하다'를 뜻하는 관용어다. 이는 그 의미로 볼 때 '쥐불(鼠陰囊)' 아닌 '쥐뿔(鼠角)'이 어울릴 말이다. 따라서 이는 '쥐불'계

관용어는 아니라 하겠다. 한 재중 동포의 소설에 보이는 '처녀 구하기가 고양이뿔 구하기보다 어렵다'는 '고양이뿔'도 마찬가지다.

세상이 어지럽다. '갯불' 같은, 아니 '줫불만도 못한' 녀석들이 오히려 설치고, 더 큰소리치는 세상이니 어찌 어지럽고, 시끄럽지 않으랴.

오늘은 찬비 맞았으니 얼어 잘까 하노라

비(雨)

조락(凋落)의 계절 가을이다. '남비추(男悲秋)'라고 남자는 가을을 슬퍼한다고 한다. 어찌 남자뿐이랴? 남자가 더 가을을 탄다는 것일 뿐이다. 이런 가을에는 사랑을 하고 싶다.

　　북창(北窓)이 맑다커늘 우장(雨裝) 없이 길을 나니

　　산에는 눈이 오고, 들에는 찬비로다

　　오늘은 찬비 맞았으니 얼어 잘까 하노라.

이 시조는 얼른 보면 평범한 서정시다. 그러나 이는 중의법(重義法)을 사용한 운치 있는 구애(求愛)의 시다. 조선조 선조(宣祖) 때의 문인 임제(林悌)가 한우(寒雨)라는 기생을 만나 사랑의 회포를 풀고 싶어 노래한 것이다. 임제의 시조에 한우(寒雨)는 이렇게 멋지게 화답하였다.

어이 얼어 자리, 무슨 일 얼어 자리

원앙침(鴛鴦枕) 비취금(翡翠衾)은 어디 두고 얼어 자리

오늘은 찬비 맞았으니 녹아 잘까 하노라.

한우는 찬비를 맞았으니 따뜻이 녹아 자고 싶다고 응수함으로, 임제의 구애를 완곡히 수용한 것이다. 시조를 주고받음으로 인연을 맺게 된 낭만적 사랑이다.

이들 사랑의 시조의 배경이 된 것은 '비(雨)', 그것도 '찬비'다. 임제의 시조에서의 '찬비'는 물론 '찬비'인 동시에 기생 한우(寒雨)를 비유한 말이다. '얼어 잘까 하노라'라의 표면적 의미는 동침(同寢) 아닌, '동침(凍寢)'이다. 그러나 숨겨진 뜻은 문자 그대로의 '동침(同寢)'이다. 남녀가 사랑을 하며 같이 자고 싶다는 것이다. 중의법을 쓴 것이다. 그러기에 임제의 시가 구애의 시가 된다. 이에 대해 한우의 '얼어 자리'는 문자 그대로 '얼어 자는 것'이고, 그래서 '언 몸을 따뜻이 녹여 자겠다'는 것이다. 그러니 자연스럽게 구애에 수용이 부합되어 둘은 사랑의 단꿈을 꾸었을 것이다.

'비'는 종류가 다양하다. 우선 계절에 따른 '봄비, 여름비, 가을비, 겨울비'가 있고, 시간에 따른 '아침비, 저녁비, 밤비'가 있다. 빗줄기나 비의 성격에 따라서도 여러 가지로 나뉜다.

빗줄기는 굵기에 따라 구분된다. 빗줄기가 가는 것의 대표자는 '가랑비'다. 가랑비의 옛말은 'ᄀᆞᄅᆞ비'였다. 'ᄀᆞᄅᆞ비'의 'ᄀᆞᄅᆞ'는

가루(粉)다. 따라서 '가랑비'는 빗방울이 가루같이 가늘게 내리는 비다. 같은 뜻의 비로는 '안개비'가 있다. 이는 빗줄기가 가늘어서 안개처럼 부옇게 내리는 비로, 한자어로는 무우(霧雨)라 한다. '는개'는 안개보다 조금 굵고, 이슬비보다는 좀 가는 비다. '이슬비'는 는개와 가랑비의 중간쯤 되는 비다. '실비'는 실처럼 가늘게 내리는 비다. '보슬비'나 '부슬비'는 바람이 불지 않는 가운데 내리는 비로, 조용히 내린다는 데에 초점이 맞추어진 말이다. 주요한의 시 「빗소리」에 읊어진 비가 바로 이런 '보슬비'다.

비가 옵니다/ 밤은 고요히 깃을 벌리고
비는 뜰 위에 속삭입니다/ 몰래 지껄이는 병아리같이

빗줄기가 굵은 것도 여러 가지다. '소나기, 소낙비, 장대비, 작달비, 채찍비' 같은 것이 그것이다. '소나기'는 갑자기 세차게 내리는 비다. 이는 흔히 한 차례만 오지 않는다. 그래서 '소나기 삼형제'라는 말도 있다. '소나기'란 말은 비가 올지 안 올지를 알 수 없어 소를 두고 내기를 하였다 해서 붙여진 이름이란 말도 있다. 그러나 이는 호사가의 속설(俗說)이다. '소나기'의 어원(語源)은 '쇠나기'에 있는 것으로 본다. 여기서 '쇠'는 '몹시, 심히'를, '나기'는 '나다(出)'의 명사형으로 내리는 것을 뜻한다. 곧 '소나기'는 '심히 내리는 것'이란 말이다. '소나기'를 한자로 '취우(驟雨)'라고 하는데 이는 '갑작스럽게(驟)' 쏟아지는 비란 말이다. '소낙비'는 '소나기'에 '비'를 첨가하여 좀 더 구체화한 것이다. '작달비'는 빗줄기가 굵고 거세게 내리는 비로, '장대비'와 같은 말이다. '채찍비'는 물론 굵은 비가 바람을 타고 채찍처럼 몰아치는 것이다. 뺨을 맞게 되면 정말 채찍처럼 아프기까지 하다.

비는 농사(農事)와 밀접한 관계를 가져 이와 관련된 말이 많다. '꿀비, 단비, 모종비, 목비, 복비, 약비' 같은 것이 그것이다. '꿀비'는 농작물이 자라는데 꼭 필요한 때에 맞추어 알맞게 내리는 비다. 꿀과 같이 단 비란 말이다. '단비'는 기다리던 때에 알맞게 내려 식물이 잘 자라게 하는 비다. 이는 흔히 가뭄 뒤에 오는 비를 가리킨다. '모종비'는 모종하기에 알맞은 때에 내리는 비이고, '목비'는 모낼 무렵에 한목 오는 비다. '못비'는 모를 다 낼 만큼 흡족하게 내리는 비다. 모를 내지 못해 발을 동동 구르며, 하늘만 쳐다보는 농민들에게 '못비'는 참으로 고마운 비다. '복비'는 농사철에 마침 알맞게 내리는 비를, 대풍(大豊)을 들게 하여 농민들에게 기쁨을 줄 비라 하여 붙여진 이름이다. '약비'는 농작물에 약이 될 비라는 뜻으로, 요긴한 때에 내리는 비를 말한다. 농사에 있어서 비는 생명수와 같은 것이다. 그러나 "불난 끝은 있어도 물난 끝은 없다"는 것이 물이다. 수재(水災)의 엄청남을 경고하는 속담이다. 물은 양면성(兩面性)을 지닌다. 관리를 잘 해야 한다.

빛 좋은 개살구

빛

　'빛'은 光(light)으로, 신화에서 중요한 상징적 요소가 되고 있다. 우리의 신화에서 이는 이 세상의 창조와 생명의 잉태를 상징한다. 제주도의 천지왕 본풀이나, 초감제는 커다란 새가 꼬리를 치면서 캄캄한 세상에 처음으로 빛을 제공하며 태초의 개벽을 알린다. 고구려의 동명성왕(東明聖王)이나, 신라 박혁거세(朴赫居世)의 설화에서는 빛이 생명의 잉태를 상징한다. 해모수(解慕漱)와 사통하여 적거(謫居)하게 된 하백(河伯)의 딸 유화(柳花)에게 햇빛을 비추어 잉태하게 하고, 박혁거세가 태어날 때는 전광과 같은 이상한 기운이 땅에 비친 것이 그것이다. 서양에서도 빛(light)은 천지개벽, 신의 현현(顯現), 어둠을 쫓는 힘, 몽매함의 계도(啓導) 등을 상징한다.

　'빛'이란 말은 문화의 발전과 더불어 그 의미가 다양하게 변하였다. 기본적 의미인 光(light)을 나타내는 말에는 우선 '햇빛, 달빛, 별빛, 불빛, 눈빛' 같은 말이 있다. 이들은 일광(日光), 월광(月光), 성광(星光), 화광(火光), 안광(眼光)을 나타낸다. 이 밖에 '빛기둥, 빛발, 빛살(光線), 빛나다, 빛내다' 같은 말도 있다. 이 가운데 '빛기둥'은 좁은 틈 사이로 뻗치는 광선을 가리킨다. 이호철(李浩哲)의 「판문점」에 보이는 "내리붓는 흰 햇살이 빛기둥이 되어 동편 산 틈바구니로 곤두서 있었다."의 '빛기둥'이 그 예다. 이 밖에 '빛'이 '光'을 나타내는 용례로는 학술용어에 많이 보인다.

> 빛다발(光線束), 빛동물(發光動物), 빛물체(光源), 빛반응(發光反應), 빛받이(採光), 빛분해(光分解), 빛살세기(光度), 빛샘(發光샘), 빛식물(發光植物), 빛의굴절(光屈折), 빛의전자기설(光電磁氣說), 빛전지(光電池), 빛종이(發光紙)

이들 '빛'은 光, 또는 발광(發光)을 나타낸다. '빛'이 '光'을 나타내는 말은 북쪽에서 '말다듬기'를 하며 순화한 예도 많이 보여준다.

그런데 우리말에는 '빛'이 '光' 아닌 '色'을 의미하는 경우가 많다. "빛 좋은 개살구"란 속담에 보이는 '빛'도 이러한 것이다. 이는 겉보기에는 먹음직한 빛깔을 띠고 있으나 맛이 없는 개살구라는 뜻으로, 겉모양은 그럴듯하나 실속이 없음을 의미한다. 그런데 이와 같이 '光'을 나타내는 말이 색채를 나타내는 경우는 우리말의 한 특성인 것 같다. 적어도 영어, 일어, 중국어에는 이러한 현상이 보이지 않는다. 그러나 우리말의 이러한 의미변화는 이상한 현상이 아니고, 오히려 매우 자연스런 현상이라 할 것이다. 그것은 물체가 광선을 흡수, 또는 반사하여 나타나는 것이 바로 색이요, 빛깔이기 때문이다. 이는 사물의 인접(隣接)에 의한 의미변화라 할 것이다.

색채어(色彩語)는 두 유형으로 나뉜다. 그 하나는 '검은빛, 노란빛, 누른빛, 보랏빛, 분홍빛, 붉은빛, 연자줏빛, 자줏빛, 주홍빛, 주황빛, 푸른빛, 흰빛'과 같이 순수한 색채어라 할 수 있는 것이다. 다른 하나는 이와는 달리 구체적 사물로 색채를 대신 나타내는 것이다. 전자를 지시적 색채어라 한다면, 후자는 비유에 의한 색채어라 하겠다. 후자는 구상적 사물로 추상적인 색채를 나타내는 은유의 표현이라 할 수 있는 것이다. 이러한 예로는 다음과 같은 것이 있다.

감빛(柿色), 구릿빛(銅色), 금빛(金色), 남빛(藍色), 납빛(鉛色), 눈빛(雪色), 먹빛(墨色), 목홍빛(木紅色), 물빛(水色), 불빛(火色), 살빛(肉色), 연둣빛(軟豆色), 은빛(銀色), 잿빛(灰色), 젖빛(乳色), 쪽빛(藍色), 초록빛(草色), 푸른빛(草綠色), 풀빛(草色), 핏빛(血色), 하늘빛(天色), 흙빛(土色)

이들 가운데 '목홍빛'의 '목홍(木紅)'은 다목(丹木)의 속 부분을 끓여 우려낸 붉은 빛의 물감을 가리킨다. 그리고 여기 부언해야 할 것은 '붉은빛, 노란빛, 검정빛, 흰빛'도 어원적으로는 구체적 사물에서 연유한 색채어라는 것이다. '붉은빛'은 불(火), '노란빛'은 노루(獐), 검은빛은 검정(煤)에서 파생된 것으로 본다. '푸른빛'은 위에 예를 들었듯, 풀(草)에서 연유한 것이다. '파란빛'은 '푸른빛'에서 모음을 교체하여 의미 분화를 한 것이다.

이 밖에 '빛'이 색을 나타내는 말에는 '빛갓, 빛깔, 빛바래다, 빛없다, 빛있다, 초빛, 이빛, 삼빛' 같은 말이 있다. '빛갓'은 여러 가지 물감으로 물을 들여 만든 갓(笠)을 의미 한다. '초빛, 이빛, 삼빛'은 단청할 때 채색의 심도(深度)를 말하는 것으로 숫자가 커짐에 따라 그 심도가 진한 것을 의미한다.

'빛'은 이 밖에 '낯빛(面色), 얼굴빛(顔色), 눈빛(眼光)'과 같이 기색이나 태도를 나타내는가 하면, '봄빛(春色), 가을빛(秋色)'과 같이 무엇을 느끼게 하는 정경·분위기를 나타내기도 한다. 그리고 '빛나다, 빛없다, 햇빛을 보다'와 같이 영광·칭송·희망 등에 비유되기도 한다.

여기에 덧붙일 것이 하나 있다. 그것은 유의어 '볕'과의 관계다. '빛'과 '볕'은 동의어가 아니다. 따라서 혼용될 말이 아니다. '볕'은 '햇볕'의 준말로, 해가 내리쬐는 뜨거운 기운을 말한다. '빛 광(光)'이 아닌 '볕 양(陽)'이다. "가을볕에는 딸을 쬐이고, 봄볕에는 며느리를 쬐인다"는 속담은 가을볕(秋陽)보다 봄볕(春陽)에 살갗이 더 타고 거칠어지므로 며느리를 봄볕에 쬐인다는 것이니, 며느리보다 딸을 더 생각한다는 말이다. 볕이 들어가는 말은 이 밖에 '돋을볕, 뙤약볕, 여우볕' 같은 것이 있다. '돋을볕'은 해가 솟아오를 때의 햇볕이고, '뙤약볕'은 되게 내려쬐는 뜨거운 볕을, '여우볕'은 궂은 날 잠간 났다가 사라지는 볕, 천소(天笑)를 이른다. 영어에서는 '햇빛' sunshine, sunlight에 대해, '햇볕'은 the sun이라거나 sunny라고 하여 직접 대응이 되지 않는다. 일어도 일광(日光)과 양광(陽光)을 제외하면 '햇빛'과 '햇볕'이 분명히 구별되는 것 같지 않다.

쇠뿔도 각각, 염주도 몫몫

뿔

한 해가 또 저물어간다. 경인년(庚寅年)이 가고 신묘년(辛卯年)이 코앞에 닥쳐왔다. 송구영신할 때는 인정이 으레 지난날을 돌이켜 보게 되어 있다. 지난해로서의 경인년도 예외 없이 다사다난한 해였다. 물론 '신나는' 일이 없었던 것은 아니지만, '뿔나는' 일이 많았다. 무엇보다 남북이 또 긴장 상태에 들어간 것은 제일 가슴 아픈 일이다.

'뿔이 나다'가 '화가 나다'를 의미하는 언어는 이 세상에 많지 않을 것이다. 아니 전혀 없을는지도 모른다. 검지를 뻗은 두 손을 머리의 양쪽에 갖다 대는 행동은 흔히 그것이 귀신이나 도깨비를 나타낸다. 그런데 우리는 이것이 화가 났다는 것을 나타낸다. 화가 머리 위까지 솟았다는 말이다. 사실 화가 나면 열이 오르고, 머리끝이 쭈뼛쭈뼛할 정도로 감정이 위로 솟구친다. 뿔이 나는 것처럼……

'뿔'은 동물의 한 징표라 할 것이다. 소나 염소, 사슴, 양, 기린, 코뿔소 같은 동물의 뿔이 그 대표적인 것이고, 조류에도 '뿔논병아리, 뿔닭, 뿔매, 뿔박쥐, 뿔쇠오리, 뿔종다리, 뿔호반새'와 같이 뿔이나 뿔 모양의 것을 지닌 것이 있고, '뿔개미, 뿔나비, 뿔매미, 뿔벌레, 뿔쇠똥구리, 뿔잠자리, 뿔풍뎅이, 쇠뿔하늘가재'와 같이 곤충에도 이러한 것이 있다. 심지어는 '뿔게, 뿔고동, 뿔돔, 뿔복, 뿔소라'와 같이 어패류(魚貝類)도 그러한 것이 있다. 이들은 대체로 호신용(護身用)이거나, 아니면 공격용 무기로 사용된다.

'뿔논병아리'처럼 뿔 모양의 깃을 가진 것은 장식용이라 할 것이다. 이 밖에 식물이나 물건에도 '뿔'이 보이는데, 이들은 동물의 뿔에 비유된 것으로, 머리 부분이나 표면에 불쑥 나온 부분을 지칭한다. '새앙뿔, 뿔말(藻), 소뿔고추, 소뿔참외'의 뿔은 식물의 뿔이고, '네모뿔, 모뿔, 세모뿔, 원뿔' 따위는 사물의 뿔이다.

우리말 가운데 '뿔'에 관한 대표적인 말은 소의 뿔을 나타내는 말이라 할 것이다. 우리 속담에 "뿔 뺀 쇠상이라"라는 말이 있다. 이는 마땅히 있어야 할 것이 없어 괴상한 형상이 된 것을 말한다. 이렇듯 소에 있어서 '뿔'은 없어서는 안 될 것이다. 또한 우리 속담에는 "쇠뿔도 각각, 염주도 몫몫"이란 말도 있다. 사물은 생기기도 각각 달리 생겼으며, 그것이 맡은 소임(所任)도 다 다르다는 말이다. 이 속담에 '쇠뿔도 각각'이라 하였듯 소의 뿔은 가지가지로 달리 생겼다. 우리는 이 여러 가지 뿔을 달리 명명하고 있다. '고추뿔, 새앙뿔, 송낙뿔, 우걱뿔, 자빡뿔, 홰뿔'이라 하는 것이 그것이다. 이렇게 쇠뿔을 형상에 따라 달리 명명한 언어도 이 세상에는 많지 않을 것이다.

'고추뿔'은 두 뿔이 곧게 뻗은 소의 뿔을 말한다. 이 말을 들으면 고추를 거꾸로 세운 듯 두 뿔이 서 있다 하여 이런 이름이 생겼나 할는지도 모른다. 그러나 사실은 그런 게 아니다. 두 뿔이 구부러지지 아니하고 '곧추' 서 있다 하여 붙여진 이름이다. '새 앙뿔'은 쇠뿔 두 개가 모두 생강의 뿌다구니처럼 짧게 나 있는 것이다. '송낙뿔'은 두 뿔이 다 옆으로 꼬부라진 것이다. '송낙'은 송라(松蘿)가 변한 말로, 이는 짚주저리 모양으로 만든, 여승이 쓰는 모자를 말한다. 상대방을 받기 위해서는 이 송낙뿔이 제격이다. '송낙뿔'과 대를 이루는 말이 '우걱뿔'이다. '우걱뿔'은 송낙뿔과 달리 옆이 아닌 안으로 굽은 뿔이다. '자빡뿔'은 뒤로 젖혀지고 끝이 뒤틀린 뿔이다. '자빡'은 뒤로 자빠졌다는 뜻이다. '홰뿔'은 두 뿔이 다 밖으로 가로 뻗쳐 횃대처럼 한 일(一)자를 이룬 짐승의 뿔을 말한다.

'사모뿔(紗帽-)'은 우리의 문화적 특성을 반영하는 말이다. 이는 사물의 불쑥 튀어나온 부분을 '뿔'이라 하기 때문이다. 이러한 의미의 '뿔'은 '모뿔, 세모뿔, 원뿔(圓錐), 모뿔대, 뿔면(錐面), 뿔체'와 같이 수학 용어에 많다. '사모뿔(紗帽-)'은 사모의 뒤에 좌우로 뻗어 나온 골각이 아니라, 잠자리 날개 같은 사(紗) 뿔을 말한다.

'뿔'은 이밖에 '뿔'을 접두어로 한 말이 많다. '뿔공예(-工藝), 뿔관자(角貫子), 뿔기둥, 뿔꼴(角形), 뿔끝, 뿔도장, 뿔말, 뿔송곳, 뿔싸움, 뿔자(角尺), 뿔잔(角盞), 뿔질, 뿔테, 뿔피리(角笛), 뿔활(角弓)' 같은 것이 그것이다. '뿔관자(角貫子)'는 망건의 당줄을 꿰는 고리를 짐승의 뼈로 만든 것이다. 이는 정삼품 이상의 관원이 다는 옥관자(玉貫子)나 금관자(金貫子)와 달리, 종3품 이하의 관원 및 일반 사대부들이 다는 것이다.

'뿔기둥'은 건축용어로 유각목(有角木)을 말하는데 이는 꼭대기가 Y자형으로 생긴 기둥이다. '뿔끝'은 '후궁(猴弓)뿔끝'과 같은 뜻의 말로, 활의 뿔과 활을 만든 뽕나무의 끝이 맞닿은 곳을 이른다. '뿔도장(-圖章)'은 각도장(角圖章) 외에, 쇠로 만들어 달구어 짐승의 뿔에 찍는 도장도 아울러 가리킨다. '뿔말'은 뿔이 없는 보통 말과는 달리, 아프리카에 분포하는, 예리한 뿔을 가진 말이며, 이는 누(gnu)도 아울러 이르는 말이다.

'뿔싸움'은 동물이 서로 뿔을 휘두르며 맞붙어 싸우는 것을 말한다. 이러한 뿔싸움은 소싸움에서도 쉽게 볼 수 있는 것이다. '뿔싸움' 할 때 뿔로 들이받는 것을 '뿔질'이라 한다. '뿔테'는 뜻이 다른 두 말이 있는데, 하나는 뿔로 만든 안경테이고, 다른 하나는 좀 생소한 것으로, 암소가 새끼를 낳을 때마다 뿔에 하나씩 생기는 테를 말한다.

이 밖에 '쇠뿔'과 합성된 '쇠뿔고추, 쇠뿔참외, 쇠뿔-하늘가재'
와 같은 말도 있다. 앞의 둘은 고추와 참외의 생김새가 쇠뿔처럼
생겨서 붙여진 이름이고, '쇠뿔-하늘가재'는 톱사슴벌레와 동의어
로, 뿔이 안으로 휘어진 톱처럼 생긴 곤충이다.

끝으로 '뿔피리'란 말을 덧붙이기로 한다. 뿔피리는 물론 뿔로
만든 피리다. 이는 한자어로 '角笛(각적)'이라 한다. 영어 'Horn'도
뿔 나팔, 경적을 의미하는가 하면, 악기 '호른'을 의미한다. 이렇
게 '뿔'은 세계적으로 악기로 사용된다. 따라서 뿔은 공격의 무기
인 동시에 평화의 음악이기도 하다. 세상은 이렇게 언제나 음양
이 있게 마련인 모양이다. 그래서 세사(世事)는 신이 나기도 하고,
뿔이 나기도 하는 것인가 보다.

어휘 색인

438